OEUVRES
DE
C.-A. SAINTE-BEUVE

TABLEAU DE LA POÉSIE FRANÇAISE
AU XVIe SIÈCLE

Édition définitive précédée de la vie de Sainte-Beuve

PAR

JULES TROUBAT

TOME SECOND

PARIS

ALPHONSE LEMERRE, ÉDITEUR
27-31, PASSAGE CHOISEUL, 27-31
—
MDCCC LXXVI

OEUVRES

DE

C.-A. SAINTE-BEUVE

ŒUVRES
DE
C.-A. SAINTE-BEUVE

TABLEAU DE LA POÉSIE FRANÇAISE
AU XVIe SIÈCLE

Édition définitive précédée de la vie de Sainte-Beuve

PAR

JULES TROUBAT

TOME SECOND

PARIS
ALPHONSE LEMERRE, ÉDITEUR
27-31, PASSAGE CHOISEUL, 27-31
—
MDCCCLXXVI

DU ROMAN

AU XVIᵉ SIÈCLE

ET DE RABELAIS

ous n'aurions donné qu'une idée incomplète de la poésie au XVIᵉ siècle si nous ne disions un mot des romans, qui en sont une branche importante[1], et surtout si nous n'insistions un peu, avant de finir, sur le plus grand des romanciers et des poëtes du temps, le bouffon et sublime Rabelais. Le genre où il excella est tout à fait propre à son époque, et répond admirablement à tout ce qu'il y avait alors de plus original et de plus indigène dans les mœurs. On n'en était déjà plus en effet au règne des fabliaux naïfs et de la chevalerie errante. Cette ignorance de demi-

---

1. « Tout écrivain capable d'écrire un bon roman est plus ou moins poëte, même quand il n'aurait jamais écrit un vers de sa vie. » (Walter Scott.)

savant, crédule, aimable et conteuse, qui faisait son bréviaire du livre *Gesta Romanorum*[1], et qui mêlait ensemble, dans ses rêves d'âge d'or, Charlemagne, Alexandre et le saint ciboire, se dissipait par degrés, depuis l'invention de l'imprimerie, devant les lumières de la Renaissance. Sans doute on lisait encore, on traduisait toujours les romans de chevalerie; mais on n'en composait plus de nouveaux, ou du moins ces nouveautés prétendues n'étaient que de plates copies[2]. Lorsque François Ier voulut rendre un lustre aux vieux souvenirs et régner en roi chevalier, les lectures favorites des dames et des seigneurs de la cour furent la traduction du *Philocope* de Boccace par Adrien Sevin, et surtout celle de l'*Amadis* espagnol par Herberay des Essarts; mais on ne voit pas que cette mode ait donné naissance à d'autres productions

---

1. Ce livre singulier, recueil de légendes fabuleuses et de traits d'histoire altérés, parut dès l'origine de l'imprimerie. Les romanciers et les auteurs de mystères y puisèrent largement. Voy. la troisième dissertation placée en tête de l'*Histoire de la poésie anglaise*, par Warton.

2. La quantité des *romans* proprement dits, publiés au xvie siècle, est, en quelque sorte, innombrable, puisqu'on y imprima presque tous ceux qui circulaient manuscrits dans les siècles précédents, en les rajeunissant de style et en les rémaniant en prose, et puisque en outre on traduisit tout ce qu'on put des littératures anciennes et modernes, depuis Apulée jusqu'à Montemayor. Les extraits de ces romans remplissent neuf volumes entiers des *Mélanges tirés d'une grande Bibliothèque*. Je ne m'attache ici qu'à saisir ce qui a eu influence et originalité, ce qui a formé la vraie veine du siècle.

célèbres du même genre, et, s'il est permis de rapporter *la Franciade* de Ronsard, il faut convenir que la tentative ne fut pas heureuse. Nul exemple ne peut démontrer plus clairement combien l'érudition sérieuse et profonde jette de froideur et d'ennui sur les traditions fabuleuses. Ronsard le premier rendit tacitement justice à son œuvre en ne l'achevant pas. Si le xvie siècle avait pu produire quelque roman original de chevalerie, c'eût été probablement sur un ton moins solennel, et avec une pointe de gaieté, une saillie de libertinage, qu'il est aisé de concevoir en lisant les *Vies* de Brantôme ou les *Mémoires* de la reine Marguerite. On se figure volontiers à la cour de Catherine de Médicis quelque chose de pareil à cette gaillarde histoire du *Petit Jehan de Saintré*, dont la scène se place du temps de Charles VI, et peut-être parmi les dames d'honneur d'Isabeau de Bavière[1]. Le *Décaméron* de Boccace, ce répertoire de contes *moult plaisants*, avait fait fortune en France presque autant que le *Philocope*, et bien avant lui. Les *Cent Nouvelles nouvelles*, composées et racontées par les plus illustres seigneurs de la cour de Bourgogne, dans la seconde moitié du xve siècle (1456-1461), en étaient des imitations fort gaies et fort naïves; la licence y allait au delà de ce qu'avait osé Boccace lui-même. Marguerite de Navarre, pour se désennuyer peut-être de ses poésies chrétiennes, écrivit le piquant *Heptameron*, et son

---

1. Le roman d'ailleurs ne fut composé que plus tard : l'auteur, Antoine de La Salle, l'écrivait en 1459.

valet de chambre Bonaventure Des Periers suivit un si auguste exemple dans ses *Contes et Joyeux Devis*. Celui-ci d'ailleurs, par son *Cymbalum Mundi*[1], débuta l'un des premiers en un genre de dialogue ou roman satirique imité de Lucien, et dont nous allons retrouver plus d'un exemple.

Les deux grands faits de la réformation et de la

---

1. Ce livre imprimé pour la première fois à la date de mars 1537 (c'est-à-dire 1538), par Jean Morin, et donné comme une traduction du latin faite par *Thomas du Clevier*, était réellement écrit en français par Bonaventure Des Periers, et fit mettre en prison l'imprimeur et l'auteur. Il paraît même, d'après un passage de l'*Apologie pour Hérodote*, que Des Periers, poussé à bout par les persécutions du parlement et du président Liset, s'enferra de son épée dans le cachot. On s'étonne d'abord de cette persécution à la lecture du livre, qui, bien que rempli de traits satiriques, ne semble pas sortir des bornes d'une honnête et légitime plaisanterie. Il contient quatre dialogues. On voit, dans le premier, Mercure qui descend du ciel en terre, chargé de toutes les commissions des dieux et déesses. Entre autres commissions, Jupiter lui a dit de porter au relieur son *Livre des Destinées*, qui est tout délabré de vieillesse. Deux bons compagnons, qui ont reconnu Mercure, l'emmènent au cabaret, l'enivrent de vin de Beaune, et finissent par lui faire une querelle d'Allemand après lui avoir dérobé son livre, dont ils comptent bien tirer profit. Les dialogues suivants sont sur le même ton. On crut y découvrir une satire détournée du christianisme et de la révélation. M. Charles Nodier, qui en donne une clef, a fait voir qu'on ne s'était pas tant mépris (*Revue des Deux Mondes*, novembre 1839); seulement n'admire-t-il pas un peu trop le talent et l'œuvre?

Renaissance avaient introduit parmi les hommes
érudits et spirituels une satire à la fois philosophique par le fond et pédantesque par la forme,
une sorte de *lucianisme* collégial, qui dictait à
Érasme ses mordants dialogues et son *Moriæ En-
comium* : à Reuchlin ses *Litteræ obscurorum Viro-
rum ;* à Corneille Agrippa sa déclamation *De Vani-
tate scientiarum,* où il célèbre en précurseur de
Jean-Jacques le bonheur d'ignorer et la suprême
félicité des ânes; à Théodore de Bèze, enfin, cette
épître, presque macaronique, adressée à l'ex-pré-
sident Liset sous le nom de *Passavantius.* Le
style macaronique, qui passait pour avoir été sérieusement employé en chaire par les prédicateurs
du xve siècle, par Olivier Maillard, Michel Menot,
Robert Messier [1], que Gabriel Barlette avait illus-
tré en Italie, et que le moine vagabond *Teofilo
Folengo* avait élevé jusqu'à l'art dans sa burlesque

---

1. Du moins Henri Estienne, par les citations dont il
égaie son *Apologie pour Hérodote,* semblait autoriser cette
idée. Maintenant qu'on sait de certaines choses du
xve siècle mieux que ne les savaient les érudits du
xvie, on s'accorde à reconnaître que ces burlesques sermons dont on a les traductions latines entrelardées de
mots gaulois, ont été réellement débités, non pas en
latin, mais dans le français du temps ; ils n'en étaient
qu'un peu moins ridicules. Pour être juste, il faut toutefois lire là-dessus deux leçons de M. Gérusèz (*Histoire de
l'Éloquence politique et religieuse en France,* 1837). — Voir
encore, et contradictoirement, le *Predicatoriana* (page 44)
de M. Gabriel Peignot, lequel tient bon pour la vieille
opinion d'Henri Estienne.

épopée de *Baldus*, était devenu un véritable instrument d'opposition religieuse ; c'était déjà porter coup aux moines et à tout le bas clergé catholique que de parodier leur latin barbare. Sans faire directement usage de cet élément de bouffonnerie érudite, Rabelais ne le perdit jamais de vue, et le transporta, pour ainsi dire, dans la langue vulgaire. Il y joignit la manière non moins franche et plus légère d'un causeur facétieux, d'un diseur de contes et nouvelles. Ce fut tout à la fois Érasme et Boccace, Reuchlin et Marguerite de Navarre ; ou plutôt, de tous ces souvenirs, confondus, digérés et vivifiés au sein d'un génie original, sortit une œuvre inouïe, mêlée de science, d'obscénité, de comique, d'éloquence et de fantaisie, qui rappelle tout sans être comparable à rien, qui vous saisit et vous déconcerte, vous enivre et vous dégoûte, et dont on peut, après s'y être beaucoup plu et l'avoir beaucoup admirée, se demander sérieusement si on l'a comprise.

La vie et le caractère de celui qui la composa ne sont pas une moindre énigme que l'œuvre elle-même. Né à Chinon en Touraine, vers 1483 ou 1487, d'un père cabaretier ou apothicaire[1], il s'instruit de bonne heure aux lettres latines, grecques, hébraïques ; apprend l'italien, l'espagnol, l'allemand, même l'arabe ; compose successivement des almanachs, des commentaires sur Hippocrate, des ro-

---

1. Du moins, la maison où il naquit devint depuis une auberge ou cabaret, et Huet, qui y logea, admire l'à-propos (*Mémoires* de Huet).

mans; et court sans cesse le monde, d'abord cordelier, puis bénédictin, grâce à une bulle de Clément VII, puis défroqué et médecin de Montpellier; puis une seconde fois bénédictin, grâce à une bulle de Paul III; puis enfin chanoine séculier et curé de Meudon. Dans un voyage à Paris, en 1553, il meurt saintement selon les uns, la moquerie et l'impiété à la bouche selon d'autres; et ces jugements contradictoires, qu'on retrouve jusque chez les contemporains, embarrassent encore la postérité. Au premier coup d'œil, sa vie vagabonde et la nature de son roman semblent d'accord pour nous faire voir en Rabelais, malgré sa double robe, un homme de principes relâchés, d'humeur aventurière, de mœurs libres, aussi jovial que savant, au propos cynique et satirique; et la tradition commune se représente assez volontiers l'Anacréon tourangeau sous la treille, le verre en main, gourmand, ivrogne et joufflu. Les poëtes d'alors, Ronsard, Baïf, Jodelle, célébrèrent sur ce ton l'illustre rieur, et donnèrent crédit à l'opinion populaire. L'excellent Du Verdier, comme bien d'autres, prit tout cela au sérieux, et, poussé par un accès de ferveur chrétienne, lança contre Rabelais, dans sa *Bibliothèque françoise,* de furieux anathèmes, qu'il s'empressa de rétracter plus tard dans sa *Prosopographie.* Il faut bien y faire attention en effet; ce Rabelais grotesquement idéal et poétique pourrait bien n'être pas plus le vrai Rabelais que nos Homère et nos Ésope de convention ne sont véritablement Ésope et Homère. La plupart des traits et des mots qu'on raconte de lui n'offrent aucun caractère d'authenticité, et doivent être mis sur le compte de Frère Jean ou de Panurge, dont ils sont de gaillardes réminiscences. Sans faire précisément de Rabelais un personnage grave et austère, comme l'a tenté son apologiste le révérend Père Niceron, il est permis au moins de douter des inclinations et des habitudes bachiques qu'on lui prête, et de voir dans les gaietés de son livre une débauche de cabinet encore plus que de cabaret. Autrement, si l'auteur avait vécu comme ces héros, il serait difficile de s'expliquer, même eu égard aux mœurs du temps, son crédit puissant auprès des cardinaux et des papes, qui le sauvèrent des tracasseries monacales; auprès des rois François Ier et Henri II, qui le soutinrent contre le parlement et la Sorbonne [1].

Mais, quel qu'ait été Rabelais dans sa vie, nous ne devons l'envisager ici que dans son œuvre, et dès lors le curé de Meudon reparaît à nos yeux sous ce masque enluminé qui lui donne tant de ressemblance avec le petit roi d'*Ivetot*. Si l'on veut le bien connaître, il faut l'aller surprendre un soir de dimanche, à table, entre les pots, comme on surprendrait Voltaire après le café, et là, l'écouter pantagruélisant à tue-tête, buvant et riant à plein ventre. Le livre de Rabelais est un grand festin; non pas de ces nobles et délicats festins de l'antiquité, où circulaient au son d'une lyre les coupes

---

1. M. Delécluze, dans un écrit récent sur Rabelais, a fait valoir les parties sérieuses et studieuses de ce caractère (*François Rabelais*, 1841).

d'or couronnées de fleurs, les ingénieuses railleries et les propos philosophiques ; non pas de ces délicieux banquets de Xénophon ou de Platon, célébrés sous des portiques de marbre dans les jardins de Scillonte ou d'Athènes : c'est une orgie enfumée, une ripaille bourgeoise, un réveillon de Noël ; c'est encore, si l'on veut, une longue chanson à boire, dont les couplets piquants sont fréquemment entrecoupés de *faridondaines* et de *flonflons*. En ces sortes de refrains, la verve supplée au sens ; essayer de comprendre, c'est déjà n'avoir pas compris. Cette manière générale d'envisager le roman de Rabelais, dût-elle paraître aux érudits bien superficielle et bien futile, peut seule, à notre gré, en donner une facile intelligence et amener le lecteur à s'y plaire. Les Le Duchat et autres commentateurs, dont personne d'ailleurs ne respecte plus que nous le savoir et les travaux, sont parvenus, à force de subtilités et d'inventions, à dégoûter par ennui beaucoup d'honnêtes gens de la lecture d'un ouvrage que Montaigne, avec son goût exquis, rangeait parmi les livres *simplement plaisants*. Sans doute, et Rabelais lui-même nous en avertit, on aurait tort de s'en tenir aux apparences grotesques, et, selon ses propres expressions, *de ne pas ouvrir la boîte pour en tirer la drogue, de ne pas briser l'os pour en sucer la moëlle*. Mais d'autre part, et c'est encore lui qui nous le dit, on court risque d'extravaguer en raffinant sur le sens. Là-dessus il va jusqu'à tourner en ridicule les commentateurs de l'*Iliade* et de l'*Odyssée*, et je ne sais quel moine visionnaire qui s'était avisé de reconnaître dans les *Métamorphoses* d'Ovide les sacrements de l'Evangile. Lui-même pourtant n'a pas échappé à cette torture des interprétations forcées. On a voulu voir dans *Gargantua* et *Pantagruel*, comme plus tard dans le *Télémaque* et le *Gil Blas*, comme autrefois chez Pétrone, non pas seulement l'esprit philosophique qui anime l'ensemble et les innombrables personnalités de détail qui disparaissent la plupart à cette distance, mais de plus un système complet, régulier et conséquent, de satire morale, religieuse et politique ; une représentation exacte et fidèle, sous des noms supposés, des hommes et des choses d'alors ; en un mot, une chronique scandaleuse du temps écrite avec un chiffre particulier qu'il s'agissait de découvrir. Or, ce chiffre une fois découvert, il en est résulté que Grandgousier, Gargantua, Pantagruel, frère Jean, Panurge, Bringuenarilles, le grand dompteur des Cimbres, Gargamelle, Badebec, etc., etc., sont évidemment Louis XII, François Ier, Henri II, le cardinal Du Bellay, le cardinal de Lorraine, Charles-Quint, Jules II, Anne de Bretagne, Claude de France, que sais-je encore ? Comme si en vérité, selon la judicieuse remarque de Niceron, il fallait chercher en Rabelais rien de suivi ; comme s'il ne fallait pas, dans cette œuvre d'imagination, faire une large part au caprice et à la fantaisie du poëte, le suivre docilement et sans arrière-pensée dans les divagations et les inconséquences auxquelles il s'abandonne ; grandir et rapetisser, en quelque sorte, avec ses élastiques géants, qui tour à tour s'assoient sur les tours de Notre-Dame, grimpent au faîte des maisons ou s'embarquent à bord d'un frêle navire. Swift, dans ses Voyages à Brobdingnag et à Lilliput, n'a négligé aucune des proportions géométriques de son sujet et a soigneusement réduit tout son monde sur la même échelle. Jamais non plus il ne s'est départi de son système général d'allusions; là chaque mot a une portée, chaque trait a un but. C'est qu'avant tout Swift était philosophe et pamphlétaire, tandis que Rabelais, avant tout, est artiste, poëte, et qu'il songe d'abord à s'amuser. Souvent même, aux instants où l'*Homère bouffon* [1] sommeille, il lui arrive de prolonger machinalement et comme en rêve cette hilarité sans motif, et de la pousser jusqu'à la satiété et au dégoût; c'est comme un chantre aviné qui continue de ronfler sur un seul ton, sur une seule rime, ses litanies jubilatoires. Si l'on n'est pas très-en verve ce jour-là, on se lasse bientôt devant son rire inextinguible, et l'on sort, pour ainsi dire, tout repu de sa lecture [2]

Prétendre analyser Rabelais serait un travail aussi fastidieux que chimérique. En nous bornant toutefois au premier livre, qui a pour titre *Gar-*

---

1. Expression de M. Charles Nodier.
2. « Le genre original de Rabelais, ai-je eu l'occasion d'écrire ailleurs, c'est un mélange et une sorte de composé effervescent entre le genre de nos *conteurs*, élevé à des dimensions presque épiques, et le genre des *romans de chevalerie* ramené à la plaisanterie et au bouffon; le tout entrelardé d'un certain lyrique copieux, bachique et macaronique. » — La pensée n'a pas trop de toutes ses variantes pour définir le Protée.

gantua, et qu'on sépare aisément des quatre autres, connus sous le nom de *Pantagruel*, nous essayerons d'indiquer rapidement la manière dont nous entendons et dont nous admirons cet étonnant génie. En ce livre, le plus complet en lui-même et peut-être le plus satisfaisant du roman, on trouve à la fois de la farce épaisse, du haut comique et de l'éloquence attendrissante. Au royaume d'Utopie, situé devers Chinon, régnait, durant la première moitié du xve siècle, le bonhomme Grandgousier, prince de dynastie antique, bon gaillard en son temps, aimant à boire sec et à manger salé. Il avait épousé, en son âge viril, Gargamelle, fille du roi des Parpaillots, belle gouge et de bonne trogne, et en avait eu un fils, Gargantua, dont sa mère était accouchée par l'oreille, après onze mois de gestation. Comment s'opéra l'accouchement miraculeux, pourquoi l'enfant eut nom Gargantua, de quoi se composait sa layette, quels furent ses premiers tours et ses espiègleries d'enfance, c'est ce que nous ne déduirons pas ici, et pour plusieurs raisons. Arrivé à l'âge des études on le mit aux mains des sophistes, qui le retinrent de longues années sans rien lui apprendre. Mais un beau jour, en entendant interroger un jeune page, Eudémon, qui n'avait que deux ans d'études et qu'on avait voulu confronter avec lui, Gargantua fut si confus de le voir grandement éloquent qu'il se mit à *plorer comme une vache* et à se cacher le visage de son bonnet. Son digne père, profitant de si heureuses dispositions, le confia au précepteur d'Eudémon, et l'envoya à Paris achever son éducation de prince. Les premiers jours de son arrivée, Gargantua paya sa bienvenue au peuple badaud en le comp...... du haut des tours de Notre-Dame et en prenant les grosses cloches pour en faire des sonnettes à sa jument : de là, sédition parmi le peuple, retraite au pays de Nesle, députation et discours de maître Janotus de Bragmardo, qui redemande les cloches en *baroco* et *baralipton*. Cette petite affaire terminée, Gargantua se remit sérieusement aux études sous la discipline du sage Ponocrates; et il était en beau train de profiter en toûtes sortes de doctrines (comme un véritable *Emile*), lorsqu'une lettre de Grandgousier le rappela au secours de son royaume. Un soir, en effet, que le vieux bonhomme Grandgousier se chauffait après souper à un clair et grand feu, et qu'il écrivait au foyer avec un bâton brûlé d'un bout, faisant griller des châtaignes et contant à sa famille de beaux contes du temps jadis, on vint lui dire que ses bergers s'étaient pris de querelle avec les fouaciers de Lerné et leur avaient enlevé leurs fouaces; sur quoi le roi Picrochole avait mis soudain une armée en campagne et allait par le pays brûlant et ruinant bourgs et monastères. A cette nouvelle, le bon et sage roi, économe du sang de ses sujets, avait convoqué son conseil, envoyé un député à Picrochole, une missive à Gargantua, et il cherchait à maintenir la paix, tout en se préparant à la guerre. Mais Picrochole n'était pas homme à entendre raison. Le discours plein de sens et de modération que lui adressa l'ambassadeur ne fit qu'exciter son insolence, et elle passa toutes les bornes, quand, pour tâcher de le satisfaire, Grandgousier lui eut renvoyé les fouaces.

C'est alors que se tient, entre Picrochole et ses trois lieutenants, le conseil dans lequel ceux-ci lui proposent la conquête du monde. On croit assister à une scène de Molière. « Sire, lui disent-ils, nous vous rendons aujourd'hui le plus heureux, le plus chevaleureux prince qui fut oncques depuis la mort d'Alexandre. » Et Picrochole, à ces flatteuses paroles, de s'écrier : « Couvrez-vous, couvrez-vous ! » — « Grand merci, répondent-ils ; Sire, nous sommes à notre devoir. » Et ils se mettent à lui exposer leur plan de campagne. Il laissera une petite troupe en garnison dans sa capitale, et partagera son armée en deux bandes. La première bande ira tomber sur Grandgousier et ses gens; et là on trouvera de l'argent à tas, « car le vilain en a du comptant. Vilain, disons-nous, parce qu'un noble prince n'a jamais un sou. Thésauriser est fait de vilain. » L'autre bande traversera la Saintonge et la Gascogne, s'emparera des navires de Bayonne et de Fontarabie, et, pillant toute la côte jusqu'à Lisbonne, s'y ravitaillera, pour entrer ensuite dans la Méditerranée par les Colonnes d'Hercule, qui porteront désormais le nom de Picrochole. « Passée la mer picrocholine, voici Barberousse qui se rend votre esclave. » — « Je, dit Picrochole, le prendrai à merci. » — « Voire, disent-ils, pourvu qu'il se fasse baptiser. » Et ils soumettent, chemin faisant, Tunis, Hippone, Alger, la Corse, la Sardaigne, Gênes, Florence, Lucques. « Le pauvre monsieur du pape meurt déjà de peur. » — « Par ma foi, dit Picrochole, je ne lui baiserai já sa pantoufle. » L'Italie est prise, la Sicile est domptée. « J'irois volontiers à Lorette, dit Picrochole » — « Rien, rien, répondent-ils, ce sera au retour. » Et les voilà qui emportent Malte, Candie, Chypre, Rhodes, et qui touchent aux murs de Jérusalem. « Je ferai doncques bâtir le temple de Salomon ? » dit Picrochole. — « Non, disent-ils encore ; attendez un peu. Ne soyez jamais tant soudain à vos entreprises. Savez-vous que disoit Octavian Auguste? *Festina lente.* Il vous convient, premièrement, avoir l'Asie Mineure, la Carie, la Lycie, etc., etc. » Le dialogue se prolonge sur ce ton. Il y a même un moment où, dans la chaleur croissante de l'illusion, Picrochole se plaint *de n'avoir pas bu frais* en traversant les sables de Lybie[1]. On a peine à lui faire comprendre qu'un conquérant ne sauroit avoir toutes ses aises. Un vieux gentilhomme, vrai routier de guerre, qui se trouvait présent à ces propos, se hasarda à rappeler la farce du *Pot au lait,* mais on ne l'écouta point.

Cependant arrive bientôt, sur sa grande jument, Gargantua, suivi de ses compagnons. Il déconfit en plus d'une rencontre les gens de Picrochole, et

---

1. C'est le même temps grammatical que dans la fable de *la Laitière et le Pot au lait* : *Il étoit, quand je l'eus, de grosseur raisonnable.* — La Fontaine a emprunté à Rabelais plus d'un sujet de fable et plus d'une expression pittoresque. *Rodilardus, Raminagrobis, Grippeminaud,* sont des personnages de Rabelais.

trouve un excellent auxiliaire dans le joyeux frère
Jean des Entommeures. Ce moine, jeune, galant,
aventureux, « bien fendu de gueule, bien avantagé
en nez, beau dépêcheur d'heures, beau débrideur de
messes, beau décrotteur de vigiles, » avait commencé par défendre seul son couvent contre l'attaque des ennemis, et durant le reste de la guerre
il s'illustra par maint haut fait. Gargantua se lia
avec lui d'une étroite et tendre amitié, et bien
souvent, à table, à la veillée, ils devisaient longuement ensemble de la gent monacale et de ses
ignobles vices, pourquoi les moines sont *refuys*
du monde, pourquoi les uns ont le nez plus long
que les autres ; et toujours, et partout, soit qu'il
fallût parler, soit qu'il fallût agir, Frère Jean s'en
tirait en bon compagnon.

Un jour, étant sorti à la découverte, il rencontre
sur sa route cinq pèlerins (les mêmes qui avaient
failli être mangés en salade par Gargantua), et il
les amène tout pâles et tremblants devant le roi
Grandgousier. On les rassure, on les fait boire, et
Grandgousier leur demande d'où ils sont, d'où ils
viennent, où ils vont. L'un d'eux alors explique au
bon roi comment ils reviennent d'un pèlerinage à
Saint-Sébastien de Nantes, qu'ils ont entrepris pour
se préserver de la peste : « O, dit Grandgousier,
pauvres gens ! estimez-vous que la peste vienne
de Saint-Sébastien ? » — « Oui vraiment, répond
le pèlerin, nos prêcheurs nous l'affirment. » —
« Oui, dit Grandgousier, les faux prophètes, vous
annoncent-ils tels abus ? blasphèment-ils en cette
façon les justes et saints de Dieu, qu'ils les font

semblables aux diables qui ne font que mal entre les humains?... Ainsi prêchoit à Sinays un cafard que saint Antoine mettoit le feu ès jambes, saint Eutrope faisoit les hydropiques, saint Gildas les fols, saint Genou les goutteux. Mais je le punis en tel exemple, quoiqu'il m'appelât hérétique, que depuis ce temps cafard quiconque n'est osé entrer en mes terres. Et m'ébahis si votre roi les laisse prêcher par son royaume tels scandales. Car plus sont à punir que ceux qui, par art magique ou autre engin, auroient mis la peste par le pays. La peste ne tue que le corps, mais tels imposteurs empoisonnent les âmes. » En les congédiant, le bon prince leur adresse cette allocution touchante : «Allez-vous-en, pauvres gens, au nom de Dieu le créateur, lequel vous soit en guide perpétuelle. Et dorénavant ne soyez faciles à ces ocieux et inutiles voyages. Entretenez vos familles, travaillez chacun en sa vacation, instruez vos enfants, et vivez comme vous enseigne le bon apôtre saint Paul. Ce faisant vous aurez la garde de Dieu, des anges et des saints avec vous, et n'y aura peste ni mal qui vous porte nuisance. » Puis les mena Gargantua prendre leur réfection en la salle. Mais les pèlerins ne faisoient que soupirer, et dirent à Gargantua : « O qu'heureux est le pays qui a pour seigneur un tel homme ! Nous sommes plus édifiés et instruits en ces propos qu'il nous a tenus qu'en tous les sermons qui jamais nous furent prêchés en notre ville. » — « C'est, dit Gargantua, ce que dit Platon, liv. V, *de Republ.*, que lors les républiques seroient heureuses quand les rois philosopheroient, ou les philosophes régneroient. » Puis leur fit emplir leurs besaces de vivres, leurs bouteilles de vin, et à chacun donna cheval pour soi soulager au reste du chemin, et quelques carolus pour vivre. »

Une bataille décisive eut lieu enfin entre l'armée de Grandgousier et celle de Picrochole. Celui-ci prit la fuite après ses trois conseillers, sans qu'on sût jamais depuis ce qu'il était devenu. Grandgousier exigea des vaincus pour tout châtiment qu'ils livrassent quelques séditieux, et Gargantua ne leur fit d'autre mal que de les occuper aux presses de l'imprimerie qu'il avait nouvellement instituée. Les plus braves des Gargantuistes furent royalement récompensés, et le prince fonda pour son ami le Frère Jean la riche abbaye de Thélème, vrai paradis terrestre, d'où les cafards et bigots furent bannis, où l'on n'enseignait que le pur Évangile, et dont la règle n'avait qu'une clause : *Fais ce que voudras.*

Tel est en substance cet amusant premier livre, dont il se vendit (Rabelais nous l'assure) plus d'exemplaires en deux mois qu'il ne sera acheté de Bibles en neuf ans [1]. Dans les quatre autres livres, le

---

[1]. Il résulterait d'une *Notice* très-essentielle de M. Brunet *sur deux anciens Romans intitulés les* Chroniques *de* Gargantua (1834), qu'en s'exprimant ainsi dans son prologue du *Pantagruel,* Rabelais n'entendait point parler de son propre *Gargantua,* mais d'une certaine *Chronique Gargantuine* imprimée à Lyon en 1532. Il est vrai qu'on veut maintenant que cette *Chronique,* prototype du Gargantua, soit de lui. Je ne puis qu'indiquer ces points

vieux Grandgousier a disparu du monde. C'est Gargantua qui règne, et Pantagruel son fils qui remplit le rôle de héros; ou plutôt, dès l'instant que Panurge entre en scène, c'est bien lui réellement qui occupe toute l'attention, comme frère Jean faisait sous Gargantua. Panurge se mariera-t-il, ne se mariera-t-il pas? voilà le nœud du roman, si tant est qu'il faille y chercher un nœud, car ici l'accessoire est le principal et les épisodes l'emportent sur le fond. Nous nous garderons bien d'esquisser de profil cette vive et mobile figure de Panurge, type original des Ragotin et des Pangloss du moins pour les mésaventures, mais surtout image bien complète de la nature humaine non héroïque en toutes ses vicissitudes. Rien ne pourrait donner idée du personnage à qui ne l'a pas vu face à face et sous toutes ses formes sémillantes ou piteuses chez Rabelais. Déjà d'ailleurs nous avons rangé Panurge dans une sorte de galerie flamande [1], à côté de Patelin, de Lazarille, de Falstaff, de Sancho Pança, de Perrin Dandin, de Bridoison, de Sganarelle, et, pourquoi ne pas le répéter? non loin de Tartufe, auquel il fait, par sa naïveté de vice, plus d'un contraste; non loin surtout de Gil Blas et de Figaro, qui ne viennent qu'à sa suite en savoir-faire. Mais les amateurs

---

chers aux curieux, mais dont Rabelais se gausse parmi les ombres.

1. Voir notre précédent chapitre sur le théâtre, à l'article des *farces*.

de vieille peinture sauront bien l'aller reconnaître et admirer sans nous.

Il y aurait trop à dire sur Rabelais. Il est notre Shakspeare dans le comique. De son temps il a été un l'Arioste à la portée des races prosaïques de Brie, de Champagne, de Picardie, de Beauce, de Touraine et de Poitou. Nos noms de provinces, de bourgs, de monastères, nos habitudes de couvent, de paroisse, d'université, nos mœurs d'écoliers, de juges, de marguilliers, de marchands, il a reproduit tout cela, le plus souvent pour en rire. Il a compris et satisfait à la fois les penchants communs, le bon sens droit et les inclinations matoises du tiers état au XVIe siècle Savant qu'il était par goût et par profession, il s'est fait homme du peuple, et a trouvé moyen de charmer peuple et savants, ou du moins de se recruter des compères de tout bord. Qu'eût-ce été s'il fût venu en plein Louis XII, à une époque de liberté dramatique, et si la pensée lui eût pris de dérouler sur un théâtre national les scènes de son roman?

Son style mériterait une étude profonde. Bien des connaisseurs le préfèrent à aucun autre du temps, et lui attribuent, pour l'ampleur du tour et l'exquis de l'élocution, certaines qualités d'atticisme primitif qui feraient de lui, en vérité, le plus étrange des Xénophon. Ce qui est certain, c'est qu'il abonde en comparaisons uniques et charmantes. Il a précédé d'environ quinze années l'excellent Amyot[1] bien plus cité, bien plus autorisé à

---

1. Amyot débuta dans ses publications en 1549 au

titre de prosateur, et incomparablement moins originai. Mais il faut tout dire : le choix des sujets auxquels le talent s'applique est bien quelque chose dans la nature du succès. Rabelais a nui à sa fortune comme *écrivain* et comme *classique* par les autres genres d'attraits dont il a environné son œuvre, et par ces imaginations même si récréatives, mais qui ont paru à plus d'un des énormités rebutantes : il n'a pas prétendu enduire les bords du vase avec du miel précisément. On ne s'est pas accoutumé à l'idée d'aller puiser chez lui par aucun côté comme à une source pure [1].

---

plus tard, par sa traduction du roman d'Héliodore; Rabelais était censé jusqu'à ces derniers temps avoir débuté comme romancier, en 1535, par son *Gargantua;* on paraît croire, depuis les intéressantes recherches de M. Brunet, qu'il débuta par son *Pantagruel* en 1533, et même dès 1532. Dans tous les cas son roman n'a pas été un ouvrage de jeunesse, et l'auteur dut l'entreprendre très-mûr, entre quarante-cinq et cinquante ans.

1. « En étudiant les compositions de Rabelais, écrit M. Delécluze, on devient chagrin comme lorsque l'on voit une belle personne dont le visage commence à être envahi par une dartre vive. » Pour moi, la *dartre* ne me frappe pas; j'y verrais plutôt une belle femme très-bien portante, trop bien portante, qui s'enivre et qui, dans l'ivresse, dit et fait toutes choses. Le caractère naturel et trop naturel domine par tout le livre, même dans les parties cyniques. « Le tonneau de Rabelais, a dit je ne sais qui (Lemontey peut-être), est comme celui de Diogène, hormis qu'il n'est jamais à sec. » C'est plus spirituel que juste. Rabelais, en ses pires moments, ne vise pas au Diogène. Galiani l'a osé exprimer en style assorti :

A d'autres égards, l'influence d'un livre comme celui de Rabelais fut immense ; elle remplit tout le reste du xvie siècle. Les imitateurs pullulèrent, et, quoique en général ils ne soient attachés qu'aux parties basses et grossières du modèle, plusieurs réussirent assez dans ce genre facile pour mériter quelque mention. L'un des premiers fut Guillaume Des Autels, grammairien et poëte alors célèbre, le même qui intervint en conciliateur dans la querelle de Ronsard et de Saint-Gelais. Il composa la *Mitistoire baragouine de Fanfreluche et Gaudichon*, dont nous n'avons pu retrouver un seul exemplaire. *Les Baliverneries* ou *Contes d'Eutrapel*, avec *les Ruses et Finesses de Ragot, Capitaine des Gueux*, par Noël du Fail, seigneur de La Hérissaye, sont des opuscules en prose, de la force de Villon, de *Faifeu* ou des *Cent Nouvelles*, et dont la lecture peut procurer plaisir, sinon profit, aux amateurs de littérature facétieuse qui pêchent volontiers en eau trouble. *Le Moyen de parvenir*, le seul des nombreux ouvrages de Béroalde de Verville dont on se souvienne aujourd'hui, est un

---

« L'obscénité de Rabelais est naïve, elle ressemble au c.. d'un pauvre homme. » Après cela est-il besoin d'indiquer encore une des grandes causes qui ont limité son succès d'écrivain? Aucune femme, *pas même Ninon*, ne peut le lire. Sterne du moins, en réponse à une dame qui s'effrayait des nudités de son *Tristram*, a pu dire : « Rassurez-vous, voyez, c'est cet enfant de trois ans qui se roule sur le tapis. » — Chez Rabelais il n'y a plus d'enfant, et aucun moyen de dire : *Voyez*.

salmigondis[1] véritable, un sale lendemain de mardi-gras, où les convives lâchent de temps en temps quelques mots heureux à travers des bouffées d'ivresse. Comme l'a fort bien remarqué Sorel[2], l'auteur a pris plaisir à tout brouiller; on dirait un coq-à-l'âne perpétuel; et si, à force de prêter attention, l'on y entend quelque chose, ce sont des contes *croustillants* qui roulent la plupart sur des chambrières de chanoine[3]. Du *Moyen de parvenir* on a extrait la substance de presque tous les livrets qui portent le nom de Tabarin et de Bruscambille; l'on pourrait dire que ces deux va-

---

1. Quelques éditions du livre de Béroalde portaient ce titre de *Salmigondis,* qui lui convenait si bien.

2. Remarques sur le XIVᵉ livre du *Berger extravagant.* — Il est d'ailleurs fâcheux pour le goût de Sorel qu'il trouve, dans *le Moyen de parvenir,* plus de contes agréables que dans tout Rabelais.

3. Voici une anecdote qui vaut mieux. Saumaise étant à Stockholm, et au lit, malade de la goutte, lisait pour se désennuyer *le Moyen de parvenir;* la reine Christine entre brusquement chez lui sans se faire annoncer : il n'a que le temps de cacher sous sa couverture le petit livre honteux (*perfacetum quidem, at subturpiculum libellum*). Mais Christine qui voit tout l'a vu; elle va prendre hardiment le livre jusque sous le drap, et, l'ouvrant, se met à le parcourir de l'œil avec sourire; puis, appelant la belle De Sparre, sa fille d'honneur favorite, elle la force de lui lire tout haut certains endroits qu'elle lui indique, et qui couvrent ce noble et jeune front d'embarras et de rougeur, aux grands éclats de rire de tous les assistants. Huet tenait l'histoire de la bouche de Saumaise, et il la raconte en ses Mémoires.

lets ont vécu de la desserte du maître. *Les Apophthegmes du Sieur Gaulard*, et *les Escraignes dijonnoises*, par Tabourot, sieur des Accords, appartiennent au même genre. On prendra une idée suffisante de ces vieilleries ordurières dans *les Écosseuses* du comte de Caylus, qui ont le propos, sinon plus décent, du moins plus spirituel. Si *les Serées* de Guillaume Bouchet ne valent guère mieux littérairement que les précédents ouvrages, on trouve chez ce Macrobe ou cet Athénée du xvie siècle une foule de détails de mœurs et d'usages, qui le rendent utile et précieux à d'autres titres [1].

Heureusement pour Rabelais et pour son siècle, il eut des admirateurs, des imitateurs plus dignes de lui, qui, sans singer ses vilains côtés, se pénétrèrent de son esprit, et furent originaux à son exemple. De ce nombre il faut compter Henri Estienne, qui, dans son *Apologie pour Hérodote*, sous prétexte de défendre l'historien contre l'accusation d'invraisemblance et de mensonge, attaque, chemin faisant, les ridicules, les préjugés et les horreurs du temps [2] ; Théodore - Agrippa d'Aubi-

---

[1]. Cette série de petits livres plus ou moins pantagruéliques est fort recherchée des bibliophiles, et se trouve sur un rayon particulier de chaque bibliothèque un peu précieuse, où elle brille dans le maroquin et l'or. Cela me fait l'effet d'une collection de tabatières rares et bizarres ; mais la drogue première de maître François n'y est plus.

[2]. Henri Estienne eut encore cela de commun avec Rabelais, qu'étant prodigieusement versé dans les langues anciennes et modernes, il n'en fut pas moins parti-

gné, auteur de la *Confession de Sancy*, et de ce plaisant dialogue entre *Énay* et *Fœneste*, où il met si finement aux prises les gasconnades et le bon sens, l'*estre* et le *parestre*. N'oublions pas les éloquents et loyaux auteurs de la *Satyre Ménippée*, surtout cet excellent Passerat, qui avait commenté chapitre par chapitre *Gargantua* et *Pantagruel*[1]. L'illustre satirique Mathurin Regnier ne fit bien souvent qu'enclore dans la forme stricte de son vers la

---

san de notre bonne vieille langue, admirateur de *Patelin*, défenseur de Marot, et, comme il le dit en ses *Dialogues du Nouveau langage françois italianizé*, Celtophile au milieu des *ecoliers limousins* et des *courtesans philausones*.

1. J'en ai parlé ailleurs. Voici ce qu'en dit Grosley, d'après Antoine Le Roy, digne prêtre, le plus dévot des dévots à Rabelais et son premier biographe : « Passerat avait puisé à la source où se sont depuis abreuvés Molière, La Fontaine, Chapelle, Dufresny, Rousseau, Piron : cette source était le *Pantagruel*, dont il avait fait une étude particulière ; étude qui avait produit un Commentaire suivi, *in quo Rabelæsi mentem, quam probe noverat, et res serias in jocosis sermonibus inclusas, tanquam in vagina reconditas, aperiebat*. Sur des scrupules qu'on lui fit naitre à l'article de la mort, il permit que le manuscrit fût jeté au feu. » (*Mémoires sur les Troyens célèbres*.) J'ai saisi en passant cette occasion de mentionner ici Grosley, qui s'est montré à son tour l'un des francs disciples de Pantagruel en plus d'une gaieté, et notamment dans ses facétieux *Mémoires de l'Académie de Troyes*. Ces Pantagruélistes sont toute une lignée. Rabelais est le grand fondateur chez nous d'une philosophie entre la poire et le fromage.

poésie surabondante de maître François, et, si l'on peut ainsi dire avec une justesse triviale, il *mit en bouteille* le vin du tonneau pantagruélique. Le cardinal Du Perron lui-même, ce grand distributeur des renommées littéraires, avait coutume, toutes les fois qu'on lui présentait un jeune poëte, de lui demander : Avez-vous lu *l'auteur?* et cet auteur était Rabelais.

Malgré ces autorités imposantes, le genre de Rabelais ne pouvait subsister dans le roman. En attendant qu'une œuvre nouvelle, plus d'accord avec le progrès des mœurs, fît époque, on vivait sur les traductions italiennes et espagnoles. L'influence espagnole à laquelle François Ier avait prêté un moment de faveur au retour de Madrid, et qui s'était essayée avec éclat par les traductions d'Herberay des Essarts, ne prévalut pas contre l'influence italienne tant que dura ce siècle, et elle ne prit le dessus qu'avec le suivant. On puisait d'ailleurs pêle-mêle dans l'une et dans l'autre littérature. Jean-Louveau d'Orléans et Pierre Larivey le comique traduisaient *les Nuits de Straparole*. L'infatigable Belleforest faisait passer en notre langue les *Histoires* du Bandello, en les *enrichissant de sa propre invention;* et Gabriel Chapuis, son successeur, rendait le même service à l'Arioste, à Montemayor et à vingt autres. La *Diane* de Montemayor enfin inspira l'*Astrée* d'Honoré d'Urfé (1610), et dès lors le genre du roman pastoral fut créé en France. *Les Bergeries de Juliette*[1] et

---

1. Par ce même Nicolas de Montreux (*Ollenix du*

autres insipides productions qui couraient depuis la fin du siècle rentrèrent dans l'ombre; l'*Astrée* seule fit loi et imprima le goût nouveau. On sait quelle vogue prolongée s'ensuivit, et quelle innombrable quantité de volumes en découlèrent, durant plus de trente ans, sous la plume des Gomberville, des La Calprenède, des Puget de la Serre, des Scudéri. Il semblerait que tous les chevaliers errants des Espagnes, battus et pourchassés par le Don Quichotte de Cervantes, eussent cherché refuge en France et y fussent devenus bergers. A cette époque passa de mode le genre rabelaisien, si cher au xvie siècle[1]. En vain Sorel essaya de

---

Mont-Sacré), gentilhomme du Maine, dont nous avons précédemment indiqué quelques pièces de théâtre.

1. Le *Rabelais* et le *D'Urfé*, ce sont les deux antipathiques, et dont l'un aussitôt exclut l'autre. Un moderne a rendu assez bien cela dans une petite épigramme que j'appellerais de la bonne époque, tant elle est exactement fabriquée :

> *La lune règne, et sa clarté divine*
> *D'un flot paisible emplit le firmament;*
> *L'heure est propice, et je sors doucement :*
> *Pour mieux rêver j'emporte un Lamartine,*
> *C'est le D'Urfé de tout poète-amant.*
> *Et vers le ciel je roulais la prunelle,*
> *Et j'essayais de ma veine rebelle;*
> *Même j'avais sous mes doigts tout froissé*
> *Le beau vélin du Ladvocat glacé :*
> *Rien ne venait. Or savez-vous la cause?*
> *Tout au réveil, j'avais pris sans dessein,*

protester, à la manière de Cervantes, contre l'*Astrée*
et les autres romans de bergerie. Son *Berger
extravagant*, Lysis, est le fils d'un marchand de
soie de la rue Saint-Denis, qui a perdu la tête à
force de lire ces sortes de livres et d'entendre les
tragi-comédies de l'Hôtel de Bourgogne. Sa famille
et le bonhomme Adrien, son curateur, ont beau
lui conseiller d'apprendre plutôt par cœur *les
Quatrains de Pibrac ou les Tablettes de Mathieu,
pour les venir dire quelquefois au bout de la
table, quand il y auroit compagnie*[1], il n'en tient
nul compte, s'échappe un beau jour et va courir
les champs, déguisé en berger. Après un bon
nombre d'aventures plus ou moins divertissantes,

> *Le matin même, une petite dose
> De Rabelais, le curé-médecin.*

Et, en effet, il suffit d'une seule pilule rabelaisienne pour
paralyser longtemps le D'Urfé et le Lamartine. Vous
savez cette poudre de Panurge, elle guérit du Werther
et du Grandisson.

1. Molière, qui reprenait son bien partout où il le
trouvait, se souvenait de ce passage de Sorel lorsqu'il a
fait dire au bourgeois Gorgibus, parlant à sa fille
Célie :

> *Jetez-moi dans le feu tous ces méchants écrits
> Qui gâtent tous les jours tant de jeunes esprits ;
> Lisez-moi comme il faut, au lieu de ces sornettes,
> Les Quatrains de Pibrac, et les doctes Tablettes
> Du conseiller Mathieu : l'ouvrage est de valeur,
> Et plein de beaux dictons à réciter par cœur.*
>
> Sganarelle, *acte I, scène 1.*

il tombe aux mains de gens pieux et sensés qui le guérissent et le marient. Par malheur, au lieu de prendre en main la cause de la vieille et franche gaieté, Sorel met en avant la morale chrétienne, et dans son livre, Homère, l'Arioste et Rabelais ne sont pas mieux traités que Montemayor, D'Urfé, Barclay, auteur de l'*Argénis*, Sidney, auteur de l'*Arcadie*. Son roman de *Francion*, assez semblable par le ton au *Roman comique*, malgré les heureux traits dont il est semé, n'était guère plus propre à réhabiliter l'ancien genre que *le Berger extravagant* à ruiner le nouveau. *Zayde*, l'élégante *Zayde* essaya d'une réforme plus réelle dans la région du tendre ; surtout *la Princesse de Clèves* brilla comme le plus délicat des joyaux. Mais il faut désormais attendre jusqu'à *Gil Blas* pour retrouver la grande et large manière du roman.

Quant à Rabelais lui-même, sa gloire personnelle résista à ces variations de goût, et, si elle fut contestée quelquefois, ce fut pour reparaître bientôt triomphante. Il partagea avec Montaigne l'honneur de plaire au petit comité philosophique de La Mothe-Le-Vayer, Gassendi, Gabriel Naudé, Gui Patin et Bernier. Il est vrai que, tandis que Turenne savait et récitait Marot, le grand Condé ne put soutenir Rabelais, que lui lisait Saint-Évremond. Mais Molière, Racine et La Fontaine, qui le lisaient de leurs yeux, en firent leurs délices et souvent leur profit. C'était le bréviaire du *Temple* et du *Caveau* ; et quoique le xviiie siècle ne l'ait pas apprécié à sa valeur, quoiqu'en particulier l'auteur de Pangloss se soit montré aussi injuste qu'ingrat envers l'auteur de Panurge[1], le joyeux curé ne cessa pas d'avoir sa place au club indévot et cynique de Duclos, Diderot, Morellet et Galiani. Dès l'aurore de notre Révolution, Ginguené le vengea hautement dans une spirituelle brochure, tandis que Beaumarchais ressuscitait sur la scène plusieurs de ses personnages; et, depuis lors, Rabelais n'a pu que gagner en estime auprès d'une génération impartiale et studieuse, qui s'efforce de tout comprendre dans le passé, et qui ose admirer le génie sous toutes ses formes.

---

1. Il lui a fait réparation plus tard en vieillissant (voir ses lettres à Mme du Deffand, du 15 octobre 1759, et du 12 avril 1760) : « J'ai relu, après *Clarisse*, quelques chapitres de Rabelais, comme le combat de Frère Jean des Entommeures et la tenue du Conseil de Picrochole; je les sais pourtant presque par cœur, mais je les ai relus avec un très-grand plaisir, parce que c'est la peinture du monde la plus vive... Je me repens d'avoir dit autrefois trop de mal de lui. »

CONCLUSION

N coup d'œil jeté en arrière suffira pour résumer dans l'esprit du lecteur les principaux traits du tableau que nous avons essayé de tracer. Sous le point de vue littéraire, le XVIᵉ siècle en France est tout à fait une époque de transition. Une grande et profonde rénovation s'y agite et s'y essaye, mais rien ne s'y achève. Dans ses premières années, il nous offre l'antique littérature gauloise en décadence ; dans ses dernières, la littérature française monarchique qui commence avec Malherbe. Durant l'intervalle, et sous les quatre derniers Valois, on voit naître, régner et dépérir l'école précoce et avortée de Ronsard. Cinq grandes générations poétiques remplissent cette période de cent années : 1º la vieille génération de Cretin, Coquillart, Le Maire, Blanchet, Octavien de Saint-Gelais, Jean Marot : reste du XVᵉ siècle, elle se prolonge assez avant dans le nouveau par Bourdigné, Jean Bouchet, etc., etc. ; 2º la génération fille de la précédente, et qui, née avec le siècle, règne jusqu'à la mort de François Iᵉʳ : elle comprend Clément Marot, Mellin de Saint-Gelais,

Brodeau, Héroët; elle a pour vétéran retardataire
le plus opiniâtre Charles Fontaine. 3° La génération enthousiaste, qui rompt en visière à ses deux
aînées : ce sont les poëtes de la Pléiade, les premiers disciples et compagnons de Ronsard ; d'Aubigné en garde la manière jusques après Henri IV
4° La génération respectueuse et soumise de Des
Portes, Bertaut, Du Perron ; elle se continue, sous
Louis XIII, par Des Yveteaux, Colletet, mademoiselle de Gournay. 5° Enfin la génération réfor-
matrice de Malherbe, qui fonde la poésie française
du grand siècle, et qui, avant d'en voir commencer les beaux jours, devient elle-même invalide et
surannée en la personne de Maynard. Sur le théâtre
se sont succédé des variations à peu près correspondantes. On a pu y saisir quatre périodes :
1° la période *gauloise* des *mystères*, des *moralités*,
des *farces* et *sotties;* elle brille de son plus vif
éclat sous Louis XII avec Pierre Gringoire, et finit
vers 1552, à la venue de Jodelle. 2° La période
grecque-latine, c'est-à-dire celle des imitations
serviles d'Euripide et de Sénèque; Jodelle en est
le fondateur, Garnier le héros; elle ne va guère
au delà de 1588, et se perd dans l'interruption des
études, causée par les troubles civils. 3° La période
grecque-espagnole, durant laquelle la manière de
Garnier et des anciens se mêle et se combine avec
celle de Lope de Véga et de Cervantes : c'est le
règne de Hardy, Claveret, Scudéri, etc., etc.
4° Enfin, la période *française* proprement dite,
française au moins d'abord par la coupe et le
style, celle dont l'ère date de la *Sophonisbe* et

du *Cid,* et dans laquelle prendront place un jour Racine et Voltaire. Quant au genre du roman, le résumé en est court : il n'y eut de marquant que Rabelais et D'Urfé. Sur ces classifications un peu arides, mais exactes autant que des formules peuvent l'être, si le lecteur, maintenant riche en souvenirs, consent à répandre cet intérêt qui s'attache aux hommes et aux œuvres, ce mouvement qui anime la naissance, la lutte et la décadence des écoles, en un mot, cette couleur et cette vie sans lesquelles il n'est pas d'intelligence du passé, il concevra de la poésie du xvi⁁ siècle une idée assez complète et fidèle. Peut-être alors, reportant ses regards sur des époques déjà connues, il découvrira des aperçus nouveaux dans des parties jusque-là obscures ; peut-être l'âge littéraire de Louis XIV gagnera à être de la sorte éclairé par derrière, et toute cette scène variée, toute cette représentation pompeuse, se dessinera plus nettement sur un fond plus lumineux. Peut-être aussi pourra-t-il de là jaillir quelque clarté inattendue sur notre âge poétique actuel et sur l'avenir probable qui lui est réservé. Nous-même, en terminant, nous hasarderons, à ce sujet, quelques façons de voir, quelques conjectures générales, avec la défiance qui sied lorsqu'on s'aventure si loin.

A envisager les choses de haut, il est aisé de discerner dans l'histoire d'Europe, depuis les temps anciens jusqu'à nos jours, deux grands ordres sociaux, savoir : l'antiquité grecque et romaine, d'une part, et le moyen âge, de l'autre. Entre ces deux mondes il y a un prodigieux abîme, creusé et com-

blé par le christianisme et par les barbares. Le
second état de la société, le moyen âge, peut être
considéré comme fini. Voici trois siècles environ
que l'humanité est en voie de recommencer une
troisième ère. Jusqu'ici, pourtant, elle a été plus
occupée à détruire qu'à fonder, et les ruines du
croulant édifice n'ont point encore cessé partout
de peser sur elle. Selon qu'on la prend sur l'une
ou l'autre de ces deux cimes sociales, la poésie
présente, comme on peut croire, des aspects bien
différents et bien contraires. Dans l'antiquité
grecque, qui fut la mère de toute l'antiquité poétique, dans cette terre de splendeur et de liberté,
rien ne manqua à l'embellissement et au triomphe
de sa jeunesse ; elle fut douée, dès sa naissance,
comme par l'Olympe assemblé, de tous les dons
les plus charmants : elle eut un idiome retentissant
et sonore, une musique mélodieuse, la magie du
pinceau, les miracles de la statuaire, Homère et
Pindare, Timothée et Phidias. Il y avait dans ce
premier souffle si pur tant de séduction et de puissance, que, plus tard, Alexandrie et Rome ne firent
que s'en inspirer et le répéter ; qu'une fois entendu
par une oreille humaine, il ne peut jamais en être
oublié, et qu'il s'est mêlé depuis, comme un écho
lointain, à tout ce qui s'est fait d'harmonieux sur
la terre. Mais si de là, si du théâtre d'Athènes et
des solennités olympiques, nous nous transportons
brusquement au sein de l'autre monde, parmi les
barons, les moines et les serfs, sur ce sol agreste,
tout hérissé de clochers et de créneaux, la poésie
nous y apparaît encore, quoique sous un aspect

bien autrement sérieux et sévère. Ici point de liberté, partout l'oppression et la force, des jargons disgracieux et rebelles, nulle science du pinceau ou de la lyre : ce qui manque alors, ce sont des moyens d'expression et des organes. Les âmes ont peine à se faire jour à travers les cilices et les armures. Non pas qu'il n'en sorte encore par instants des accents généreux ou tendres, héroïques ou plaintifs. La littérature provençale en abonde; elle est teinte de fines et fraîches nuances, fleur brillante et passagère qui naquit au soleil, sur un champ de bataille, dans l'intervalle de deux combats. Mais, en somme, toutes ces productions littéraires sont de beaucoup inférieures à la poésie intime d'un âge si énergique, et ne la représentent qu'imparfaitement. Cette poésie éclate ailleurs et déborde par d'autres voies. Elle est dans les tournois galants, dans les lances brisées, dans les luttes corps à corps; elle est dans les saintes croisades et dans les pèlerinages au Calvaire; elle est surtout, avec sa foi religieuse et son génie catholique, dans ces innombrables et magnifiques églises, dans ces sublimes cathédrales, devant lesquelles se confond et s'abîme notre misérable petitesse. Quand il se mettait une fois en frais de poésie, le colosse au gantelet d'acier écrivait ses épopées sur la pierre.

Cependant le moyen âge ne tarda pas à décliner. Les langues se polirent; l'étude de l'antiquité donna à certains esprits la pensée et les moyens d'en égaler les chefs-d'œuvre. Il y eut alors pour les nations modernes un instant décisif. Les traditions religieuses, féeriques et chevaleresques, subsistaient encore dans toute leur force et leur éclat ; et de plus la parole, travaillée et assouplie par le temps, l'usage et l'étude, se prêtait à consacrer ces souvenirs récents et chers. Dante, le grand devancier, l'Arioste et le Tasse ; Spenser, Shakspeare et Milton, appartiennent plus ou moins à cette époque opportune de la Renaissance. Dante, de son haut sommet, n'y touche guère que par son guide Virgile ; les autres s'y rapportent tout entiers. Leurs admirables poëmes, placés au confluent de l'antiquité et du moyen âge, s'élèvent comme des palais magiques sur des îles enchantées, et semblent avoir été doués à l'envi de toutes leurs merveilles par les fées, les génies et les Muses. En France malheureusement rien de pareil n'arriva. Ce confluent, ailleurs si pittoresque et si majestueux, ne présente chez nous qu'écume à la surface, eaux bourbeuses et fracas bientôt apaisé.

En vérité plus j'y réfléchis, et moins je puis croire qu'un homme de génie apparaissant du temps de Ronsard n'eût pas tout changé. Mais, puisqu'il n'est pas venu, sans doute il ne devait pas venir. Les circonstances d'ailleurs n'avaient rien de fort propice. Comme je l'ai dit précédemment, et comme l'a dit bien mieux que moi un éminent écrivain de nos jours[1], nous nous étions nous-mêmes dépouillés par degrés de notre propre héritage ; nous avions

---

1. M. Ballanche (*Essai sur les institutions sociales*, chap. XI, seconde partie).

déjà perdu le souvenir de nos âges fabuleux, et les tombeaux de nos ancêtres ne nous avaient rien appris. Quand arriva l'antiquité à flots tumultueux, charriant dans son cours quelques trésors à demi gâtés de la moderne Italie, elle ne trouva rien qui la contînt et brisât son choc; elle fit irruption et nous inonda. Jusqu'à Malherbe, ce ne fut que débordement et ravage. Le premier il posa des digues et fit rentrer le fleuve en son lit. Cette révolution littéraire reçut un grand appui et un développement prodigieux des conjonctures politiques qui survinrent et dominèrent au xviie siècle. Quelques mots suffiront à notre pensée.

Dès l'instant que les ressorts du régime théocratique et féodal en vigueur au moyen âge s'étaient détendus, la société avait aspiré sourdement à une organisation nouvelle. Mais, avant d'en venir à se reconstituer sur d'autres bases, elle avait à franchir bien des siècles, et à redescendre de ce haut donjon où elle était assise, par autant de degrés qu'elle y était montée. Or il y avait plus d'une voie pour en redescendre, et la marche n'a pas été la même dans les différents pays. On conçoit une monarchie forte, tutélaire, munie d'obstacles et de garanties, à demi féodale et déjà représentative, qui donne refuge à la société en péril sur une pente trop rapide, lui sauve les secousses, les écarts, les chutes, et lui permette de croître sous son abri pour les destinées de l'avenir. C'est ce qui s'est réalisé en Angleterre; en France, il en a été autrement. Malgré plusieurs tentatives infructueuses, une semblable monarchie n'a pu être fondée. Après les bouleversements de la Ligue, Henri IV et Sully parurent en comprendre le besoin et en nourrir le projet. Mais Richelieu, trop confiant en son génie, se dirigea sur d'autres principes, et Louis XIV reçut de ses mains un sceptre absolu, une monarchie brillante, éphémère, artificielle et superficielle, sans liaison profonde avec le passé et l'avenir de la France, ni même avec les mœurs du temps. Cette fête monarchique de Louis XIV, célébrée à Versailles entre la Ligue et la révolution de 89, nous fait l'effet de ces courts et capricieux intermèdes qui ne se rattachent point à l'action du drame; ou, si l'on veut encore, c'est un pont élégant et fragile jeté sur l'abîme. Sur ce pont tapissé d'or et de soie s'élèvent d'admirables statues : voilà l'image des beaux génies du grand siècle. Ils sont là tous, debout, autour d'un trône de parade, comme un accident immortel.

Mais tout se tient : le sublime accident devint un fait grave et eut d'immenses résultats. L'Europe alors avait jeté son premier feu poétique, et n'enfantait plus rien de vraiment grand. Épuisée par de longues querelles religieuses et guerrières, elle se recueillait en silence pour des luttes prochaines, et sommeillait, comme Alexandre, à la veille d'un combat. Pendant ce travail lent et sourd qui s'accomplissait au cœur même de la société, et au milieu des débats philosophiques qui en agitaient la surface, quelques esprits d'élite, quelques oisifs de distinction, cultivaient la poésie. Dans leurs habitudes raffinées d'éducation et de vie, ils durent adopter le ton et le langage de notre belle littérature. Elle était en quelque sorte le dernier mot de la civilisation monarchique. L'Allemagne, l'Angleterre, l'Italie, l'Espagne, le Portugal, c'est-à-dire les beaux esprits et les grands seigneurs de ces contrées, s'y conformèrent à l'envi.

Notre révolution éclata : elle conquit l'Europe par les armes comme la vieille monarchie avait fait par les lettres. Mais l'Europe était lasse, et une double réaction commença et contre nos lettres et contre nos armes. On en sait l'issue. Les jeunes écoles poétiques insurgées renièrent le xviiie siècle, et, remontant plus haut dans leurs fastes, tendirent la main aux vrais pères de l'art : Byron, Scott, se rallièrent à Spenser et à Shakspeare, les Italiens à Dante ; et si, en d'autre pays, le même mouvement ne s'est pas décidé encore, c'est que des causes funestes l'arrêtent et l'enchaînent. Mais nulle part plus vite ni plus vivement qu'en France la réaction poétique ne s'est fait sentir : elle y présente certains traits qui la distinguent et lui donnent un caractère propre.

En secouant le joug des deux derniers siècles, la nouvelle école française a dû s'inquiéter de ce qui s'était fait auparavant et chercher dans nos origines quelque chose de national à quoi se rattacher. A défaut de vieux monuments et d'œuvres imposantes, il lui a fallu se contenter d'essais incomplets, rares, tombés dans le mépris ; elle n'a pas rougi de cette misère domestique et a tiré de son chétif patrimoine tout le parti possible avec un tact et un goût qu'on ne saurait trop louer. André Chénier, de qui date la réforme, paraît avoir lu quelques-uns de nos anciens poëtes [1], et avoir compris du premier coup que ce qu'il y avait d'original en eux, c'était l'instrument. En le reprenant, sans façon, par droit d'héritage, il l'a dérouillé, retrempé et assoupli. Dès lors une nouvelle forme de vers a été créée, et ses successeurs ont été affranchis du moule étroit et symétrique de Malherbe et de Boileau. Depuis André Chénier, un autre perfectionnement a eu lieu. Toute sa réforme avait porté sur les vers pris isolément; il restait encore à en essayer les diverses combinaisons possibles, et, sur les débris de la vielle *stance,* à reconstruire la *strophe* d'après un plus large plan. Déjà Ronsard et ses amis avaient tenté beaucoup en ce point; mais leurs efforts n'avaient pas toujours réussi, ou bien Malherbe n'en avait pas assez tenu compte. L'honneur de recommencer et de poursuivre ce savant travail de mécanisme était réservé à Victor Hugo. Ce qu'André Chénier avait rénové et innové dans le vers, notre jeune contemporain l'a rénové et innové dans la strophe; il a été et il est *harmoniste* et *architecte* en poésie. Grâce à lui, il semble, en quelque sorte, que l'orchestre de Mozart et de Rossini remplace celui de Grétry dans l'ode; ou encore l'ode, ainsi construite, avec ses voûtes et ses piliers, ses festons et ses découpures sans nombre, ressuscite aux yeux le style des cathédrales gothiques ou de l'Alhambra. Sans insister plus longuement ici sur

---

1. Je me suis arrêté depuis à l'opinion qu'il les a peu connus; mais il a fait mieux, il les a retrouvés.

un résultat qu'il nous suffit de proclamer, l'on peut donc dire que, partie instinct, partie étude, l'école nouvelle en France a continué l'école du XVIe siècle sous le rapport de la *facture* et du *rhythme*. Quant aux formes du discours et du langage, il y avait bien moins à profiter chez nos vieux poëtes. Les Anglais et les Italiens, pour rajeunir leur langue, n'ont eu qu'à la replonger aux sources primitives de Shakspeare et de Dante; mais nous manquions, nous autres, de ces immenses lacs sacrés en réserve pour les jours de régénération [1], et nous avons dû surtout puiser dans le présent et en nous-mêmes. Si l'on se rappelle pourtant quelques pages de l'*Illustration* par Joachim Du Bellay, certains passages saillants de mademoiselle de Gournay, de D'Aubigné ou de Regnier : si l'on se figure cette audacieuse et insouciante façon de style, sans règles et sans scrupules, qui marche à l'aventure comme la pousse la pensée, on lui trouvera quelques points généraux de ressemblance avec la manière qui tend à s'introduire et à prévaloir de nos jours. Un homme de beau-

---

1. On me cite des prosateurs, Villehardouin, Joinville, Froissart, Amyot, etc., etc. Mais Amyot, si charmant qu'il soit, n'a pas d'originalité propre ni rien où l'on puisse vraiment se tremper; Froissart lui-même, comme Joinville, est surtout naïf; Villehardouin, plus grand, nous fuit à l'horizon et appartient à une langue trop lointaine et tout à fait discontinuée. De tous, ce serait encore le seul Rabelais qui aurait pu nous être un de ces réservoirs dont nous parlons, un de ces lacs sacrés, — oui, s'il n'était pas avant tout une mare.

coup d'esprit et d'érudition [1] s'est plaint malicieusement que depuis quelques années *on avait distendu notre pauvre langue jusqu'à la faire craquer*. Le mot est d'une parfaite justesse. Le moule de style en usage depuis Balzac jusqu'à Jean-Jacques a sauté en éclats, aussi bien que le moule du vers. Le dernier, le plus habile et le plus séduisant soutien du pur et classique langage, M. Villemain, a beau lui prêter l'autorité de sa parole, en dissimuler les entraves, en rajeunir les beautés, et vouloir le réconcilier avec les franchises nouvelles : sans doute il y réussit à force de talent; mais ce triomphe est tout individuel. A tort ou à raison, ceux même qui admirent le plus ce bel art ne s'y conformeront guère. La manière de notre siècle, on peut l'affirmer à coup sûr, sera moins correcte et moins savante, plus libre et plus hasardée, et sans revenir aux licences du XVIe siècle, il en reprendra et il en a déjà repris ce quelque chose d'insouciant et d'imprévu qui s'était trop effacé dans l'étiquette monarchique de l'âge suivant. Mais là doit finir toute la ressemblance. A part une certaine allure commune de style et la forme du vers, on ne voit pas en quoi notre époque littéraire pourrait se rapprocher de celle dont on vient de parcourir le tableau. Je ne sais même s'il faut regretter que ces liens ne soient pas plus nombreux ni plus intimes, et qu'à l'ouverture d'une ère nouvelle, en nous lan-

---

1. M. Delécluze (*Préface* de *Roméo et Juliette*, nouvelle traduite de Luigi da Porto).

çant sur une mer sans rivages, nous n'ayons pas de point fixe où tourner la boussole et nous orienter dans le passé. Si aucun fanal ne nous éclaire au départ, du moins aucun monument ne nous domine à l'horizon et ne projette son ombre sur notre avenir. En poésie comme en politique, peuple jeune, émancipé d'hier, qui sait où n'ira pas notre essor? A voir les premiers pas, qui oserait assigner le terme? La nation qui a donné le dernier mot d'ordre littéraire à la vieille société pourrait bien donner le premier à la nouvelle. Déjà, dans nos rêves magnifiques, nous avons plus que des présages. La lyre perdue a été retrouvée, et des préludes encore inouïs ont été tendus. L'un, prêtant à l'âme humaine une voix pleine d'amour, a chanté, en cet instant de crise et de passage, l'élégie du Doute et de l'Anxiété, l'hymne de l'Espérance et de la Foi [1]. L'autre, plus humble et parlant plus bas à la foule d'où il est sorti, a ému les fils en leur disant les exploits et les malheurs des pères ; Anacréon-Tyrtée, Horace d'un siècle libre, il a célébré la France, et Néris, et la gloire [2]. Un autre, jeune et fort, a remonté les âges ; il a revêtu l'armure des barons, et soulevant sans effort les grandes lances et les longues épées, il a jeté, comme par défi, dans l'arène lyrique, un gant de fer dont l'écho retentira longtemps [3]. Blanche, pudique, à demi voilée,

---

1. Lamartine.
2. Béranger.
3. Victor Hugo.

une muse plus timide interroge aussi les fastes antiques de notre histoire ; elle aussi palpite noblement au bruit des armes et au nom de France ; mais, alors même qu'elle est sous le casque, un seul de ses gestes, de ses regards, de ses accents, nous révèle le tendre cœur d'une femme, comme chez Clorinde ou Herminie [1]. Rappellerai-je au siècle ingrat ce poëme trop peu compris, ce mystère d'une élévation si pure, dans lequel notre langue a pour la première fois appris à redire, sans les profaner, les secrets des chérubins ? [2] Mais c'est assez et trop parler de l'époque présente, de ses richesses et de nos espérances. L'enthousiasme qui a pour objet les contemporains importune ou fait sourire, et ressemble toujours à une illusion ou à une flatterie. D'ailleurs, faible et peu clairvoyant que nous sommes, il nous sied moins qu'à tout autre d'oser prédire. Notre foi en l'avenir a trop souvent ses éclipses et ses défaillances : l'exemple de Joachim Du Bellay semble fait exprès pour nous guérir des beaux songes. Qu'on nous pardonne toutefois d'y avoir cédé un instant. Au bout de la carrière, nous avons cru entrevoir un grand, un glorieux siècle, et nous n'avons pu résister au bonheur d'en saluer l'aurore.

Avril 1828.

---

1. Madame Tastu.
2 Le poëme d'*Eloa* par M. de Vigny.

APPENDICE

Dans l'édition in-8º de 1828, le premier volume, qui contenait le *Tableau de la Poésie française et du Théâtre français au* XVIe *siècle* était suivi et complété d'un second qui renfermait les *Œuvres choisies* de Ronsard avec notes et commentaires. Je reproduis ici de ce second volume la notice biographique qui était en tête, et qui peut servir d'appendice à ce qui a été dit précédemment sur le poëte.

VIE DE RONSARD

'est Ronsard lui-même qui va nous donner, sur sa famille, sa naissance, son éducation et ses premières aventures, des notions détaillées et incontestables, grâce à l'épître suivante qu'il adresse à Belleau :

A REMI BELLEAU

EXCELLENT POËTE FRANÇOIS.

Je veux, mon cher BELLEAU, *que tu n'ignores point*
D'où, ne qui est celuy que les Muses ont joint
D'un nœud si ferme à toy, à fin que des années
A nos neveux futurs les courses retournées
Ne cèlent que BELLEAU *et* RONSARD *n'estoient qu'un,*
Et que tous deux avoient un mesme cœur commun.

Or quant à mon ancestre, il a tiré sa race
D'où le glacé Danube est voisin de la Thrace :
Plus bas que la Hongrie, en une froide part,
Est un Seigneur nommé le Marquis de RONSART,
Riche d'or et de gens, de villes et de terre.
Un de ses fils puisnez, ardant de voir la guerre,

Un camp d'austres puisnez assembla hazardeux,
Et quittant son pays, fait Capitaine d'eux,
Traversa la Hongrie et la basse Allemaigne,
Traversa la Bourgongne et la grasse Champaigne,
Et hardy vint servir PHILIPPES DE VALOIS,
Qui pour lors avoit guerre encontre les Anglois.

Il s'employa si bien au service de France,
Que le Roy lui donna des biens à suffisance
Sur les rives du Loir : puis du tout oubliant
Frères, père et pays, François se mariant,
Engendra les ayeux dont est sorty le père
Par qui premier je vy ceste belle lumière.

Mon père de Henry *gouverna la Maison,*
Fils du grand Roy François, *lorsqu'il fut en prison*
Servant de seur hostage à son père en Espagne :
Faut-il pas qu'un servant son Seigneur accompagne
Fidèle à sa fortune, et qu'en adversité
Luy soit autant loyal qu'en la félicité ? 1

Du costé maternel j'ay tiré mon lignage
De ceux de la Trimouille *et de ceux du* Bouchage,
Et de ceux de Rouaux, *et de ceux de* Chaudriers
Qui furent en leur temps si vertueux guerriers,
Que leur noble vertu, que Mars rend éternelle,
Reprint sur les Anglois les murs de la Rochelle,
Où l'un de mes ayeux fut si preux, qu'aujourd'huy
Une rue à son los porte le nom de luy.

Mais, s'il te plaist avoir autant de cognoissance
(Comme de mes ayeux) du jour de ma naissance,
Mon Belleau, *sans mentir je diray vérité*
Et de l'an et du jour de ma nativité.

L'an que le Roy François *fut pris devant Pavie,*
Le jour d'un Samedy Dieu *me presta la vie*
L'onziesme de Septembre, et presque je me vy
Tout aussi tost que né de la Parque ravy.
Je ne fus le premier des enfans de mon père ;
Cinq devant ma naissance en enfanta ma mère :

---

1. On lit dans l'édition des *Lettres* de Marguerite de Navarre publiées par M. Génin (page 469), une lettre du père de Ronsard qui annonce l'arrivée à Pédraze des princes François et Henri, dont il est maître d'hôtel.

Deux sont morts au berceau, aux trois vivans en rien
Semblable je ne suis ny de mœurs ny de bien.

Si tost que j'eu neuf ans, au collége on me meine :
Je mis tant seulement un demy-an de peine
D'apprendre les leçons du régent de Vailly,
Puis sans rien profiter du collége sailly,
Je vins en Avignon, où la puissante armée
Du Roy FRANÇOIS estoit fièrement animée
Contre CHARLES D'AUSTRICHE, et là je fus donné
Page au Duc D'ORLÉANS : après je fus mené
Suivant le Roy d'Escosse en Escossoise terre,
Où trente mois je fus et six en Angleterre.

A mon retour ce DUC pour page me reprint ;
Long temps à l'Escurie en repos ne me tint
Qu'il ne me renvoyast en Flandres et Zélande,
Et depuis en Escosse, où la tempeste grande
Avecques LASSIGNI cuida faire toucher,
Poussée aux bords Anglois, ma nef contre un rocher.

Plus de trois jours entiers dura ceste tempeste,
D'eau, de gresle et d'esclairs nous menaçant la teste:
A la fin arrivez sans nul danger au port,
La nef en cent morceaux se rompt contre le bord,
Nous laissant sur la rade, et point n'y eut de perte
Sinon elle qui fut des flots salez couverte,
Et le bagage espars que le vent secouoit,
Et qui servoit flottant aux ondes de jouet.
D'Escosse retourné je fus mis hors de page,
Et à peine seize ans avoient borné mon âge,
Que l'an cinq cens quarante avec BAÏF je vins

En la haute Allemaigne, où dessous luy j'apprins
Combien peut la Vertu : après la maladie
Par ne sçay quel Destin me vint boucher l'ouïe,
Et dure m'accabla d'assommement si lourd,
Qu'encores aujourd'huy j'en reste demy-sourd.
L'an d'après, en Avril, Amour me fit surprendre,
Suivant la Cour à Blois, des beaux yeux de Cassandre;
Soit le nom faux ou vray, jamais le Temps vainqueur
N'effacera ce nom du marbre de mon cœur.

Convoiteux de savoir disciple je vins estre
De DAURAT *à Paris qui sept ans fut mon Maistre*
En Grec et en Latin : chez luy premièrement
Nostre ferme amitié print son commencement,
Laquelle dans mon ame à tout jamais et celle
De nostre amy BAÏF *sera perpétuelle* [1].

Si tous les biographes de Ronsard avaient lu attentivement cette pièce, ils auraient été plus d'accord sur quelques faits vivement débattus. Pierre de Ronsard naquit donc le 11 septembre 1524 [2] (au château de la Poissonnière), dans le

---

1. Œuvres de Ronsard, élégie xx.
2. Non pas, comme on l'a avancé, *le jour même* de la bataille de Pavie, mais durant l'année. La bataille de Pavie eut lieu le 24 février 1525 ; comme l'année alors ne commençait qu'à Pâques, on rapportait cette bataille à la date de 1524, et j'y rapporte aussi la naissance de Ronsard. Goujet pourtant le fait naître en 1525. Il s'agirait de savoir si, dans son épître à Belleau, Ronsard compte l'année à la nouvelle ou à l'ancienne manière. Il était né sous l'ancienne chronologie, mais peut-être

Vendômois, d'une famille noble, originaire de Hongrie. Mis à neuf ans au collége de Navarre, sous un régent nommé de Vailly, il se dégoûta des études, et entra au service du duc d'Orléans, fils de François Ier, puis à celui de Jacques d'Écosse; de là un séjour de trois années en Grande-Bretagne. Il revint de nouveau au duc d'Orléans, qui l'envoya en divers lieux et l'adjoignit à diverses ambassades. C'est dans un second voyage en Écosse, entrepris vers cette époque, qu'il fit naufrage avec le sieur de Lassigny, et qu'il dut son salut à un coup de la fortune. Il avait seize ans alors (1540); il suivit Lazare de Baïf en Allemagne, à la diète de Spire, et aussitôt après, quoiqu'il n'en dise rien dans l'épître, le célèbre capitaine Langey Du Bellay en Piémont. Mais il venait d'être atteint d'une surdité, qui le dégoûta de la cour et du monde : l'amour, qui s'empara de son cœur à Blois, en avril 1541, ajouta peut-être encore à ce dégoût des plaisirs, à cette passion soudaine pour la retraite et l'étude. Il se mit donc, vers 1541 ou 1542 au plus tard, au collége de Coqueret, sous les soins de Jean Dorat ou Daurat, qu'il avait connu chez Lazare de Baïf. Jean-Antoine de Baïf, fils naturel de Lazare, et Remy Belleau, devinrent ses condisciples les plus

---

qu'au moment où il fit l'épître, il suivait la nouvelle (voir au Dictionnaire de Bayle l'article *Ronsard* sur ces incertitudes). Ce qui fixerait tout, ce serait de vérifier si c'était en 1524 ou en 1525 que le 11 septembre tombait un *samedi*, puisqu'il dit être né un tel jour de la semaine. J'en laisse le soin à quelque bénédictin futur.

intimes; il faut leur joindre Lancelot de Carles et Marc-Antoine Muret, qui depuis s'illustrèrent dans la poésie et l'éloquence latines. Là, durant sept années d'études, au milieu des veilles laborieuses et des discussions familières, au sein de cette *École normale* du temps, si l'on peut ainsi dire, Ronsard jeta les fondements de la révolution littéraire qui changea l'avenir de notre langue et de notre poésie. Nous en avons assez parlé ailleurs pour n'avoir pas à y revenir ici. Cette retraite de sept années nous mène jusqu'en 1548 ou 1549, époque où les essais de Ronsard et de ses amis commencèrent à franchir les murailles du collège, et à se répandre dans le public des érudits et des courtisans. C'est vers la fin de ces sept années, peut-être dans la dernière, comme on pourrait le croire d'après Claude Binet[1], que Ronsard, revenant de Poitiers à Paris, fit la rencontre de Joachim Du Bellay, jeune gentilhomme angevin; ils se convinrent aussitôt, et se prirent d'une vive amitié l'un pour l'autre. Ronsard emmena Du Bellay à Paris, et l'associa aux études communes sous Dorat. Peu après (1549-1550), Du Bellay publia

---

1. Claude Binet, quoique ami et disciple de Ronsard, paraît assez inexactement informé des premières années de ce poëte, et les dates qu'il donne me semblent souvent suspectes. Dans la préface mise en tête de la première édition de ses odes (1550), Ronsard loue Du Bellay et parle de la *longue fréquentation* qu'ils ont eue ensemble, ce qui suppose au moins deux ou trois ans de familiarité, et reporterait le début de leur liaison vers 1547 ou 1548 au plus tard.

son *Illustration de la Langue françoise,* où il développa si éloquemment ses idées et celles de ses amis. Il ne paraît pas que Ronsard eût rien publié encore de considérable quand Du Bellay porta ce premier coup à la vieille école ; on ne saurait douter pourtant que ce coup ne partît de lui au moins autant que de Du Bellay, et ce serait à la fois une erreur et une injustice d'attribuer à celui-ci une priorité qui appartient évidemment à l'autre. Sans Ronsard, il est douteux que Du Bellay se fût jamais livré à la poésie, surtout au genre alors moderne de haute et brillante poésie ; sans Du Bellay, Ronsard n'eût rien perdu de ses idées, et la réforme se serait accomplie également. Dans une pièce où il évoque l'ombre de Du Bellay, Ronsard met à la bouche de son ami les paroles suivantes, que tant de contemporains auraient pu démentir, s'il y avait eu lieu :

............*Amy, que sans tache d'envie*
J'aimay quand je vivois comme ma propre vie,
Qui premier me poussas et me formas la vois
A célébrer l'honneur du langage françois,
Et compagnon d'un art tu me montras l'adresse
De me laver la bouche ès ondes de Permesse[1], *etc.*

L'*Illustration* de Du Bellay irrita bien des amours-propres et souleva bien des inimitiés. Les *quatre premiers livres d'Odes* de Ronsard, imprimés en 1550, peu de mois après, furent violem-

---

1. *Discours à Loys Des Masures.*

ment attaqués à la cour par Mellin de Saint-Gelais et sa coterie[1]. Du Bellay, dans la satire du *Poëte courtisan*, Ronsard en plusieurs endroits de ses odes, ripostèrent avec amertume; on a beaucoup cité cette strophe du dernier (il s'adresse à l'Ombre de Marguerite de Navarre, la sœur de François Ier, et, comme il l'appelle, au *saint Astre navarrois*) :

> *Escarte loin de mon chef*
> *Tout malheur et tout meschef;*
> *Préserve-moy d'infamie,*
> *De toute langue ennemie*
> *Et de tout acte malin,*
> *Et fay que devant mon Prince*
> *Désormais plus ne me pince*
> *La tenaille de Mellin*[2] *!*

Le docte L'Hospital, qui était alors chancelier de madame Marguerite, sœur de Henri II, prit en

---

1. Mellin de Saint-Gelais était pourtant excepté dans la préface (ainsi qu'Hëroet et Scève) du jugement sévère porté sur les devanciers; il paraît qu'il ne se tint pas satisfait de l'exception. Le dernier biographe de Ronsard (*Biographie universelle*) a commis une erreur en disant que Mellin de Saint-Gelais se déchaîna souvent contre Ronsard devant *François I*[er], et en ajoutant : « La cour était partagée entre Ronsard et Saint-Gelais; Joachim Du Bellay avait aussi ses partisans. » François Ier était mort depuis plusieurs années, et Joachim Du Bellay n'avait d'autres partisans que ceux de Ronsard.

2. Cette strophe s'est adoucie et le nom de Mellin a disparu dans les réimpressions (voir, au livre V des *Odes*, l'*Hymne triomphal* qui fait l'ode V[e]).

main la cause des novateurs, et alla même jusqu'à composer, sous le nom de Ronsard, une satire latine dont nous donnerons quelques passages :

Magnificis aulæ cultoribus atque poetis
  Hæc Loria scribit valle poeta novus,
Excusare volens vestras quod læserit aures,
  Obsessos aditus jam nisi livor habet;
Excusare volens quod sit novitatis amator,
  Verborum cum vos omnia prisca juvent.
Atque utinam antiqui vestris ita cordibus alte
  Insitus officii cultus amorque foret!
Non ego, conscissus furiali dente, laborem
  Spicula de tergo vellere sæva meo;
Non ego, qui tanti mihi causa fuere doloris,
  Auxilium a nostris versibus ipse petam;
Non ego nunc Musas supplex orare latinas,
  Rebus et afflictis poscere cogar opem...

Il s'attaque évidemment à Saint-Gelais sans le nommer :

Ætas est ætate regenda, senisque maligni est
  Consilio juvenem nolle juvare suo.
Extremæ sed nequitiæ maledicere surdo,
  Crescere et alterius posse putare malis,
Diceris ut nostris excerpere carmina libris,
  Verbaque judicio pessima quæque tuo
Trunca palam Regi recitare et Regis amicis;
  Quo nihil improbius gignere terra potest.

Après avoir excité les nouveaux poëtes à secouer cette tyrannie insolente de quelques vieillards jaloux, Ronsard, par la bouche de L'Hospital, se justifie victorieusement des innovations auxquelles l'oblige l'indigence de la langue maternelle, et il revient encore une fois en finissant contre les procédés perfides de Saint-Gelais :

Qui mos, quam sacro Christi sit præsule dignus,
    Videris id tute, Gallia tota videt.
At tibi cum fuerit factum satis, ipse vicissim
    Oris pone tui spicula, pone faces.
Non mihi semper erit circum patientia pectus,
    Non tua perpetuo dicta salesque feram.
Invitus, juro, tristes accingar ïambos,
    Læsus et expediam carmina mille tibi,
Quæ miserum subigant laqueum vel nectere collo,
    Francica vel turpi linquere regna fuga ;
Ut discant homines, linguæ sors ultima et oris
    Exitus effreni quam miser esse solet.

Quelques hommes modérés essayèrent de finir une querelle qui séparait des poëtes faits pour s'estimer. Guillaume Des Autels surtout, ami des deux rivaux, se distingua dans ce rôle honorable de conciliateur ; il les exhorte en l'une de ses pièces à faire leur paix, comme autrefois Apollon et Mercure ; voici sa dernière strophe :

> *Comment pourroit ce mortel fiel*
> *Abreuver ta gracieuse ame,*
> *O Mellin, Mellin tout de miel,*
> *Mellin tousjours loin de tel blasme ?*
> *Et toi, divin Ronsard, comment*

Pourroit ton haut entendement
S'abaisser à ce vil courage?
Le champ des Muses est bien grand;
Autre que vous encore prend
Son droit en si bel héritage;
Mais vous avez la meilleur'part;
Si maintenant je l'avois telle,
Je ferois la paix immortelle
De Saint-Gelais et de Ronsard.

Grâce à cette entremise officieuse et au bon esprit des deux adversaires, la paix ne tarda pas à se conclure. Mellin adressa à Ronsard un sonnet flatteur, qui fut inséré par le jeune poëte en tête de la seconde édition de ses *Amours,* en 1553 [1],

---

1. Je disais dans l'édition de 1843 : « Je ne donne ces dates... nouvelles. » Il m'a été donné depuis de me fixer, au moins sur les premières éditions de Ronsard; je vais citer ce qui m'a passé sous les yeux :

L'Hymne de France, 1549;
Ode de la Paix, 1550;
Les quatre premiers livres des Odes, 1550;
Les Amours, avec le cinquième livre des Odes, 1552;
Les Amours, avec le commentaire de Muret (2e édition), 1553.

Je ne donne ces dates qu'avec méfiance. Un travail bibliographique sur les premières publications et les éditions originales successives des diverses poésies de Ronsard est à faire, et je n'en ai pas recueilli les éléments, mon objet ayant été purement l'appréciation et la critique littéraire. Je sais que des amateurs éclairés se

comme un gage public de réconciliation ; il adressa à son tour au vieux Mellin une ode d'amnistie, qui commence par ces vers :

> *Toujours ne tempeste enragée*
> *Contre ses bords la mer Égée, etc., etc.* [1]

A l'exemple de Ronsard, Du Bellay ne perdit pas

---

sont plu à rassembler ces premières éditions fort rares; il est à souhaiter que l'un d'eux supplée à cette lacune, qui ne peut se combler qu'avec toutes les pièces en main. Ronsard avait beaucoup changé, corrigé, quelquefois gâté dans les éditions dernières faites sous ses yeux. Il pourrait ressortir de cet examen des vues nouvelles.

1.
> *Toujours ne tempeste enragée*
> *Contre ses bords la mer Egée,*
> *Et toujours l'orage cruel*
> *Des vents comme un foudre ne gronde*
> *Electrant* la foudre du monde*
> *D'un soufflement continuel.*
>
> *Toujours l'hiver de neiges blanches*
> *Des pins n'enfarine les branches*
> *Et du haut Apennin toujours*
> *La grêle le dos ne martelle,*
> *Et toujours la glace éternelle*
> *Des fleuves ne bride le cours, etc.*

C'est imité d'Horace, liv. II, ode IX.

> *Non semper imbres nubibus hispidos*
> *Manant in agros aut mare Caspium,*
> *Vexant inæquales procellæ*
> *Usque, etc.*

* Mellin aurait pu se moquer de cet *Electrant*.

désormais une occasion de mentionner honorablement dans ses vers le nom de Mellin.

L'année 1552 fut célèbre par le triomphe tragique de Jodelle, l'un des plus chers et fervents disciples de Ronsard [1]. Celui-ci nous a transmis le détail de la fête d'Arcueil, où l'on accusa les convives d'avoir immolé en païens un bouc à Bacchus. Ce furent d'abord les ennemis du théâtre classique et les partisans des *mystères* qui firent courir ce bruit; plus tard, les calvinistes le relevèrent, quand Ronsard les eut offensés par ses satires catholiques. Voici le récit du poëte :

Jodelle ayant gaigné par une voix hardie
L'honneur que l'homme Grec donne à la Tragédie,
Pour avoir, en haussant le bas style François,
Contenté doctement les oreilles des Rois,
La brigade qui lors au Ciel levoit la teste
(Quand le temps permettoit une licence honneste),
Honorant son esprit gaillard et bien appris,
Luy fit présent d'un Bouc, des Tragiques le prix.

Jà la nappe estoit mise, et la table garnie
Se bordoit d'une saincte et docte compagnie,
Quand deux ou trois ensemble en riant ont poussé
Le père du troupeau à long poil hérissé :
Il venoit à grands pas ayant la barbe peinte,
D'un chapelet de fleurs la teste il avoit ceinte,

---

[1]. Baïf, au livre IV de ses *Poëmes*, assigne la date de 1553. Il y a toujours quelque difficulté à la précision de ces dates, à cause de la manière alors ambiguë de commencer l'année.

*Le bouquet sur l'oreille, et bien fier se sentoit
Dequoy telle jeunesse ainsi le présentoit :
Puis il fut rejeté pour chose méprisée
Après qu'il eut servy d'une longue risée,
Et non sacrifié, comme tu dis, menteur,
De telle faulse bourde impudent inventeur* [1].

La nouvelle école une fois maîtresse sur la scène et dans tous les genres de poésie, la gloire du chef fut immense et ne souffrit plus de contestation. Ce ne fut qu'à l'occasion du *Discours sur les Misères du Temps* que quelques voix amères et discordantes vinrent se mêler au concert unanime de louanges qui environnait Ronsard. On peut rapporter cette querelle à l'année 1563 environ. Les calvinistes, adversaires de Ronsard, n'osant nier son génie, lui reprochèrent d'être prêtre, d'être athée et de mener une vie licencieuse [2]. En

---

1. *Réponse à quelque Ministre.*
2. La conduite de Ronsard à l'égard des huguenots lui fit bien des ennemis, et il eut à ce propos toute une émeute littéraire à réprimer : ce fut la seule durant son long règne. Dans l'opuscule intitulé *de l'État réel de la Presse et des Pamphlets depuis François I*er *jusqu'à Louis XIV*, par M. Leber (Techner, 1834), on lit (page 89) une pièce virulente en style de prose d'église contre notre poëte : *Prosa Magistri nostri Nicolai Mallarii gomorrhæi sorbonici, ad M. Petrum Ronsardum Poetam papalem sorbonicum*, 1563. Ce sont des strophes rimées d'un latin macaronique ; en voici une ou deux :

*Valde sum admiratus
Quod cito esses factus*

répondant à leurs attaques, le poëte a donné de curieux renseignements sur lui-même.

Ronsard a-t-il été prêtre ? De Thou paraît trancher la question ; il donne à son ami je ne sais quelle *cure d'Evailles*, et l'autorité de De Thou serait décisive si celle de Ronsard ne l'était davantage encore. On lit au deuxième livre des

> *De poeta presbyter.*
> *O presbyter nobilis,*
> *Poeta rasibilis,*
> *Vivas immortaliter!*
>
> . . . .
> *Huguenotti amplius*
> *Dicunt quod tu melius*
> *Tractares ludibria,*
> *Spurca, sales et jocos,*
> *Oscula, vel elegos,*
> *Quam sacra vel seria.*
>
> . . . .
> *Plus dicunt quod Ronsardus*
> *Certo sit factus surdus*
> *A* lue hispanica,
> *Et, quamvis sudaverit,*
> *Non tamen receperit*
> *Auditum et reliqua.*

Ce *reliqua* est assez joli, le genre admis. Sur le *lue hispanica* Ronsard a répliqué énergiquement en nommant en français la chose :

> *Tu m'accuses, Cafard.* . . . .
> *Un chaste prédicant de fait et de parole*

Poëmes, dans une épître au cardinal de Châtillon, les vers suivants, qui sembleraient d'abord confirmer le témoignage de De Thou :

Dès le commencement que je fus donné Page
Pour user la pluspart de la fleur de mon âge

Ne devroit jamais dire un propos si vilain :
Mais que sort-il du sac ? cela dont il est plein.
                              (Réponse à quelque Ministre.)

(Consulter le volume de pièces que j'ai sur cette querelle.) [Nous ne pouvons encore une fois ici que renvoyer au Catalogue de la bibliothèque de M. Sainte-Beuve, vendue en 1870. Les nos 326 et 327 contiennent différentes pièces à ce sujet : *Response de P. de Ronsard aux injures et calomnies de je ne sais quels prédicans de Genève sur son discours des misères de ce temps,* Paris, G. Buon, 1563, in-4°; — *Respliqué sur la response faite par messire Pierre Ronsard, jadis poëte et maintenant prestre, à ce qui lui avait été respondu sur les calomnies de ses discours touchant les misères de ce temps,* par D. M. Lescladin, 1563, in-4 de 55 pages; — *Response (trois) aux calomnies contenues, au discours et suyte du discours sur les misères de ce temps, faits par messire Pierre Ronsard, jadis poëte maintenant prebstre, la première par, etc... où est aussi contenue la Métamorphose dudict Ronsard en prebstre;* 1563, in-4°. — Pièces rares. Au verso du titre du volume, formant le n° 327 du Catalogue, se trouve une lettre adressée par L. D. N. à P. Ronsard en lui envoyant trois pilules pour le guérir, avec ces vers :

Ta poésie, Ronsard, ta v... et ta messe
Par raige, surdité et par des bénéfices
Font rymant, paillardant et faisant sacrifice
Ton cœur fol, ton corps vain, et ta muse prebstresse.]

Au Royaume Escossois de vagues emmuré;
Qui m'eust, en m'embarquant sur la poupe, juré
Que, changeant mon espée aux armes bien apprise,
J'eusse pris le bonnet des Pasteurs de l'Église,
Je ne l'eusse pas creu : et me l'eust dit Phœbus,
J'eusse dit son Trépied et luy n'estre qu'abus :
Car j'avois tout le cœur enflé d'aimer les armes,
Je voulois me braver au nombre des gendarmes;
Et de mon naturel je cherchois les débats,
Moins désireux de paix, qu'amoureux de combats.

Mais ce passage prouve seulement que Ronsard portait *le bonnet des pasteurs de l'Église;* et en effet, quand les ministres génevois l'accusèrent d'être prêtre, il leur répondit :

Or sus, mon frère en Christ, tu dis que je suis Prestre;
J'atteste l'Éternel que je le voudrois estre,
Et avoir tout le chef et le dos empesché
Dessous la pesanteur d'une bonne Évesché :
Lors j'auroy la couronne à bon droict sur la teste,
Qu'un rasoir blanchiroit le soir d'une grand'feste,
Ouverte, large, longue, allant jusques au front,
En forme d'un Croissant qui tout se courbe en rond.

Et comme pour démontrer qu'il n'y a point contradiction entre ce second passage et le premier, Ronsard plus loin ajoute :

Mais quand je suis aux lieux où il faut faire voir
D'un cœur dévotieux l'office et le devoir,
Lors je suis de l'Église une colonne ferme :

D'un surpelis ondé les espaules je m'arme,
D'une haumusse le bras, d'une chappe le dos,
Et non comme tu dis faite de Croix et d'os :
C'est pour un Capelan [1] *; la mienne est honorée*
De grandes boucles d'or et de frange dorée :
Et sans toy, sacrilége, encore je l'aurois
Couverte des présents qui viennent des Indois :
Mais ta main de Harpye et tes griffes trop haves
Nous gardent bien d'avoir les espaules si braves,
Riblant [2] *, comme larrons, des bons Saincts immortels*
Chasses et corporaulx, calices et autels.

---

1. *Capelan,* qui vit du revenu d'une chapelle. Il est à croire pourtant que Ronsard, sans être prêtre ni curé, vécut des revenus d'une cure, ce qui concilierait le récit de De Thou avec les assertions du poëte. De Thou, en effet, ne peut guère s'être mépris à ce point sur les circonstances d'une vie qui lui était si chère ; il va même jusqu'à raconter qu'un jour que les huguenots couraient la campagne, Ronsard, tout curé qu'il était, se mit à la tête des gentilshommes du pays, et chassa les pillards (livre XXX des *Histoires,* année 1562) ; voici les termes mêmes : « Qua ex re commota nobilitas arma sumit, duce sibi delecto Petro Ronsardo, qui curionatum Evalliæ tenebat : neque enim is erat qui libertatem poeticam sacerdotalis muneris necessitate tanquam compede ad gravitatem ea functione dignam vellet astringere ; sed homo generosus et a teneris annis, etc., etc... » Il n'est pas dit nettement que Ronsard fût *prêtre* comme nous l'entendons, mais seulement qu'il était plus ou moins engagé dans les devoirs et les fonctions sacerdotales. A l'occasion de sa mort (année 1585), De Thou revient sur lui en détail sans plus reparler de cette prêtrise.

2. *Riblant,* brigandant, pillant.

Je ne perds un moment des prières divines :
Dès la poincte du jour je m'en vais à Matines,
J'ay mon bréviaire au poing; je chante quelquefois,
Mais c'est bien rarement, car j'ay mauvaise vois :
Le devoir du service en rien je n'abandonne,
Je suis à Prime, à Sexte, et à Tierce, et à Nonne :
J'oy dire la grand'Messe, et avecques l'encent
(Qui par l'Église espars comme parfum se sent)
J'honore mon Prélat des autres l'outrepasse,
Qui a pris d'Agénor [1] *son surnom et sa race.*
Après le tour finy je viens pour me r'assoir :
Bref, depuis le matin jusqu'au retour du soir
Nous chantons au Seigneur louanges et cantiques,
Et prions Dieu pour vous qui estes hérétiques.

Il est donc bien prouvé que Ronsard ne fut pas prêtre, bien qu'il portât chappe, qu'il chantât vêpres et qu'il touchât les revenus de mainte abbaye. Il aurait pu dire, comme son ami J.-A. de Baïf, en parlant de lui-même :

. . . . ni veuf, ni marié,
Ni prêtre, seulement clerc à simple tonsure.

Quant à son genre de vie, il a pris soin de le décrire en détail :

M'éveillant au matin, devant que faire rien
J'invoque l'Éternel le Père de tout bien,

---

1. *D'Agenor.* L'évêque du Mans était de la Maison d'Angennes, que Ronsard fait descendre d'Agenor.

Le priant humblement de me donner sa grace,
Et que le jour naissant sans l'offenser se passe :
Qu'il chasse toute secte et toute erreur de moy,
Qu'il me veuille garder en ma première foy,
Sans entreprendre rien qui blesse ma province,
Très-humble observateur des loix et de mon Prince.

Après je sors du lict, et quand je suis vestu
Je me range à l'estude et apprens la vertu,
Composant et lisant, suivant ma destinée,
Qui s'est dès mon enfance aux Muses enclinée :
Quatre ou cinq heures seul je m'arreste enfermé :
Puis sentant mon esprit de trop lire assommé,
J'abandonne le livre et m'en vais à l'Église :
Au retour pour plaisir une heure je devise :
De là je viens disner faisant sobre repas,
Je rends graces à Dieu : au reste je m'esbas.

Car si l'après-disnée est plaisante et sereine,
Je m'en vais pourmener tantost parmy la plaine,
Tantost en un village, et tantost en un bois,
Et tantost par les lieux solitaires et cois.
J'aime fort les jardins qui sentent le sauvage,
J'aime le flot de l'eau qui gazouille au rivage.

Là, devisant sur l'herbe avec un mien amy,
Je me suis par les fleurs bien souvent endormy
A l'ombrage d'un Saule, ou lisant dans un livre,
J'ay cherché le moyen de me faire revivre,
Tout pur d'ambition et des soucis cuisans,
Misérables bourreaux d'un tas de mesdisans,
Qui font (comme ravis) les Prophètes en France,
Pippans les grands Seigneurs d'une belle apparence.

Mais quand le Ciel est triste et tout noir d'espesseur,
Et qu'il ne fait aux champs ny plaisan ny bien seur,
Je cherche compagnie, ou je joue à la Prime;
Je voltige, ou je saute, ou je lutte, ou j'escrime,
Je dy le mot pour rire, et à la vérité
Je ne loge chez moy trop de sévérité.

Puis, quand la nuict brunette a rangé les estoilles,
Encourtinant le Ciel et la Terre de voiles,
Sans soucy je me couche, et là devant les yeux
Et la bouche et le cœur vers la voûte des Cieux,
Je fais mon oraison, priant la bonté haute
De vouloir pardonner doucement à ma faute :
Au reste je ne suis ny mutin ny meschant,
Qui fay croire ma loy par le glaive trenchant :
Voilà comme je vy ; si ta vie est meilleure,
Je n'en suis envieux, et soit à la bonne heure [1].

Sous Charles IX, Ronsard quittait peu la cour, parce que le prince ne pouvait se passer de sa compagnie; mais, après la mort de Charles, le poëte déjà vieux, très-affligé de goutte et un peu négligé par Henri III, se retira en son abbaye de Croix-Val en Vendômois, sous l'ombrage de la forêt de Gastine et aux bords de la fontaine Bellerie, qu'il a tant célébrées. Il venait encore de temps en temps à Paris visiter Galland, Baïf et ses autres bons amis du faubourg Saint-Marcel; leur plaisir était d'aller ensemble s'ébattre dans les bois de Meudon. Cependant les voyages

---

1. *Réponse à quelque Ministre.*

de Ronsard devinrent de moins en moins fréquents. Le 22 octobre 1585, il écrivait à Galland ses pressentiments d'une fin prochaine, et n'espérant déjà plus survivre aux feuilles d'automne. La maladie en effet se joignit à ses infirmités habituelles, et il expira dans des sentiments de grande piété, le vendredi 27 décembre 1585, en son prieuré de Saint-Cosme, près de Tours, où il s'était fait transporter. Il fut enterré dans le chœur de l'église du prieuré sans aucune pompe; mais vingt-quatre ans après sa mort, Joachim de La Chétardie, conseiller-clerc au parlement de Paris et prieur-commendataire de Saint-Cosme, lui fit dresser un tombeau de marbre surmonté d'une statue. Galland, entre les bras duquel Ronsard avait expiré, attendit moins longtemps pour rendre à son ami les hommages solennels qui lui étaient dus, et le 24 février 1586, en la chapelle du collége de Boncour, fut célébrée une messe en musique où assistèrent des princes du sang, des cardinaux, le parlement de Paris et l'Université. L'oraison funèbre, prononcée par Du Perron, depuis évêque d'Evreux et cardinal, arracha des larmes à tous les assistants. On ferait un volume des pièces de vers, églogues, élégies, épitaphes, qui furent composées sur le trépas de l'illustre poëte. Nous n'en citerons rien ; seulement nous donnerons, comme plus curieux, deux ou trois jugements sur Ronsard portés à une époque où sa gloire était déjà fort ébranlée.

Balzac a dit en son 31e entretien : « Dans notre dernière conférence, il fut parlé de celui que M. le président De Thou et Scévole de Sainte-Marthe ont mis à côté d'Homère, vis-à-vis de Virgile, et je ne sais combien de toises au-dessus de tous les autres poëtes grecs, latins et italiens. Encore aujourd'hui il est admiré par les trois quarts du Parlement de Paris, et généralement par les autres parlements de France. L'Université et les Jésuites tiennent encore son parti contre la cour et contre l'Académie. Pourquoi voulez-vous donc que je me déclare contre un homme si bien appuyé, et que ce que nous en avons dit en notre particulier devienne public? Il le faut pourtant, Monseigneur (*M. de Péricard, évêque d'Angoulême*), puisque vous m'en priez et que les prières des supérieurs sont des commandements; mais je me garderai bien de le nommer, de peur de me faire lapider par les communes mêmes de notre province. Je me brouillerois avec mes parents et avec mes amis, si je leur disois qu'ils sont en erreur de ce côté-là, et que le Dieu qu'ils adorent est un faux Dieu. Abstenons-nous donc, pour la sûreté de notre personne, de ce nom si cher au peuple, et qui révolteroit tout le monde contre nous.

« Ce poëte si célèbre et si admiré a ses défauts et ceux de son temps, comme j'ai dit autrefois d'un grand personnage (*probablement de Montaigne*). Ce n'est pas un poëte bien entier, c'est le commencement et la matière d'un poëte. On voit dans ses œuvres des parties naissantes et à demi animées d'un corps qui se forme et qui se fait, mais qui n'a garde d'être achevé. C'est une grande source, il le faut avouer, mais c'est une source trouble et boueuse; une source où non-seulement il y a moins d'eau que de limon, mais où l'ordure empêche de couler l'eau... »

Ailleurs, dans une des *Lettres familières* à Chapelain, qui est la 17e du livre VI, on lit ces mots de Balzac : « Est-ce tout de bon que vous parlez de Ronsard, et que vous le traitez de grand ; ou si c'est seulement par modestie et pour opposer sa grandeur à notre ténuité? Pour moi, je ne l'estime grand que dans le sens de ce vieux proverbe : *Magnus liber, magnum malum...* Il faudroit que M. de Malherbe, M. de Grasse (*Godeau, évêque de Grasse*) et vous, fussiez de petits poëtes, si celui-là peut passer pour grand. »

Chapelain, né en 1595, était fils de Jeanne Corbière, fille elle-même d'un Michel Corbière, ami particulier de Ronsard, et avait été nourri par sa mère dans l'admiration du vieux poëte[1].

---

1. Chapelain écrivait à Balzac le 27 mai 1640 : « Vous me demandiez, par l'une de vos précédentes, si l'épithète de *grand*, que j'avois donnée à Ronsard, étoit sérieuse ou ironique, et vouliez mon sentiment exprès là-dessus. J'avois alors beaucoup d'autres choses à vous dire plus nécessaires que celles-là, et à peine avois-je assez de temps pour vous le dire. Maintenant que je suis sans matière et sans occupation, je puis bien prendre celle-ci pour remplir ma page et satisfaire à votre désir, plutôt tard que jamais. Ronsard sans doute étoit né poëte, autant ou plus que pas un des modernes, je ne dis pas seulement François, mais encore Espagnols et Italiens. Ç'a été l'opinion de deux grands savants de delà les monts, Sperone et Castelvetro, dont le dernier, comme

Mlle de Scudéri, au tome VIII de sa *Clélie*, parle en ces termes de Ronsard (c'est Calliope qui le montre dans l'avenir à Hésiode endormi) :

« Regarde le Prince des poëtes françois : il sera beau, bien fait et de bonne mine ; il s'appellera Ronsard ; sa naissance sera noble ; il sera extraor-

---

vous avez pu voir dans les livres que je vous ai envoyés, le compare et le préfère à son adversaire Caro dans la plus belle chose et de plus de réputation qu'il ait jamais faite, et le premier le loue *ex professo* dans une élégie latine qu'il fit incontinent après la publication de ses Odes pindariques. Mais ce n'est pas plus leur sentiment que le mien propre qui m'oblige à rendre ce témoignage de son mérite. Il n'a pas, à la vérité, les traits aigus de Lucain et de Stace, mais il a quelque chose que j'estime plus, qui est une certaine égalité nette et majestueuse qui fait le vrai corps des ouvrages poétiques, ces autres petits ornements étant plus du sophiste et du déclamateur que d'un esprit véritablement inspiré par les Muses. Dans le détail je le trouve plus approchant de Virgile, ou, pour mieux dire, d'Homère, que pas un des poëtes que nous connoissons ; et je ne doute point que, s'il fût né dans un temps où la langue eût été plus achevée et plus réglée, il n'eût pour ce détail emporté l'avantage sur tous ceux qui font ou feront jamais des vers en notre langue. Voilà ce qui me semble candidement de lui pour ce qui regarde son mérite dans la poésie françoise. Ce n'est pas, à cette heure, que je ne lui trouve bien des défauts hors de ce feu et de cet air poétique qu'il possédoit naturellement, car on peut dire qu'il étoit sans art et qu'il n'en connaissoit point d'autre que celui qu'il s'étoit formé lui-même dans la lecture des poëtes grecs

dinairement estimé, et méritera de l'être en son temps. Il sera même assez savant : mais, comme il sera le premier en France qui entreprendra de vouloir faire de beaux vers, il ne pourra donner à ses ouvrages la perfection nécessaire pour être loués long-temps. On connoîtra pourtant bien toujours par quelques-unes de ses hymnes que la

---

et latins, comme on le peut voir dans le traité qu'il en a fait à la tête de sa *Franciade*. D'où vient cette servile et désagréable imitation des Anciens que chacun remarque dans ses ouvrages, jusques à vouloir introduire dans tout ce qu'il faisoit en notre langue tous ces noms des déités grecques, qui passent au peuple, pour qui est faite la poésie, pour autant de galimatias, de barbarismes et de paroles de grimoire, avec d'autant plus de blâme pour lui, qu'en plusieurs endroits il déclame contre ceux qui font des vers en langue étrangère, comme si les siens, en ce particulier, n'étoient pas étrangers et inintelligibles. C'est là un défaut de jugement insupportable de n'avoir pas songé au temps où il écrivoit, ou une présomption très-condamnable de s'être imaginé que, pour entendre ce qu'il faisoit, le peuple se feroit instruire des mystères de la religion païenne. Le même défaut de jugement parait dans son grand ouvrage, non-seulement dans ce menu de termes et matières inconnues à ce siècle, mais encore dans le dessein, lequel, par ce que l'on en voit, se fait connoître assez avoir été conçu sans dessein, je veux dire sans un plan certain et une économie vraiment poétique, et marchant simplement sur les pas d'Homère et de Virgile, dont il faisoit ses guides, sans s'enquérir où ils le menoient. *Ce n'est qu'un maçon de poésie, et il n'en fut jamais architecte,* n'en ayant jamais connu les vrais principes ni les solides fonde-

nature lui aura beaucoup donné, et qu'il aura mérité sa réputation. Sa fortune ne sera pas mauvaise, et il mourra sans être pauvre. »

Nous renvoyons le lecteur aux nombreuses citations empruntées des ouvrages de Mlle de Gournay, et consignées dans notre précédent *Tableau*[1]. Guillaume Colletet en son temps adressa aux mânes de Ronsard le sonnet que voici :

Afin de témoigner à la Postérité
Que je fus en mon temps partisan de ta gloire,
Malgré ces ignorans de qui la bouche noire
Blasphème impudemment contre ta Déité,

Je viens rendre à ton nom ce qu'il a mérité,
Belle Ame de RONSARD, *dont la sainte mémoire*

---

ments sur lesquels on bâtit en sûreté. Avec tout cela, je ne le tiens nullement méprisable, et je trouve chez lui, parmi cette affectation de paroître savant, toute une autre noblesse que dans les afféteries ignorantes de ceux qui l'ont suivi ; et jusqu'ici, comme je donne à ces derniers l'avantage dans les ruelles de nos dames, je crois qu'on le doit donner à Ronsard dans les bibliothèques de ceux qui ont le bon goût de l'Antiquité... »

[Cette lettre est extraite du tome II de la Correspondance manuscrite de Chapelain, donnée en 1870, après la mort de M. Sainte-Beuve, et par son légataire universel, à la Bibliothèque nationale (voir, au sujet de ce don et de son importance, une note du *Journal officiel*, n° du 1er avril 1870).]

1. Ronsard est nommé dans les *Divertissements de Sceaux*, dans un Récit de Chaulieu, I, 127.

*Obtenant sur le temps une heureuse victoire
Ne bornera son cours que de l'Éternité.*

*Attendant que le Ciel mes desseins favorise,
Que je te puisse voir dans les plaines d'Élyse,
Ne t'ayant jamais vu qu'en tes doctes écrits :*

*Belle Ame, qu'Apollon ses faveurs me refuse,
Si, marchant sur les pas des plus rares Esprits,
Je n'adore toujours les fureurs de ta Muse!*

La réputation de Ronsard paraît s'être soutenue plus longtemps chez les étrangers qu'en France. Le savant Scipion Maffei a loué ce poëte à une époque où l'on avait cessé de le lire chez nous [1]; et l'on assure que, de nos jours encore, l'illustre Gœthe ne parle de lui qu'avec estime. Nous avons à ce propos entendu des gens d'esprit et de goût soutenir, avec quelque apparence de raison, que ce qui nuit le plus à Ronsard en France, c'est d'avoir écrit en français, et que, s'il avait composé en italien, nous ne le distinguerions guère de Pétrarque, du Bembe, de Laurent de Médicis et de tant d'autres

---

1. Ménage disait, au sujet des œuvres de Ronsard : « Je crois qu'il seroit très-difficile de rencontrer une personne qui osât se vanter de les avoir et de les lire. » (*Menagiana.*) — On lit dans les *Réflexions critiques sur la Poésie et sur la Peinture,* par l'abbé Dubos (seconde partie, sect. XXXI), d'assez ingénieuses considérations sur les jugements qu'avaient portés de Ronsard ses contemporains, en quoi ils se trompaient et en quoi ils avaient raison.

poëtes estimés[1]. Sans doute, les mots surannés dont Ronsard abonde viennent trop souvent gâter l'impression de ses pièces. Disons toutefois que, l'invention chez lui étant à peu près nulle, c'est par le style encore qu'il se rachète le plus à notre jugement, et qu'il est véritablement créateur, c'est-

---

1. Si l'on est sincère, on conviendra que ces difficultés de distinguer sont fréquentes lorsqu'on juge des poëtes dans une autre langue. Le cardinal Passionei, s'entretenant avec Grosley de nos auteurs, lui avoua qu'il ne distinguait pas la poésie de Des Portes d'avec celle de Voltaire; et Coupé, au tome IIIe de ses *Soirées littéraires* où il donne une Notice sur Ronsard, nous dit : « J'ai connu un savant d'Italie qui croyait voir une ressemblance parfaite entre Ronsard et Voltaire... » Suit un parallèle détaillé et assez piquant, que Coupé rapporte d'après ce savant italien : il en reste un seul point très-vrai, c'est que *la Henriade* ne vivra pas plus que *la Franciade.* — [Nous citons ici, d'après l'indication manuscrite laissée en note par M. Sainte-Beuve, le passage suivant d'un article de M. Étienne sur *Ronsard considéré comme imitateur d'Homère et de Pindare,* et dans lequel, naturellement, il est beaucoup question du *Tableau de la Poésie française au* XVIe *siècle.* Voici ce passage, extrait du *Journal général de l'instruction publique,* n° du 6 janvier 1855] :

« Redi, l'un des meilleurs poëtes toscans du XVIIe siècle, admirait Ronsard et citait de lui les vers suivants, que le bon poëte vendômois adressait à son verre :

Par épreuve je croy
Que Bacchus fut jadis lavé dans toy,
Lorsque sa mère atteinte de la foudre
En avorta plein de sang et de poudre,

à-dire poëte. Et, par exemple, qu'en nous peignant sa maîtresse, il nous retrace *le doux languir de ses yeux*; que, dans un naufrage, lorsque le vaisseau s'est englouti, il nous montre

Les mariniers pendus aux vagues de Neptune;

> *Et que dès lors quelque reste du feu*
> *Te demeura; car quiconques a beu*
> *Un coup dans toy, tout le temps de sa vie*
> *Plus il reboit, plus a de boire envie.*

Sans doute pour des vers bachiques ceux-ci ne sont pas méprisables, mais ils ne méritent pas la peine de les discuter sérieusement... Muratori leur a pourtant fait cet honneur dans sa *Perfetta poesia italiana*. Parmi les modernes admirateurs de Ronsard à l'étranger, il faut compter Robert Southey, poëte lauréat, l'un des chefs de la célèbre école des Lacs en Angleterre, et l'un des meilleurs écrivains de l'Angleterre contemporaine. Il écrivait à son ami, M. Walter Savage Landor, poëte également distingué, qui vit encore aujourd'hui et qui habitait alors notre ville de Tours. Parmi les objets les plus intéressants qu'il recommandait à son ami, il mettait une visite au tombeau de Ronsard, et se promettait lui-même, dès qu'il pourrait voyager en France, de faire ce pieux pèlerinage. Il regardait Ronsard comme le seul poëte épique de la France, comme le seul qui avait approché de cette œuvre rare et merveilleuse qu'on appelle l'épopée, et dont il tenait les Français aussi incapables que les Chinois. Il est piquant de voir dans cette lettre comment le poëte anglais nous prend en pitié de ne pas comprendre notre Ronsard, et comment en écrivant ces lignes, il croit réparer une grande injustice... »

qu'en un transport d'amour platonique et séraphique, il s'écrie :

> *Je veux brûler, pour m'élever aux Cieux,*
> *Tout l'imparfait de mon écorce humaine,*
> *M'éternisant comme le fils d'Alcmène*
> *Qui tout en feu s'assit entre les Dieux ;*

dans tous ces cas et dans la plupart des autres, les beautés appartiennent au style, et nous avons à nous féliciter que Ronsard ait écrit en français. C'est cette considération particulière qui a surtout déterminé le présent éditeur et commentateur de Ronsard à en appeler en dernier ressort auprès du public d'un procès qui semblait jugé à fond, et à venir se placer, en toute humilité, comme défenseur et partisan du vieux poëte, immédiatement au-dessous de Mlles de Gournay et Scudéri, de Chapelain et de Colletet :

A toi, Ronsard, à toi, qu'un sort injurieux
Depuis deux siècles livre aux mépris de l'histoire,
J'élève de mes mains l'autel expiatoire
Qui te purifiera d'un arrêt odieux.

Non que j'espère encore, au trône radieux
D'où jadis tu régnais, replacer ta mémoire.
Tu ne peux de si bas remonter à la gloire :
Vulcain impunément ne tomba point des Cieux.

Mais qu'un peu de pitié console enfin tes mânes ;
Que, déchiré longtemps par des rires profanes,
Ton nom, d'abord fameux, recouvre un peu d'honneur ;

Qu'on dise : Il osa trop, mais l'audace était belle;
Il lassa sans la vaincre une langue rebelle,
Et de moins grands depuis eurent plus de bonheur[1].
Juillet 1828.

---

1. Ma conclusion, après tout, n'est pas tellement différente du jugement qu'a porté Fénelon sur Ronsard dans sa *Lettre à l'Académie française* (*Projet de poétique*) : « Ronsard avait trop entrepris tout à coup. Il avait forcé notre langue par des inversions trop hardies et obscures: c'était un langage cru et informe. Il y ajoutait trop de mots composés, qui n'étaient point encore introduits dans le commerce de la nation : il parlait français en grec malgré les Français mêmes. Il n'avait pas tort, ce me semble, de tenter quelque nouvelle route pour enrichir notre langue, pour enhardir notre poésie, et pour dénouer notre versification naissante. Mais, en fait de langue, on ne vient à bout de rien sans l'aveu des hommes pour lesquels on parle. On ne doit jamais faire deux pas à la fois; et il faut s'arrêter dès qu'on ne se voit pas suivi de la multitude. La singularité est dangereuse en tout : elle ne peut être excusée dans les choses qui ne dépendent que de l'usage. L'excès choquant de Ronsard nous a un peu jetés dans l'extrémité opposée : on a appauvri, desséché et gêné notre langue... »

Mot de M. Guizot sur Ronsard dans un morceau sur *l'État de la Poésie en France avant Corneille* : « Les hommes qui font les révolutions sont toujours méprisés par ceux qui en profitent. »

PIÈCES ET NOTES

Ans tout ce qui précède, on l'aura pu remarquer, je me suis attaché particulièrement aux choses précises et au point de vue français. Il ne m'est pas échappé pourtant que le rôle de Ronsard en France, comme importateur de rhythme et de formes poétiques nouvelles, était à beaucoup d'égards le même que celui de Garcilasso de la Vega et de Boscan pour l'Espagne, de Sa de Miranda pour le Portugal, de Spencer en Angleterre ; il règne un ton plus ou moins analogue entre tous ces poëtes de la Renaissance, l'initiative venant toujours de l'Italie. Ces diverses destinées si peu en rapport de près, envisagées de loin, prennent alors comme un caractère de fatalité et de connexion entre elles ; elles se rangent bon gré mal gré dans une même zone littéraire et ne paraissent plus différer que par des nuances. Mais j'ai toujours laissé ces vastes comparaisons à qui de droit ; c'est assez de parler de ce que j'ai vu de près.

On serait tenté encore (et le goût du jour y porte) de comparer nos poëtes de la Renaissance venus du temps de Henri II aux architectes et sculpteurs contemporains, qui construisirent et ciselèrent la pierre comme les autres firent la strophe et l'ode. Mais, même en cela, il faudrait prendre garde de trop pousser l'aperçu. Il y aurait danger d'ailleurs de courroucer Ronsard et ses mânes. Il n'acceptait pas cet ordre de comparaison. Il eut de grands démêlés avec Philibert Delorme, l'architecte célèbre de Fontainebleau, des Tuileries, du château d'Anet, et qui avait, comme lui, et plus que lui, abbayes et bénéfices. Le poëte fit une satire à ce sujet, *la Truelle crossée*, et l'on en raconte toutes sortes d'anecdotes.

Nous bornant donc aux détails positifs que nous avons à peu près épuisés, nous ne demandons plus qu'une grâce. Comme il ne nous est pas donné dans cette réimpression de dérouler de nouveau toutes nos preuves, c'est-à dire les propres pièces du poëte, on nous accordera d'en choisir deux ou trois encore avec échantillon de notre commentaire.

Une des plus gracieuses est assurément ce sonnet, dans lequel une idée mélancolique, souvent exprimée par les anciens et par Ronsard lui-même, se trouve si heureusement renouvelée :

Je vous envoie un bouquet que ma main
Vient de trier de ces fleurs épanies :
Qui ne les eust à ce vespre cueillies,
Cheutes à terre elles fussent demain.

Cela vous soit un exemple certain
Que vos beautez, bien qu'elles soient fleuries,

En peu de temps cherront toutes flaitries,
Et comme fleurs périront tout soudain.

Le temps s'en va, le temps s'en va, ma Dame,
Las! le temps non, mais nous nous en allons,
Et tost serons estendus sous la lame :

Et des amours desquelles nous parlons,
Quand serons morts, n'en sera plus nouvelle :
Pour ce aymez-moy, ce pendant qu'estes belle.

Marulle avait dit :

Has violas atque hæc tibi candida lilia mitto ;
    Legi hodie violas, candida lilia heri :
Lilia, ut instantis monearis, virgo, senectæ,
    Tam cito quæ lapsis marcida sunt foliis ;
Illæ, ut vere suo doceant ver carpere vitæ,
    Invida quod miseris tam breve Parca dedit.

Qu'on lise surtout dans Brunck (*Analecta*) la xve Epigramme de Rufinus : « Je t'envoie, ô Rodoclée, cette couronne, etc., etc... »

Souvent aussi, au lieu d'un bouquet, les Anciens envoyaient à leur maîtresse une pomme (*malum*) comme gage et symbole d'amour. On sait l'épigramme de Platon à Xantippe : « Je suis une Pomme : quelqu'un qui t'aime me jette à toi. Consens, Xantippe : et moi et toi aussi nous nous flétrirons. »

Ronsard, de bonne heure, avait beaucoup pensé à la mort, et aussi aux diverses chances hasardeuses de sa tentative littéraire : tous ceux qui aiment la gloire sont ainsi. Dès ses poésies premières, on voit qu'il avait conçu un pressentiment grandiose et sombre de son avenir. Voici un admirable sonnet dans lequel il identifie sa maîtresse Cassandre avec l'antique prophétesse de ce nom ; il se fait prédire par elle ses destinées qui se sont accomplies presqu'à la lettre :

« *Avant le temps tes tempes fleuriront,*
De peu de jours ta fin sera bornée,
Avant le soir se clorra ta journée,
Trahis d'espoir tes pensers périront :

« *Sans me fleschir tes escrits flétriront,*
En ton désastre ira ma destinée,
Pour abuser les Poëtes je suis née,
De tes soupirs nos neveux se riront :

« *Tu seras fait du vulgaire la fable,*
Tu bastiras sur l'incertain du sable,
Et vainement tu peindras dans les Cieux. »

— *Ainsi disoit la Nymphe qui m'affolle,*
Lorsque le Ciel, tesmoin de sa parolle,
D'un dextre éclair fut présage à mes yeux.

On pensait chez les anciens Latins que les foudres et les éclairs du côté gauche étaient signes et présages de bonheur; et ceux du côté droit, de malheur. — *Avant le soir...*, ce vers tout moderne a l'air d'être d'André Chénier. — *Et vainement tu peindras dans les Cieux. Peindre dans les Cieux* est une expression pleine de splendeur et de magnificence [1]. — Et puis tout ne s'est-il pas vérifié? Le poëte n'a-t-il pas *été fait la fable du vulgaire, et ses neveux n'ont-ils pas ri de ses soupirs?*

Enfin cette même idée de la mort entrevue en un jour de meilleure espérance lui a inspiré une ode aussi élevée que touchante, et qui a su trouver grâce auprès de ses plus moroses censeurs [2] :

DE L'ÉLECTION DE SON SÉPULCRE

Antres, et vous fontaines,
De ces roches hautaines
Qui tombez contre-bas
D'un glissant pas;

---

[1]. Du moins elle nous semble telle, bien que dans le temps peut-être elle ait eu moins d'emphase et n'ait voulu que dire *peindre sur les nuages, sur les brouillards.*

[2]. Je demande bien pardon à M. Vaultier de le désigner ainsi pour son travail sur Ronsard inséré dans les *Mémoires de l'Académie de Caen* (1836). J'ai souvent eu l'occasion de consulter avec profit et de mentionner d'estimables recherches de lui sur les époques antérieures de notre poésie lyrique. Mais, en abordant Ronsard, il me semble ne s'être pas assez préservé d'une sorte de mauvaise humeur et presque d'aigreur, ce qui est une disposition toujours peu favorable pour extraire la fleur des Muses. Nous persistons à croire, malgré son édit, que le nombre des pièces et morceaux remarquables de Ronsard n'est pas si borné qu'il le fait, et qu'il y a lieu d'en composer avec choix tout un volume agréable à lire.

Et vous, forests et ondes
Par ces prez vagabondes,
Et vous, rives et bois,
   Oyez ma vois.

Quand le Ciel et mon heure
Jugeront que je meure,
Ravi du beau séjour
   Du commun jour;

Je défens qu'on me rompe
Le marbre, pour la pompe
De vouloir mon tombeau
   Bastir plus beau.

Mais bien je veux qu'un arbre
M'ombrage en lieu d'un marbre,
Arbre qui soit couvert
   Tousjours de verd.

De moy puisse la Terre
Engendrer un lierre
M'embrassant en maint tour
   Tout à l'entour :

Et la vigne tortisse [1]
Mon sépulchre embellisse,
Faisant de toutes parts
   Un ombre espars !

Là viendront chaque année
A ma feste ordonnée

---

1. *Tortisse*, flexueuse.

Avecques leurs taureaux
Les pastoureaux :

Puis ayant fait l'office
Du dévot sacrifice,
Parlans à l'Isle ainsi,
Diront ceci [1] *:*

« *Que tu es renommée*
D'estre tombe nommée
D'un de qui l'Univers
Chante les vers!

« *Qui oncques en sa vie*
Ne fut brulé d'envie
D'acquérir les honneurs
Des grands Seigneurs;

« *Ny n'enseigna l'usage*
De l'amoureux breuvage,
Ny l'art des anciens
Magiciens;

« *Mais bien à nos campagnes*
Fit voir les Sœurs compagnes

---

1. Il songeait sans doute, en faisant choix de ce lieu, à son prieuré de Saint-Cosme-*en-l'Isle* duquel Du Perron en son Oraison funèbre du poëte a dit : « Ce prieuré est situé en un lieu fort plaisant, assis sur la rivière de Loire, accompagné de bocages, de ruisseaux, et de tous les ornements naturels qui embellissent la Touraine, de laquelle il est comme l'œil et les délices... » Ronsard, en effet, y revint mourir.

Foulantes l'herbe aux sons
  De ses chansons.

« Car il fit à sa Lyre
Si bons accords eslire,
Qu'il orna de ses chants
  Nous et nos champs.

« La douce Manne tombe
A jamais sur sa tombe,
Et l'humeur que produit
  En May la nuit.

« Tout à l'entour l'emmure
L'herbe et l'eau qui murmure,
L'un tousjours verdoyant,
  L'autre ondoyant.

« Et nous, ayans mémoire
De sa fameuse gloire,
Luy ferons comme à Pan
  Honneur chaque an. »

Ainsi dira la troupe,
Versant de mainte coupe
Le sang d'un agnelet
  Avec du lait.

Dessur moy, qui à l'heure
Seray par la demeure
Où les heureux Esprits
  Ont leur pourpris.

*La gresle ne la nége
N'ont tels lieux pour leur siége,
Ne la foudre oncques là
  Ne dévala.*

*Mais bien constante y dure
L'immortelle verdure,
Et constant en tout temps
  Le beau Printemps.*

*Le soin, qui sollicite
Les Rois, ne les incite
Leurs voisins ruiner
  Pour dominer;*

*Ains comme frères vivent
Et morts encore suivent
Les mestiers qu'ils avoient
  Quand ils vivoient.*

*Là, là, j'oirray d'Alcée
La Lyre courroucée,
Et Sapphon qui sur tous
  Sonne plus dous.*

*Combien ceux qui entendent
Les chansons qu'ils respandent
Se doivent resjoüir
  De les oüir;*

*Quand la peine receuë
Du rocher est deceuë,*

> *Et quand le viel Tantal'*
> *N'endure mal*[1] *!*

> *La seule Lyre douce*
> *L'ennuy des cœurs repousse,*
> *Et va l'esprit flatant*
> *De l'escoutant.*

Cette pièce délicieuse, disais-je dans le commentaire, réunit tous les mérites. Les idées en sont simples, douces et tristes ; la couleur pastorale n'y a rien de fade ; l'exécution surtout y est parfaite. Ce petit vers masculin de quatre syllabes qui tombe à la fin de chaque stance produit à la longue une impression mélancolique : c'est comme un son de cloche funèbre[2]. On sait avec quel bonheur Mme Tastu a employé ce même vers de quatre syllabes dans sa touchante pièce des *Feuilles du saule* :

> *L'air était pur ; un dernier jour d'automne*
> *En nous quittant arrachait la couronne*
> *Au front des bois ;*
> *Et je voyais, d'une marche suivie,*
> *Fuir le soleil, la saison et ma vie*
> *Tout à la fois.*

---

1. Puisque Sysiphe lui-même en oublie son rocher et Tantale sa soif.
2. Les odes de Ronsard se chantaient : un nommé Mabile de Rennes chantait sur la viole les odes à Cassandre et y mettait une expression qui produisait beaucoup d'effet. (Voir les *Contes d'Eutrapel*, chap. xix, intitulé *Musique d'Eutrapel*.)

En rapprochant le petit vers de celui de six syllabes avec lequel il rime, Ronsard a été plus simple encore. Au reste, il a très-bien compris qu'à une si courte distance une grande richesse de rime était indispensable, et il s'est montré ici plus rigoureux sur ce point qu'à son ordinaire. C'est en effet une loi de notre versification que, plus les rimes correspondantes se rapprochent, plus elles doivent être riches et complètes.

Mais il faut se borner. Une seule bagatelle encore, *ineptiola* ; on les passe aux commentateurs Et puis, c'est mon *post-scriptum*, et j'y tiens. Quand un navigateur antique avait fini sa course, il tirait le vaisseau sur le rivage et le dédiait à la divinité du lieu, à Neptune sauveur ; et chez Théocrite, nous voyons Daphnis dédier à Pan ses chalumeaux, sa houlette et la besace où il avait coutume de porter ses pommes. C'est ainsi qu'en 1828, mon choix de Ronsard terminé, j'avais dit adieu au vieux poëte, et le bel exemplaire in-folio sur lequel avaient été pris les extraits était resté déposé aux mains de Victor Hugo, à qui je le dédiai par cette épigraphe : *Au plus grand Inventeur de rhythmes lyriques qu'ait eu la Poésie française depuis Ronsard*[1]. Or cet exemplaire à grandes

---

1. Je retrouve le titre plus exact dans un spirituel article de M. Édouard Laboulaye, concernant le Catalogue de la bibliothèque de M. Charles Giraud (*Journal des Débats* du 11 mars 1855) ; le bel exemplaire en effet a eu, lui aussi, ses fortunes diverses et a plus d'une fois changé de maître. Voici l'inscription textuelle qui se lit

marges était bientôt devenu une sorte d'*Album* où chaque poëte de 1828 et des années qui suivirent laissait en passant quelque strophe, quelque marque de souvenir. Mais voilà qu'un écrivain de nos amis et qui dit être de nos confidents, publiant deux gros volumes sur le *Travail intellectuel* en France au xixe siècle, a jugé ce fait capital digne de mention. Jusque-là tout est bien, et de telles mentions chatouillent; mais l'honorable écrivain, en général très-préoccupé de trouver partout le christianisme, s'est avisé par inadvertance de transformer le *Ronsard* en une *Bible* dont les poëtes de la moderne Pléiade auraient fait leur *Album*. Oh! pour le coup ceci est trop fort, et il importe de se mettre à tout hasard en garde contre ceux qui seraient tentés de crier à l'impiété, bien à meilleur droit qu'on ne fit contre le fameux bouc de Jodelle. Que la postérité le sache donc et ne l'oublie pas, cette prétendue *Bible* in-folio, enregistrée par M. Amédée Duquesnel, était tout simplement le *Ronsard* émérite. Il renferme, il enserre, hélas! bien des noms qui ne sont plus que là rapprochés et réunis : *hic jacent.*

---

en tête : « Au plus grand inventeur lyrique que la Poésie française ait eu depuis Ronsard,
  « Le très-humble commentateur de Ronsard,
    « S.-B. »

FIN DE L'APPENDICE.

Ici commence à proprement parler une seconde partie de cette publication, et comme la seconde moitié qui ne se rattache que librement à la première. Elle se compose de divers portraits et appréciations littéraires qui n'ont paru que plus ou moins longtemps après notre premier travail, et qui sont nés de l'occasion ou du désir de compléter et de réparer. A un certain moment, en effet, m'étant aperçu que cet ancien travail, faute de se réimprimer, restait à découvert avec toutes sortes de petites brèches comme une place mal entretenue, j'ai eu l'idée de jeter en avant un ensemble de morceaux supplémentaires comme des espèces de petits forts détachés qui seraient ma garantie contre la critique, au cas qu'elle se mît en campagne. Pourtant, des huit morceaux qui suivent, le premier, qui établit un rapprochement entre Regnier et Chénier et qui parut dès 1829, ne rentre pas dans ce plan subsidiaire. Quant au dernier portrait, qui a pour objet Clotilde de Surville, j'ai cru devoir le joindre aux autres, quoiqu'il n'y ait pas là de poëte du xvie siècle, ni même du xve; mais j'y ai touché bien des points qui tiennent à ces mêmes études.

MATHURIN RÉGNIER

ET

ANDRÉ CHÉNIER

ATONS-NOUS de le dire, ce n'est pas ici un rapprochement à antithèses, un parallèle académique que nous prétendons faire. En accouplant deux hommes si éloignés par le temps où ils ont vécu, si différents par le genre et la nature de leurs œuvres, nous ne nous soucions pas de tirer quelques étincelles plus ou moins vives, de faire jouer à l'œil quelques reflets de surface plus ou moins capricieux. C'est une vue essentiellement logique qui nous mène à joindre ces noms, et parce que, des deux idées poétiques dont ils sont les types admirables, l'une, sitôt qu'on l'approfondit, appelle l'autre et en est le complément. Une voix pure, mélodieuse et savante, un front noble et triste, le génie rayonnant de jeunesse, et, parfois, l'œil voilé de pleurs ; la volupté dans toute sa fraîcheur et sa décence ; la nature

dans ses fontaines et ses ombrages; une flûte de
buis, un archet d'or, une lyre d'ivoire; le beau
pur, en un mot, voilà André Chénier. Une conversation brusque, franche et à saillies; nulle préoccupation d'art, nul *quant à soi;* une bouche de
satyre aimant encore mieux rire que mordre; de
la rondeur, du bon sens; une malice exquise, par
instant une amère éloquence; des récits enfumés
de cuisine, de taverne et de mauvais lieux; aux
mains, en guise de lyre, quelque instrument bouffon, mais non criard; en un mot, du laid et du
grotesque à foison, c'est ainsi qu'on peut se figurer en gros Mathurin Regnier. Placé à l'entrée de
nos deux principaux siècles littéraires, il leur
tourne le dos et regarde le XVIe; il y tend la main
aux aïeux gaulois, à Montaigne, à Ronsard, à
Rabelais, de même qu'André Chénier, jeté à l'issue
de ces deux mêmes siècles classiques, tend déjà
les bras au nôtre, et semble le frère aîné des poëtes
nouveaux. Depuis 1613, année où Regnier mourut, jusqu'en 1782, année où commencèrent les
premiers chants d'André Chénier, je ne vois, en
exceptant les dramatiques, de poëte parent de ces
deux grands hommes que La Fontaine, qui en est
comme un mélange agréablement tempéré. Rien
donc de plus piquant et de plus instructif que d'étudier dans leurs rapports ces deux figures originales, à physionomie presque contraire, qui se
tiennent debout en sens inverse, chacune à un
isthme de notre littérature centrale, et, comblant
l'espace et la durée qui les séparent, de les ados-
ser l'une à l'autre, de les joindre ensemble par la

pensée, comme le Janus de notre poésie. Ce n'est pas d'ailleurs en différences et en contrastes que se passera toute cette comparaison : Regnier et Chénier ont cela de commun, qu'ils sont un peu en dehors de leurs époques chronologiques, le premier plus en arrière, le second plus en avant, et qu'ils échappent par indépendance aux règles artificielles qu'on subit autour d'eux. Le caractère de leur style et l'allure de leurs vers sont les mêmes, et abondent en qualités pareilles ; Chénier a retrouvé par instinct et étude ce que Regnier faisait de tradition et sans dessein ; ils sont uniques en ce mérite, et notre jeune école chercherait vainement deux maîtres plus consommés dans l'art d'écrire en vers.

Mathurin était né à Chartres, en Beauce ; André, à Byzance, en Grèce ; tous deux se montrèrent poëtes dès l'enfance. Tonsuré de bonne heure, élevé dans le jeu de paume et le tripot de son père, qui aimait la table et le plaisir, Regnier dut au célèbre abbé de Tiron, son oncle, les premiers préceptes de versification, et, dès qu'il fut en âge, quelques bénéfices qui ne l'enrichirent pas. Puis il fut attaché en qualité de chapelain à l'ambassade de Rome, ne s'y amusa que médiocrement ; mais, comme Rabelais avait fait, il y attaqua de préférence les choses par le côté de la raillerie. A son retour, il reprit, plus que jamais, son train de vie qu'il n'avait guère interrompu en terre papale, et mourut de débauche avant quarante ans. Né d'un savant ingénieux et d'une Grecque brillante, André quitta très-jeune Byzance, sa patrie ; mais il y rêva souvent dans les délicieuses vallées du Languedoc, où il fut élevé; et lorsque plus tard, entré au collège de Navarre, il apprit la plus belle des langues, il semblait, comme a dit M. Villemain, se souvenir des jeux de son enfance et des chants de sa mère. Sous-lieutenant dans Angoumois, puis attaché à l'ambassade de Londres, il regretta amèrement sa chère indépendance, et n'eut pas de repos qu'il ne l'eût reconquise. Après plusieurs voyages, retiré aux environs de Paris, il commençait une vie heureuse dans laquelle l'étude et l'amitié empiétaient de plus en plus sur les plaisirs, quand la Révolution éclata. Il s'y lança avec candeur, s'y arrêta à propos, y fit la part équitable au peuple et au prince, et mourut sur l'échafaud en citoyen, se frappant le front en poëte. L'excellent Regnier, né et grandi pendant les guerres civiles, s'était endormi en bon bourgeois et en joyeux compagnon au sein de l'ordre rétabli par Henri IV.

Prenant successivement les quatre ou cinq grandes idées auxquelles d'ordinaire puisent les poëtes, Dieu, la nature, le génie, l'art, l'amour, la vie proprement dite, nous verrons comme elles se sont révélées aux deux hommes que nous étudions en ce moment, et sous quelle face ils ont tenté de les reproduire. Et d'abord, à commencer par Dieu, *ab Jove principium*, nous trouvons, et avec regret, que cette magnifique et féconde idée est trop absente de leur poésie, et qu'elle la laisse déserte du côté du ciel. Chez eux, elle n'apparaît même pas pour être contestée; ils n'y pensent jamais, et s'en passent, voilà tout. Ils n'ont assez longtemps vécu, ni l'un ni l'autre, pour arriver, au sortir des plaisirs, à cette philosophie supérieure qui relève et console. La corde de Lamartine ne vibrait pas en eux. Epicuriens et sensuels, ils me font l'effet, Regnier, d'un abbé romain ; Chénier, d'un Grec d'autrefois. Chénier était un païen aimable, croyant à Palès, à Vénus, aux Muses[1]; un Alcibiade candide et modeste, nourri de poésie, d'amitié et d'amour. Sa sensibilité est vive et tendre ; mais, tout en s'attristant à l'aspect de la mort, il ne s'élève pas au-dessus des croyances de Tibulle et d'Horace :

Aujourd'hui qu'au tombeau je suis prêt à descendre,
Mes amis, dans vos mains je dépose ma cendre.
Je ne veux point, couvert d'un funèbre linceuil,
Que les pontifes saints autour de mon cercueil,
Appelés aux accents de l'airain lent et sombre,
De leur chant lamentable accompagnent mon ombre,

---

1. Je lis dans les notes d'un voyage d'Italie : « Vers le même temps où se retrouvaient à Pompéi toute une ville antique et tout l'art grec et romain qui en sortait graduellement, piquante coïncidence ! André Chénier, un poëte grec vivant, se retrouvait aussi. En parcourant cet admirable musée de statuaire antique à Naples, je songeais à lui ; la place de sa poésie est entre toutes ces Vénus, ces Ganymèdes et ces Bacchus ; c'est là son monde. Sa jeune *Tarentine* y appartient exactement, et je ne cessais de l'y voir en figure. — La poésie d'André Chénier est l'accompagnement sur la flûte et sur la lyre de tout cet art de marbre retrouvé. »

*Et sous des murs sacrés aillent ensevelir
Ma vie et ma dépouille, et tout mon souvenir.*

Il aime la nature, il l'adore, et non-seulement dans ses variétés riantes, dans ses sentiers et ses buissons, mais dans sa majesté éternelle et sublime, aux Alpes, au Rhône, aux grèves de l'Océan. Pourtant l'émotion religieuse que ces grands spectacles excitent dans son âme ne la fait jamais se fondre en prière *sous le poids de l'infini.* C'est une émotion religieuse et philosophique à la fois, comme Lucrèce et Buffon pouvaient en avoir, comme son ami Le Brun était capable d'en ressentir. Ce qu'il admire le plus au ciel, c'est tout ce qu'une physique savante lui en a dévoilé ; ce sont *les mondes roulant dans les fleuves d'éther, les astres et leurs poids, leurs formes, leurs distances* :

*Je voyage avec eux dans leurs cercles immenses;
Comme eux, astre, soudain je m'entoure de feux.
Dans l'éternel concert je me place avec eux;
En moi leurs doubles lois agissent et respirent;
Je sens tendre vers eux mon globe qu'ils attirent :
Sur moi qui les attire ils pèsent à leur tour.*

On dirait, chose singulière ! que l'esprit du poëte se condense et se matérialise à mesure qu'il s'agrandit et s'élève. Il ne lui arrive jamais, aux heures de rêverie, de voir, dans les étoiles, *des fleurs divines qui jonchent les parvis du saint lieu,* des âmes heureuses qui respirent un air plus pur, et qui parlent, durant les nuits, un mystérieux langage aux âmes humaines. Je lis, à ce propos, dans un ouvrage inédit, le passage suivant, qui revient à ma pensée et la complète :

« Lamartine, assure-t-on, aime peu et n'estime guère André Chénier : cela se conçoit. André Chénier, s'il vivait, devrait comprendre bien mieux Lamartine qu'il n'est compris de lui. La poésie d'André Chénier n'a point de religion ni de mysticisme ; c'est, en quelque sorte, le paysage dont Lamartine a fait le ciel, paysage d'une infinie variété et d'une immortelle jeunesse, avec ses forêts verdoyantes, ses blés, ses vignes, ses monts, ses prairies et ses fleuves ; mais le ciel est au-dessus, avec son azur qui change à chaque heure du jour, avec ses horizons indécis, ses *ondoyantes lueurs du matin et du soir,* et la nuit, avec ses fleurs d'or, *dont le lis est jaloux.* Il est vrai que du milieu du paysage, tout en s'y promenant ou couché à la renverse sur le gazon, on jouit du ciel et de ses merveilleuses beautés, tandis que l'œil humain, du haut des nuages, l'œil d'Elie sur son char, ne verrait en bas la terre que comme une masse un peu confuse. Il est vrai encore que le paysage réfléchit le ciel dans ses eaux, dans la goutte de rosée aussi bien que dans le lac immense, tandis que le dôme du ciel ne réfléchit pas les images projetées de la terre. Mais, après tout, le ciel est toujours le ciel, et rien n'en peut abaisser la hauteur. » Ajoutez, pour être juste, que le ciel qu'on voit du milieu du paysage d'André Chénier, ou qui s'y réfléchit, est un ciel pur, serein, étoilé, mais physique ; et que la terre aperçue par le poëte sacré, de dessus son char de feu, toute confuse qu'elle paraît, est déjà une terre plus que terrestre pour ainsi dire, harmonieuse, ondoyante, baignée de vapeurs et idéalisée par la distance.

Au premier abord, Regnier semble encore moins religieux que Chénier. Sa profession ecclésiastique donne aux écarts de sa conduite un caractère plus sérieux et en apparence plus significatif. On peut se demander si son libertinage ne s'appuyait pas d'une impiété systématique, et s'il n'avait pas appris de quelque abbé romain l'athéisme, assez en vogue en Italie vers ce temps-là. De plus, Regnier, qui avait vu dans ses voyages de grands spectacles naturels, ne paraît guère s'en être ému. La campagne, le silence, la solitude et tout ce qui ramène plus aisément l'âme à elle-même et à Dieu, font place, en ses vers, au fracas des rues de Paris, à l'odeur des tavernes et des cuisines, aux allées infectes des plus misérables taudis. Pourtant Regnier, tout épicurien et débauché qu'on le connaît, est revenu, vers la fin et par accès, à des sentiments pieux et à des repentirs pleins de larmes. Quelques sonnets, un fragment de poëme sacré et des stances en font témoignage. Il est vrai que c'est par ses douleurs physiques et par les aiguillons de ses maux qu'il semble surtout amené à la contrition morale. Regnier, dans le cours de sa vie, n'eut qu'une grande et seule affaire : ce fut d'aimer les femmes, toutes et sans choix. Ses aveux là-dessus ne laissent rien à désirer:

Or moy qui suis tout flame et de nuict et de jour,
Qui n'haleine que feu, ne respire qu'amour,

Je me laisse emporter à mes flames communes,
Et cours souz divers vents de diverses fortunes.
Ravy de tous objects, j'ayme si vivement
Que je n'ay pour l'amour ny choix ny jugement.
De toute eslection mon ame est despourveue,
Et nul object certain ne limite ma veue.
Toute femme m'agrée. . . . .

Ennemi déclaré de ce qu'il appelle *l'honneur*, c'est-à-dire de la délicatesse, préférant comme d'Aubigné *l'estre* au *parestre*, il se contente d'un *amour facile et de peu de défense* :

Aymer en trop haut lieu une dame hautaine,
C'est aymer en souci le travail et la peine,
C'est nourrir son amour de respect et de soin.

La Fontaine était du même avis quand il préférait ingénument les *Jeannetons* aux *Climènes*. Regnier pense que le même feu qui anime le grand poëte échauffe aussi l'ardeur amoureuse, et il ne serait nullement fâché que, chez lui, la poésie laissât tout à l'amour. On dirait qu'il ne fait des vers qu'à son corps défendant ; sa verve l'importune, et il ne cède au génie qu'à la dernière extrémité. Si c'était en hiver du moins, en décembre, au coin du feu, que ce maudit génie vînt le lutiner ! On n'a rien de mieux à faire alors que de lui donner audience :

Mais aux jours les plus beaux de la saison nouvelle
Que Zéphire en ses rets surprend Flore la belle,

Que dans l'air les oiseaux, les poissons en la mer,
Se plaignent doucement du mal qui vient d'aymer,
Ou bien lorsque Cérès de fourment se couronne,
Ou que Bacchus soupire amoureux de Pomone,
Ou lorsque le safran, la dernière des fleurs,
Dore le Scorpion de ses belles couleurs ;
C'est alors que la verve insolemment m'outrage,
Que la raison forcée obéit à la rage,
Et que, sans nul respect des hommes ou du lieu,
Il faut que j'obéisse aux fureurs de ce Dieu.

Oh ! qu'il aimerait bien mieux, en honnête compagnon qu'il est,

S'égayer au repos que la campagne donne,
Et, sans parler curé, doyen, chantre ou Sorbonne,
D'un bon mot faire rire, en si belle saison,
Vous, vos chiens et vos chats, et toute la maison !

On le voit, l'art, à le prendre isolément, tenait peu de place dans les idées de Regnier ; il le pratiquait pourtant, et, si quelque grammarien chicaneur le poussait sur ce terrain, il savait s'y défendre en maître : témoin sa belle satire neuvième contre Malherbe et les puristes. Il y flétrit avec une colère étincelante de poésie ces réformateurs mesquins, ces *regratteurs de mots,* qui prisent un style plutôt pour ce qui lui manque que pour ce qu'il a, et, leur opposant le portrait d'un génie véritable qui ne doit ses grâces qu'à la nature, il se peint tout entier dans ce vers d'inspiration :

Les nonchalances sont ses plus grands artifices.

Déjà il avait dit :

La verve quelquefois s'égaye en la licence.

Mais là où Regnier surtout excelle, c'est dans la connaissance de la vie, dans l'expression des mœurs et des personnages, dans la peinture des intérieurs ; ses satires sont une galerie d'admirables portraits flamands. Son poëte, son pédant, son fat, son docteur, ont trop de saillie pour s'oublier jamais, une fois connus. Sa fameuse *Macette,* qui est la petite-fille de *Patelin* et l'aïeule de *Tartufe,* montre jusqu'où le génie de Regnier eût pu atteindre sans sa fin prématurée. Dans ce chef-d'œuvre, une ironie amère, une vertueuse indignation, les plus hautes qualités de poésie, ressortent du cadre étroit et des circonstances les plus minutieusement décrites de la vie réelle. Et comme si l'aspect de l'hypocrisie libertine avait rendu Regnier à de plus chastes délicatesses d'amour, il nous y parle, en vers dignes de Chénier, de

. . . . . . *la belle en qui j'ai la pensée*
D'un doux imaginer si doucement blessée,
Qu'aymants et bien aymés, en nos doux passe-temps,
Nous rendons en amour jaloux les plus contents.

Regnier avait le cœur honnête et bien placé ; à part ce que Chénier appelle *les douces faiblesses,* il ne composait pas avec les vices. Indépendant de caractère et de parler franc, il vécut à la cour et avec les grands seigneurs sans ramper ni flatter.

André Chénier aima les femmes non moins vivement que Regnier, et d'un amour non moins sensuel, mais avec des différences qui tiennent à son siècle et à sa nature. Ce sont des Phrynés, sans doute, du moins pour la plupart, mais galantes et de haut ton ; non plus des *Alizons* ou des *Jeannes* vulgaires en de fétides réduits. Il nous introduit au boudoir de Glycère ; et la belle Amélie, et Rose à la danse nonchalante, et Julie au rire étincelant, arrivent à la fête ; l'orgie est complète et durera jusqu'au matin. O Dieu ! si Camille le savait ! Qu'est-ce donc que cette Camille si sévère ? Mais, dans l'une des nuits précédentes, son amant ne l'a-t-il pas surprise elle-même aux bras d'un rival ? Telles sont les femmes d'André Chénier, des Ioniennes de Milet, de belles courtisanes grecques, et rien de plus. Il le sentait bien, et ne se livrait à elles que par instants, pour revenir ensuite avec plus d'ardeur à l'étude, à la poésie, à l'amitié. « Choqué, dit-il quelque part dans une prose énergique trop peu connue[1], choqué de voir les lettres si prosternées et le genre humain ne pas songer à relever sa tête, je me livrai souvent aux distractions et aux égarements d'une jeunesse forte et fougueuse ; mais toujours dominé par l'amour de la poésie, des lettres et de l'étude, souvent chagrin et découragé par la fortune ou par moi-même, toujours soutenu par mes amis, je sentis que mes vers et ma prose, goûtés ou non, seraient mis au rang

---

1. Premier chapitre d'un ouvrage sur les causes et les effets de la perfection et de la décadence des lettres.
(*Edit.* de M. ROBERT.)

du petit nombre d'ouvrages qu'aucune bassesse n'a flétris. Ainsi, même dans les chaleurs de l'âge et des passions, et même dans les instants où la dure nécessité a interrompu mon indépendance, toujours occupé de ces idées favorites, et chez moi, en voyage, le long des rues, dans les promenades, méditant toujours sur l'espoir, peut-être insensé, de voir renaître les bonnes disciplines, et cherchant à la fois dans les histoires et dans la nature des choses *les causes et les effets de la perfection et de la décadence des lettres,* j'ai cru qu'il serait bien de resserrer en un livre simple et persuasif ce que nombre d'années m'ont fait mûrir de réflexions sur ces matières. » André Chénier nous a dit le secret de son âme : sa vie ne fut pas une vie de plaisir, mais d'art, et tendait à se purifier de plus en plus. Il avait bien pu, dans un moment d'amoureuse ivresse et de découragement moral, écrire à De Pange :

Sans les dons de Vénus quelle serait la vie ?
Dès l'instant où Vénus me doit être ravie,
Que je meure ! sans elle ici-bas rien n'est doux [1].

Mais bientôt il pensait sérieusement au temps prochain où fuiraient loin de lui *les jours couronnés de rose;* il rêvait, aux bords de la Marne, quelque

---

1. Ces vers et toute la fin de l'élégie XXXIII sont une imitation et une traduction des fragments divers qui nous restent de l'élégiaque Mimnerme : Chénier les a enchâssés dans une sorte de trame.

retraite indépendante et pure, quelque *saint loisir*, où les beaux-arts, la poésie, la peinture (car il peignait volontiers), le consoleraient des voluptés perdues, et où l'entoureraient un petit nombre d'amis de son choix. André Chénier avait beaucoup réfléchi sur l'amitié, et y portait des idées sages, des principes sûrs, applicables en tous les temps de dissidences littéraires : « J'ai évité, dit-il, de me lier avec quantité de gens de bien et de mérite, dont il est honorable d'être l'ami et utile d'être l'auditeur, mais que d'autres circonstances ou d'autres idées ont fait agir et penser autrement que moi. L'amitié et la conversation familière exigent au moins une conformité de principes : sans cela, les disputes interminables dégénèrent en querelles, et produisent l'aigreur et l'antipathie. De plus, prévoir que mes amis auraient lu avec déplaisir ce que j'ai toujours eu dessein d'écrire m'eût été amer... »

Suivant André Chénier, *l'art ne fait que des vers, le cœur seul est poëte;* mais cette pensée si vraie ne le détournait pas, aux heures de calme et de paresse, d'amasser par des études exquises *l'or et la soie* qui devaient *passer en ses vers*. Lui-même nous a dévoilé tous les ingénieux secrets de sa manière dans son poëme de *l'Invention*, et dans la seconde de ses épîtres, qui est, à la bien prendre, une admirable satire. L'analyse la plus fine, les préceptes de composition les plus intimes, s'y transforment sous ses doigts, s'y couronnent de grâce, y reluisent d'images et s'y modulent comme un chant. Sur ce terrain critique et didactique, il laisse bien loin derrière lui Boileau et le prosaïsme ordinaire de ses axiomes. Nous n'insisterons ici que sur un point. Chénier se rattache de préférence aux Grecs, de même que Regnier aux Latins et aux satiriques italiens modernes. Or, chez les Grecs, on le sait, la division des genres existait, bien qu'avec moins de rigueur qu'on ne l'a voulu établir depuis :

La nature dicta vingt genres opposés,
D'un fil léger entre eux, chez les Grecs, divisés.
Nul genre, s'échappant de ses bornes prescrites,
N'aurait osé d'un autre envahir les limites :
Et Pindare à sa lyre, en un couplet bouffon,
N'aurait point de Marot associé le ton.

Chénier tenait donc pour la division des genres et pour l'intégrité de leurs limites : il trouvait dans Shakspeare de belles scènes, non pas une belle pièce. Il ne croyait point, par exemple, qu'on pût, dans une même élégie, débuter dans le ton de Regnier, monter par degrés, passer par nuances à l'accent de la douleur plaintive ou de la méditation amère, pour se reprendre ensuite à la vie réelle et aux choses d'alentour. Son talent, il est vrai, ne réclamait pas d'ordinaire, dans la durée d'une même rêverie, plus d'une corde et plus d'un ton. Ses émotions rapides, qui toutes sont diverses, et toutes furent vraies un moment, rident tour à tour la surface de son âme, mais sans la bouleverser, sans lancer les vagues au ciel et montrer à nu le sable du fond. Il compare sa muse jeune et légère à l'harmonieuse cigale, *amante des buissons, qui,*

De rameaux en rameaux tour à tour reposée,
D'un peu de fleur nourrie et d'un peu de rosée,
S'égaie. . . . .

et, s'il est triste, *si sa main imprudente a tari son trésor,* si sa maîtresse lui a fermé, ce soir-là, le *seuil inexorable,* une visite d'ami, un sourire de *blanche voisine,* un livre entr'ouvert, un rien le distrait, l'arrache à sa peine, et, comme il l'a dit avec une légèreté négligente,

On pleure ; mais bientôt la tristesse s'envole.

Oh ! quand viendront les jours de massacre, d'ingratitude et de délaissement, qu'il n'en sera plus ainsi ! Comme la douleur alors percera avant dans son âme et en armera toutes les puissances ! comme son ïambe vengeur nous montrera d'un vers à l'autre *les enfants, les vierges aux belles couleurs* qui venaient de parer et de baiser l'agneau, *le mangeant s'il est tendre,* et passera des fleurs et des rubans de la fête aux *crocs sanglants du charnier populaire !* Comme alors surtout il aurait besoin de lie et de fange pour y *pétrir* tous *ces bourreaux barbouilleurs de lois !* Mais avant cette formidable époque [1], Chénier ne sentit guère tout le parti

---

1. Pour juger André Chénier comme homme politique, il faut parcourir le *Journal de Paris* de 90 et 91 ;

qu'on peut tirer du laid dans l'art, ou du moins il répugnait à s'en salir. Nous citerons un remarquable exemple où évidemment ce scrupule nuisit à son génie, et où la touche de Regnier lui fit faute. Notre poëte, cédant à des considérations de fortune et de famille, s'était laissé attacher à l'ambassade de Londres, et il passa dans cette ville l'hiver de 1782. Mille ennuis, mille dégoûts l'y assaillirent ; seul, à vingt ans, sans amis, perdu au milieu d'une société aristocratique, il regrettait la France, et les cœurs qu'il y avait laissés, et sa pauvreté honnête et indépendante[1]. C'est alors qu'un soir, après avoir assez mal dîné à *Covent-Garden,* dans *Hood's Tavern,* comme il était de trop bonne heure pour se présenter en aucune société, il se mit, au milieu du fracas, à écrire, dans une prose forte et simple, tout ce qui se passait en son âme : qu'il s'ennuyait, qu'il souffrait et d'une souffrance pleine d'amertume et d'humiliation ; que la solitude, si chère aux malheureux, est pour eux un grand mal en-

---

sa signature s'y retrouve fréquemment, et d'ailleurs sa marque est assez sensible. — Relire aussi comme témoignage de ses pensées intimes et combattues, vers le même temps, l'admirable ode : *O Versaille, ô bois, ô portiques,* etc., etc.

1. La fierté délicate d'André Chénier était telle que, durant ce séjour à Londres, comme les fonctions d'*attaché* n'avaient rien de bien actif et que le premier secrétaire faisait tout, il s'abstint d'abord de toucher ses appointements, et qu'il fallut qu'un jour M. de La Luzerne trouvât cela mauvais et le dit un peu haut pour l'y décider.

core plus qu'un grand plaisir ; car ils s'y exaspèrent, *ils y ruminent leur fiel,* ou, s'ils finissent par se résigner, c'est découragement et faiblesse, c'est impuissance d'en appeler *des injustes institutions humaines à la sainte nature primitive ;* c'est, en un mot, à la façon *des morts qui s'accoutument à porter la pierre de leur tombe, parce qu'ils ne peuvent la soulever ;* — que cette fatale résignation rend dur, farouche, sourd aux consolations des amis, et qu'il prie le Ciel de l'en préserver. Puis il en vient aux ridicules et aux *politesses hautaines* de la noble société qui daigne l'admettre, à la dureté de ces grands pour leurs inférieurs, à leur excessif attendrissement pour leurs pareils ; il raille en eux cette *sensibilité distinctive* que Gilbert avait déjà flétrie, et il termine en ces mots cette confidence de lui-même à lui-même : « Allons, voilà une heure et demie de tuée ; je m'en vais. Je ne sais plus ce que j'ai écrit, mais je ne l'ai écrit que pour moi. Il n'y a ni apprêt ni élégance. Cela ne sera vu que de moi, et je suis sûr que j'aurai un jour quelque plaisir à relire ce morceau de ma triste et pensive jeunesse. » Oui, certes, Chénier relut plus d'une fois ces pages touchantes, et, lui *qui refeuilletait sans cesse et son âme et sa vie,* il dut, à des heures plus heureuses, se reporter avec larmes aux ennuis passés de son exil. Or, j'ai soigneusement recherché dans ses œuvres les traces de ces premières et profondes souffrances ; je n'y ai trouvé d'abord que dix vers, datés également de Londres, et du même temps que le morceau de prose ; puis en regardant de plus près, l'idylle intitulée *Liberté* m'est revenue à la pensée, et j'ai compris que ce berger aux noirs cheveux épars, à l'œil farouche sous d'épais sourcils, qui traîne après lui, dans les âpres sentiers et aux bords des torrents pierreux, ses brebis maigres et affamées, qui brise sa flûte, abhorre les chants, les danses et les sacrifices ; qui repousse la plainte du blond chevrier et maudit toute consolation, parce qu'il est esclave ; j'ai compris que ce berger-là n'était autre que la poétique et idéale personnification du souvenir de Londres et de l'espèce de servitude qu'y avait subie André ; et je me suis demandé alors, tout en admirant du profond de mon cœur cette idylle énergique et sublime, s'il n'eût pas encore mieux valu que le poëte se fût mis franchement en scène ; qu'il eût osé en vers ce qui ne l'avait pas effrayé dans sa prose naïve ; qu'il se fût montré à nous dans cette taverne enfumée, entouré de mangeurs et d'indifférents, accoudé sur sa table et rêvant, — rêvant à la patrie absente, aux parents, aux amis, aux amantes, à ce qu'il y a de plus jeune et de plus frais dans les sentiments humains ; rêvant aux maux de la solitude, à l'aigreur qu'elle engendre, à l'abattement où elle nous prosterne, à toute cette haute métaphysique de la souffrance ; — pourquoi non ? —puis, revenu à terre et rentré dans la vie réelle, qu'il eût buriné en traits d'une empreinte ineffaçable ces grands qui l'écrasaient et croyaient l'honorer de leurs insolentes faveurs ; et, cela fait, l'heure de sortir arrivée, qu'il eût fini par son coup d'œil d'espoir vers l'avenir, et son *forsan el hæc olim?* Ou, s'il lui déplaisait de remanier en vers ce qui était jeté en prose, il avait en son souvenir dix autres journées plus ou moins pareilles à celle-là, dix autres scènes du même genre qu'il pouvait choisir et retracer [1].

Les styles d'André Chénier et de Regnier, avons-nous déjà dit, sont un parfait modèle de ce que notre langue permet au génie s'exprimant en vers, et ici nous n'avons plus besoin de séparer nos éloges. Chez l'un comme chez l'autre, même procédé chaud, vigoureux et libre ; même luxe et même aisance de pensée, qui pousse en tous sens et se développe en pleine végétation, avec tous ses embranchements de relatifs et d'incidences entre-croisées ou pendantes ; même profusion d'irrégularités heureuses et familières, d'idiotismes qui sentent leur

---

1. Dans tout ce qui précède, j'avais supposé, d'après la notice et l'édition de M. de Latouche, qu'André Chénier devait être à Londres en décembre 1782, et que les vers et la prose où il en maudissait le séjour étaient du même temps et de sa première jeunesse. J'avais supposé aussi qu'il n'était plus attaché à l'ambassade d'Angleterre aux approches de la Révolution et dès 1788. Mais les indications données par M. de Latouche, à cet égard, paraissent peu exactes : une Biographie d'André Chénier reste à faire (1852). — M. Sainte-Beuve a vu, depuis, son vœu exaucé par l'édition de M. Becq de Fouquières, dont il a rendu compte dans les *Nouveaux Lundis*, tome III, (1862). Combien il est à regretter qu'il n'ait pas vécu assez longtemps pour voir la belle et définitive édition de M. Gabriel de Chénier, publiée en 1874 ! Elle eût été, à coup sûr, pour lui, l'occasion d'une nouvelle étude sur le poëte].

fruit, grâces et ornements inexplicables qu'ont sottement émondés les grammairiens, les rhéteurs et les analystes ; même promptitude et sagacité du coup d'œil à suivre l'idée courante sous la transparence des images, et à ne pas la laisser fuir, dans son court trajet de telle figure à telle autre ; même art prodigieux enfin à mener à extrémité une métaphore, à la pousser de tranchée en tranchée, et à la forcer de rendre, sans capitulation, tout ce qu'elle contient ; à la prendre à l'état de filet d'eau, à l'épandre, à la chasser devant soi, à la grossir de toutes les affluences d'alentour, jusqu'à ce qu'elle s'enfle et roule comme un grand fleuve. Quant à la forme, à l'allure du vers dans Regnier et dans Chénier, elle nous semble, à peu de chose près, la meilleure possible, à savoir, curieuse sans recherche et facile sans relâchement, tour à tour oublieuse et attentive, et tempérant les agréments sévères par les grâces négligentes. Sur ce point, ils sont l'un et l'autre bien supérieurs à La Fontaine chez qui la forme rhythmique manque presque entièrement, et qui n'a pour charme, de ce côté-là, que sa négligence.

Que si l'on nous demande maintenant ce que nous prétendons conclure de ce long parallèle que nous aurions pu prolonger encore : lequel d'André Chénier ou de Regnier nous préférons ; lequel mérite la palme, à notre gré ; nous laisserons au lecteur le soin de décider ces questions et autres pareilles, si bon lui semble. Voici seulement une réflexion pratique qui découle naturellement de ce qui précède, et que nous lui soumettons : Regnier

clôt une époque; Chénier en ouvre une autre.
Regnier résume en lui bon nombre de nos trouvères, Villon, Marot, Rabelais; il y a dans son génie toute une partie d'épaisse gaieté et de bouffonnerie joviale, qui tient aux mœurs de ces temps, et qui ne saurait être reproduite de nos jours. Chénier est le révélateur d'une poésie d'avenir, et il apporte au monde une lyre nouvelle; mais il y a chez lui des cordes qui manquent encore, et que ses successeurs ont ajoutées ou ajouteront. Tous deux, complets en eux-mêmes et en leur lieu, nous laissent aujourdhui quelque chose à désirer Or il arrive que chacun d'eux possède précisément une des principales qualités qu'on regrette chez l'autre : celui-ci, la tournure d'esprit rêveuse et les *extases choisies;* celui-là, le sentiment profond et l'expression vivante de la réalité; comparés avec intelligence, rapprochés avec art, ils tendent ainsi à se compléter réciproquement. Sans doute, s'il fallait se décider entre leurs deux points de vue pris à part, et opter pour l'un à l'exclusion de l'autre, le type d'André Chénier pur se concevrait encore mieux maintenant que le type pur de Regnier; il est même tel esprit noble et délicat auquel tout accommodement, fût-il le mieux ménagé, entre les deux genres, répugnerait comme une mésalliance, et qui aurait difficilement bonne grâce à le tenter. Pourtant, et sans vouloir ériger notre opinion en précepte, il nous semble que, comme en ce bas monde, même pour les rêveries les plus idéales, les plus fraîches et les plus dorées, toujours le point de départ est sur terre, comme, quoi

qu'on fasse et où qu'on aille, la vie réelle est toujours là, avec ses entraves et ses misères, qui nous enveloppe, nous importune, nous excite à mieux, nous ramène à elle, ou nous refoule ailleurs, il est bon de ne pas l'omettre tout à fait, et de lui donner quelque trace en nos œuvres comme elle a trace en nos âmes. Il nous semble, en un mot, et pour revenir à l'objet de cet article, que la touche de Regnier, par exemple, ne serait point, en beaucoup de cas, inutile pour accompagner, encadrer et faire saillir certaines analyses de cœurs ou certains poëmes de sentiment, à la manière d'André Chénier.

Août 1829.

JOACHIM DU BELLAY.

Il y a bien des années déjà qu'à mon début littéraire je me suis occupé des poëtes du XVIe siècle, et que je me suis aventuré avec Ronsard. J'ai souvent regretté depuis qu'il ne m'ait pas été donné de perfectionner, dans des éditions successives, ce premier travail, et d'y joindre ce qu'en pareille matière de nouvelles révisions apportent toujours. Pourtant, aujourd'hui, une circonstance favorable m'y ramène assez directement. Un de nos amis, imprimeur à Angers, M. Victor Pavie, frère de l'orientaliste voyageur, prépare à ses frais et avec un culte singulier une édition des vers choisis du poëte Du Bellay, son compatriote. Déjà, il y a un an environ, on avait reproduit ici *la Défense et l'Illustration de la Langue françoise* [1]. Ce retour d'attention accordée au vieux poëte angevin m'encourage moi-même à y revenir et à compléter sur lui d'anciennes études beaucoup trop abrégées. Puis aussi, le dirai-je? les loisirs, pour

---

1. Publiée par M. Ackermann, chez Crozet (1839).

moi tout nouveaux, d'une docte bibliothèque où une bienveillance honorable [1] m'a placé, viennent en aide à ce retour, et me remettent en goût aisément de l'érudition du xviᵉ siècle. Ces poëtes italiens latins que Gabriel Naudé a rapportés de son voyage d'Italie, et que Du Bellay a si bien connus et imités, sont sous ma main : c'est un attrait de plus dans ce sujet, plus neuf encore que vieilli, où ils vont me servir.

Il est bon, je le crois, de revenir ainsi à une certaine distance sur les premiers ouvrages qui nous occupèrent, et de revoir les mêmes objets sous deux inclinaisons de soleil. On ne l'a plus dans les yeux, ce soleil, comme au brillant matin; on l'a derrière soi, et il éclaire plus lucidement l'après-midi de nos pensées. Mon opinion au fond, sur nos vieux poëtes, ne sera guère différente de celle d'autrefois; mais je l'exprimerai un peu différemment peut-être. Le premier coup d'œil que la jeunesse lance en entrant sur les choses est décisif d'ordinaire, et le peu d'originalité qu'on est destiné à avoir dans sa vie intellectuelle s'y trouve d'emblée tout empreint. Mais ce coup d'œil rapide a aussi du tranchant. En se jetant d'un bond sur ses armes, comme Achille, on s'y blesse quelquefois. Il y a à revenir ensuite sur les limites et la saillie exagérée des aperçus. Ainsi, dans ce sujet du xviᵉ siècle, si j'ai paru sonner d'abord de la trompette héroïque, je n'aurai pas maintenant de

---

1. Celle de M. Cousin, alors ministre de l'instruction publique.

peine à passer au ton plus rapaisé du *sermo pedestris*. J'ai traité Ronsard plus au grave. Je prendrai plus familièrement le *doux-coulant* Du Bellay.

Cela nous sera d'autant plus facile avec lui que son genre de talent et son caractère y prêtent. Son rôle, qui le fait venir le premier après Ronsard, fut beaucoup moins tendu et moins ambitieux. Au second rang dans une entreprise hasardée, il se trouva par là même moins compromis dans la déroute. Le Mélanchthon, le Nicole, le Gerbet, dans cet essai de réforme et cette controverse poétique de la pléiade, ce fut Joachim Du Bellay.

Le bon Guillaume Colletet, dans sa Vie manuscrite de Du Bellay, a très-bien senti cette situation particulière du poëte angevin, qui lui faisait trouver grâce auprès d'une postérité déjà sévère. Il le compare en commençant à *Janus*, dont un visage regardait le siècle passé et l'autre le siècle à venir, « c'est-à-dire, ajoute-t-il, qu'après avoir fait l'un des plus grands ornements de son siècle, il fait encore les délices du nôtre. Et c'est une chose étrange que de toute cette fameuse pléiade d'excellents esprits qui parurent sous le règne du roi Henri second, je ne vois que celui-ci qui ait conservé sa réputation toute pure et tout entière : car ceux-là même qui, par un certain dégoût des bonnes choses et par un excès de délicatesse, ne sauroient souffrir les nobles hardiesses de Ronsard, témoignent que celles de Du Bellay leur sont beaucoup plus supportables, et qu'il revient mieux à leur façon d'écrire et à celle de notre temps. »

Sans aller si loin, notre impression est la même, et non-seulement par ses œuvres, mais aussi par sa destinée, Du Bellay nous semble offrir et résumer dans sa modération l'image parfaite et en quelque sorte douloureuse d'une école qui a si peu vécu.

Il naquit au bourg de Liré, dans les Mauges, à douze lieues d'Angers, vers 1525. Cette date a été discutée. Ronsard était né le 11 septembre 1524, et Du Bellay a dit dans un sonnet des *Regrets* :

Tu me croiras, Ronsard, bien que tu sois plus sage,
Et quelque peu encor, ce crois-je, plus âgé.

En supposant donc Joachim né après septembre 1524, comme d'ailleurs on sait positivement qu'il mourut le 1er janvier 1560, il n'a vécu que trente-cinq ans [1]. La famille de Du Bellay était ancienne, et surtout d'une grande illustration historique récente, grâce à la branche d'où sor-

---

[1]. Pourtant, au recueil latin intitulé : *Joachimi Bellaii andini Poematum Libri quatuor* (Parisiis), 1558, dans une épigramme à son ami Gordes (f. 24), Du Bellay, déplorant ses cheveux déjà blancs et sa vieillesse anticipée, a dit :

Et faciunt septem lustra peracta senem.

Il aurait donc eu trente-cinq ans accomplis en 1558. Mais la nécessité du vers l'aura ici emporté sur l'exacte chronologie, et Du Bellay aura fait comme Béranger, qui, dans sa chanson du *Tailleur et de la Fée,* s'est vieilli d'un an ou deux pour la rime.

taient ses deux frères, M. de Langey et le cardinal Du Bellay, si célèbres par les armes, les négociations et les lettres sous François I[er][1]. M. de Langey mourut en 1543, avant que Joachim entrât dans le monde, et le cardinal, qui était souvent à Rome et qui y séjourna même habituellement depuis la mort de François Ier, ne paraît avoir connu que plus tard son jeune cousin. Celui-ci passa une enfance et une jeunesse pénibles ; malgré son illustre parentage, il eut à souffrir avant de se faire jour. Né simple gentilhomme, on se tromperait en le faisant quelque chose de plus :

Si ne suis-je seigneur, prince, marquis ou comte,

a-t-il pu dire dans un sonnet à un ami. Lui-même dans une belle élégie latine adressée à Jean de Morel d'Embrun, son *Pylade*, et écrite dans les derniers temps de sa vie (1559), il nous récapitule toutes ses vicissitudes de fortune et ses malheurs : cette élégie, d'un ton élevé et intime, représente comme son testament [2]. On l'y voit dès l'enfance

---

1. Martin Du Bellay, frère de M. de Langey et du cardinal, personnage distingué aussi, mais alors moins considérable qu'eux, est aujourd'hui leur égal en nom pour avoir continué et suppléé les *Mémoires* de M. de Langey.

2. On la trouve dans le recueil qui a pour titre : *Joachimi Bellaii andini Poetæ clarissimi Xenia seu illustrium quorumdam Nominum Allusiones* (Parisiis), 1569, in-4°. Je ne sais pourquoi elle a été omise dans le recueil, d'ailleurs complet, des vers latins de Du Bellay qui fait

animé d'une noble émulation par ces grands
exemples domestiques, mais un peu lointains, la
gloire de M. de Langey et le lustre poétique et
politique du cardinal ; c'étaient là pour lui des
trophées de Miltiade et qui l'empêchaient de dor-
mir. Mais si jeune, orphelin de père et de mère,
tombé sous la tutelle assez ingrate d'un frère aîné,
il fut longtemps à manquer de cette culture, de
cette rosée fécondante que son génie implorait. Son
frère mourut ; lui-même atteignit l'âge d'homme ;
mais de nouveaux soins l'assaillirent. De pupille,
le voilà à son tour devenu tuteur de son neveu,
du fils de son frère ; le fardeau de la maison, la
gestion d'affaires embrouillées, des procès à soutenir, l'enchaînèrent encore et achevèrent de
l'éprouver :

Hoc ludo, his studiis primos transegimus annos :
  Hæc sunt militiæ pulchra elementa meæ.

A ce propos de procès et de tutelle, de tout ce
souci positif si malséant à un poëte, le bon Colletet ne peut s'empêcher d'observer combien le
grand cardinal de Richelieu fut sage d'avoir, en
établissant l'Académie française, obtenu du roi
Louis XIII des lettres d'exemption de tutelle et
de curatelle pour tant de beaux esprits présents et
futurs, afin qu'ils ne courussent risque, par des
soins si bas, d'être détournés de la vie contem-

---

partie du *Deliciæ Poetarum Gallorum* (1609), publié par
Gruter sous le pseudonyme de Ranutius Gherus.

plative du Dictionnaire et de leur fauteuil au Parnasse. Le fait est que le pauvre Du Bellay faillit y succomber. Sa santé s'y altéra pour ne jamais s'en relever complètement ; deux années entières la maladie le retint dans la chambre : c'est alors que l'étude le consola. Il lut pour la première fois, il déchiffra comme il put les poëtes latins et grecs ; il comprit qu'il les pouvait imiter. Mais les imiter dans leur idiome même, comme tâchaient de faire les érudits, lui parut chose impossible ; la partie de son âge la plus propre à l'étude était déjà écoulée. Pourquoi ne pas les imiter en français ? se dit-il. La nécessité et l'instinct naturel s'accordèrent à l'y pousser.

C'est ici que se place sa première relation avec Ronsard : ils étaient un peu parents ou alliés ; Ronsard avait même été, un moment, attaché à M. de Langey dans le Piémont. Du Bellay, à ce qu'on raconte, était allé, sur le conseil de ses amis, étudier le droit à Poitiers « pour parvenir dans les endroits publics, à l'exemple de ses ancêtres, qui s'étoient avancés à la cour par les armes ou les saints canons. » Il est à croire que le cardinal, qui venait de se retirer à Rome depuis la mort de François Ier (1547), était pour quelque chose dans cette détermination de son jeune parent, et qu'il lui avait fait dire de se mettre en état de le rejoindre. Du Bellay avait alors l'épée, mais n'y tenait guère, et le droit menait à l'Église Quoi qu'il en soit, Du Bellay était en train, assure-t-on, de devenir un *grand jurisconsulte*, lorsqu'un jour, vers 1548, s'en revenant de Poitiers, il rencontra dans une hôtellerie Ronsard, qui retournait de son côté à Paris. Ils se connurent et se lièrent à l'instant. Ronsard n'était pas encore célèbre ; il achevait alors ce rude et docte noviciat de sept années auquel il s'était soumis sous la conduite de Jean Dorat, de concert avec Jean-Antoine de Baïf, Remy Belleau et quelques autres. Du Bellay, arrivé un peu plus tard, voulut en être ; les idées de poésie, qu'il nourrissait en solitaire depuis deux ou trois années, mûrirent vite, grâce à cette rencontre. Il était ardent, il était retardé et pressé, il devança même Ronsard.

Le premier recueil des poésies de Du Bellay, dédié à la princesse Marguerite, sœur de Henri II, est daté d'octobre 1549[1]. Sa *Défense et Illustration de la Langue françoise*, dédiée au cardinal Du Bellay, est datée de février 1549 ; mais, comme l'année ne commençait alors qu'à Pâques, il faut lire février 1550. Enfin son *Olive*[2] parut vers la fin de cette même année 1550 ou au commencement de la suivante, à peu près en même temps que les premières poésies de Ronsard, lequel pourtant demeura le promoteur et le chef reconnu

---

1. Ce Recueil avait été précédé, comme Du Bellay l'indique dans les premières lignes de la Dédicace, d'un petit livret de Sonnets et de Poésies, publié en 1549 sous les simples initiales de l'auteur.

2. Il y avait déjà cinquante sonnets à la louange d'Olive dans un premier Recueil de 1549 où le nom de l'auteur n'est pas et où il n'y a que des initiales : par J. D. B. A.

de l'entreprise : Du Bellay n'en fut que le premier lieutenant.

Le premier recueil de Du Bellay, si précipitamment publié en 1549, faillit ruiner son amitié avec Ronsard, et l'a fait accuser d'avoir dérobé son ami. Le détail de cette petite querelle intestine est resté assez obscur. Bayle, d'après Claude Binet, nous dit dans son article Ronsard du *Dictionnaire :* « Il plaida contre Joachim Du Bellay pour recouvrer quelques odes qu'on lui détenoit et qu'on lui avoit dérobées adroitement. » Et le moqueur ajoute en note, se donnant plus libre carrière : « Voilà un procès fort singulier ; je ne doute pas que Ronsard ne s'y échauffât autant que d'autres feroient pour recouvrer l'héritage de leur père. Son historien manie cela doucement, il craint de blesser le demandeur et le défendeur : ce dernier soutenoit devant les juges le personnage le plus odieux, mais l'autre ne laissoit pas de leur apprêter un peu à rire. » Colletet nous raconte la même historiette plus au sérieux, en reproduisant à peu près les termes de Claude Binet et en homme qui marche sur des charbons ardents : « Comme le bruit s'épandoit déjà partout de quatre livres d'odes que Ronsard promettoit à la façon de Pindare et d'Horace... Du Bellay, mu d'émulation jalouse, voulut s'essayer à en composer quelques-unes sur le modèle de celles-là, et, trouvant moyen de les tirer du cabinet de l'auteur à son insu et de les voir, il en composa de pareilles et les fit courir pour prévenir la réputation de Ronsard ; et, y ajoutant quelques sonnets, il les mit en lumière l'an 1549, sous le titre de *Recueil de poésies* : ce qui fit naître dans l'esprit de notre Ronsard, sinon une envie noire, à tout le moins une jalousie raisonnable contre Du Bellay, *jusques à intenter une action pour le recouvrement de ses papiers ; et, les ayant ainsi retirés par la voie de la justice,* comme il étoit généreux au possible et comme il avoit de tendres sentiments d'amitié pour Du Bellay... il oublia toutes les choses passées, et ils vécurent toujours depuis en parfaite intelligence : Ronsard fut le premier à exhorter Du Bellay à continuer dans l'Ode. »

Pourtant cette action *en justice* est un peu forte : qu'en faut-il croire? Voisenon se trouvait un jour avec Racine fils chez Voltaire, qui lisait sa tragédie d'*Alzire*. Racine, qui était peu gracieux, crut reconnaître au passage un de ses vers, et il répétait toujours entre ses dents et d'un air de grimace : « Ce vers-là est à moi. » Cela impatienta Voisenon, qui s'approcha de M. de Voltaire en lui disant : « Rendez-lui son vers et qu'il s'en aille. » Mais ici ce n'était pas d'un vers qu'il s'agissait, c'était d'une ode, de plusieurs odes tout entières : quelle énormité ! Comment toutefois s'expliquer que Du Bellay les ait prises, ou qu'il ne les ait rendues que contraint?

Cette anecdote m'a toujours paru suspecte : ce serait un vilain trait au début de la carrière de Du Bellay, qui n'en eut jamais par la suite à se reprocher; ce serait la seule tache de sa vie. Je sens le besoin de m'en rendre compte, et voici comment je m'imagine simplement l'affaire. Du Bellay et

Ronsard venaient de se rencontrer, ils s'étaient pris d'amitié vive ; Du Bellay surtout, dans sa première ferveur, voulait réparer les années perdues ; il brûlait d'ennoblir la langue, la poésie française, et d'y marquer son nom. Ronsard, plus grave, mieux préparé et au terme de sa longue étude, se montrait aussi moins pressé. A ce collége de Coqueret, où Du Bellay n'était peut-être pas tout à fait d'abord sur le même pied d'intimité que les autres, on parlait des projets futurs, des prochaines audaces ; Du Bellay lisait ses premiers sonnets ; mais, dès qu'il s'agissait de l'ode, Ronsard, dont c'était le domaine propre, ne s'expliquait qu'avec mystère et ne se déboutonnait pas ; il avait ses plans d'ode pindarique, ses secrets à lui, il élaborait l'œuvre, il disait à ses amis avides : *Attendez et vous verrez*. Or, comme je le suppose, Du Bellay, impatienté de cette réserve d'oracle, et voulant rompre au plus vite la glace près du public, n'y put tenir, et il déroba un jour du tiroir le précieux cahier sibyllin, non pas pour copier et s'approprier aucune ode (rien de pareil), mais pour en surprendre la forme, le *patron* ; et, une fois informé, il alla de l'avant. Pure espièglerie, on le voit, d'écolier et de camarade. Ronsard s'en fâcha d'abord : il prit la chose au solennel, dans le style du genre, et voulut plaider ; puis il en rit. Ils restèrent tous deux trop étroitement, trop tendrement unis depuis, la mort de l'un inspira à l'autre de trop vrais accents, et cette mémoire pleurée lui imprima avec les années une vénération trop chère, pour qu'on puisse supposer qu'il y ait jamais eu une mauvaise action entre eux [1].

Ceci bien expliqué, il y a pour nous à apprécier ces premières œuvres de Du Bellay publiées en si peu de temps, presque dans le seul espace d'une année et qui marquèrent avec éclat son entrée dans la carrière. Un assez long intervalle de silence suivit, durant lequel sa seconde manière se prépara ; car, dès l'année 1550, ou 1551 au plus tard, et probablement pendant que ses amis de Paris vaquaient à l'impression de son *Olive*, il partait pour Rome et s'y attachait au cardinal son parent, pour n'en plus revenir que quatre ans après, en 1555 [2]. Sa carrière littéraire fut comme coupée en deux par ce voyage et par cette longue absence ; sa santé s'y usa ; mais nous verrons peut-être, malgré les plaintes qu'il exhale, et dans

---

1. La première édition des *Quatre premiers livres des Odes* de Ronsard (1550) contient une préface où il célèbre Du Bellay comme un autre lui-même ; il ne restait donc plus trace en 1550 de cette espièglerie de 1549. Et s'il y avait eu autre chose de plus grave, Du Bellay aurait-il pu, dans l'*Hymne de la Surdité*, adressée à Ronsard, s'écrier en parlant au cœur de son ami :

Tout ce que j'ai de bon, tout ce qu'en moi je prise,
C'est d'être, comme toi, sans fraude et sans feintise,
D'être bon compagnon, d'être à la bonne foi,
Et d'être, mon Ronsard, demi-sourd comme toi ?

Nous reviendrons ailleurs sur cette surdité-là.

2. Les biographes de Du Bellay ont en général fait son

la douceur de ces plaintes mêmes, que son talent et son esprit y gagnèrent.

Le premier recueil, de 1549, se ressent de la rudesse du premier effort, et me semble, en quelque sorte, encore tout récent de l'enclume. Jean Proust, Angevin, crut devoir y joindre une explication des passages poétiques les plus difficiles, et ce n'était pas superflu. La première pièce y a pour titre : *Prosphonématique* au roi très-chrétien Henri II. Du Bellay, d'ailleurs, s'est sagement gardé du pindarique à proprement parler, et, malgré le patron dérobé à son ami, la forme lyrique qu'il affecte n'est que l'horatienne. Dans un *Chant triomphal* sur le voyage du roi à Boulogne en août 1549, il trouvait moyen d'introduire et de préconiser le nom de Ronsard ; preuve qu'il ne voulait en rien le déprimer. Une ode flatteuse au vieux poëte Mellin de Saint-Gelais témoignait d'avance de la modération de Du Bellay et tendait à fléchir le chef de l'ancienne école en faveur des survenants. Je ne remarque dans ce premier recueil que deux odes véritablement belles. L'une à Madame Marguerite sur ce qu'il faut *écrire en sa langue* exprime déjà les idées que Du Bellay reprendra et développera dans son *Illustration;* il y dénombre les quatre grands poëtes anciens, Homère et Pindare, Virgile et Horace, et désespère d'imiter les vieux en leur langue.

---

séjour en Italie un peu plus court qu'il ne le fut réellement : on lit dans le CLXVI^e sonnet de ses *Regrets*, que son absence, son *enfer*, a duré *quatre ans et davantage.*

> *Princesse, je ne veux point suivre*
> *D'une telle mer les dangers,*
> *Aimant mieux entre les miens vivre*
> *Que mourir chez les étrangers.*
>
> *Mieux vaut que les siens on précède,*
> *Le nom d'Achille poursuivant,*
> *Que d'être ailleurs un Diomède,*
> *Voire un Thersite bien souvent.*
>
> *Quel siècle éteindra ta mémoire,*
> *O Boccace ? et quels durs hivers*
> *Pourront jamais sécher la gloire,*
> *Pétrarque, de tes lauriers verts ?...*

Voilà, ce me semble, des accents qui montent et auxquels on n'était pas jusqu'alors accoutumé. L'autre ode, également belle pour le temps, est adressée au seigneur Bouju et s'inspire du *Quem tu, Melpomene, semel* d'Horace : ce sont les conditions et les goûts du vrai poëte, qui ne suit ni l'ambitieuse faveur des cours ni la tourbe insensée des villes, qui ne recherche ni les riches contrées d'outre-mer ni les colisées superbes,

> *Mais bien les fontaines vives*
> *Mères des petits ruisseaux*
> *Autour de leurs vertes rives*
> *Encourtinés d'arbrisseaux...*

Et encore, toujours parlant du poëte :

> *Il tarde le cours des ondes,*
> *Il donne oreilles aux bois,*

*Et les cavernes profondes
Fait rechanter sous sa voix.*

Du Bellay, on le sent, se ressaisit de ces antiques douceurs en esprit pénétré, et, revenant vers la fin à Madame Marguerite, il dit volontiers de cette princesse ce qu'Horace appliquait à la muse :

Quod spiro et placeo (si placeo), tuum est.

Cette vénération, ce culte de Du Bellay pour Madame Marguerite sort des termes de convention et prit avec les années un touchant caractère. Dans les derniers sonnets de ses *Regrets*, publiés à la fin de sa vie (1559), il dédie à cette princesse, avec une émotion sincère, le plus pur de ses pensées et de ses affections. Il convient que d'abord il n'avait fait que l'admirer sans assez l'apprécier et la connaître, mais que depuis qu'il a vu de près l'Italie, le Tibre et tous ces grands dieux *que l'ignorance adore,* et qu'il les a vus

Ignorans, vicieux et méchans à l'envi,

sa princesse lui est apparue, au retour, dans tout son prix et dans sa vertu :

*Alors je m'aperçus qu'ignorant son mérite,
J'avois, sans la connoître, admiré Marguerite,
Comme, sans les connoître, on admire les Cieux.*

Et ce sentiment, il l'a mieux exprimé que dans des rimes. En une lettre datée de trois mois avant sa mort (5 octobre 1559), déplorant le trépas de Henri II, il ne déplore pas moins le prochain *département* de sa Dame qui, devenue duchesse

de Savoie, s'en allait dans les États de son mari:
« Je ne puis, écrit-il, continuer plus longuement
ce propos sans larmes, je dis les plus vraies
larmes que je pleurai jamais... » En cela encore,
Du Bellay me semble accomplir l'image parfaite,
le juste emblème d'une école qui a si peu vécu et
qui n'eut qu'un instant. Il brille avec Henri II, le
voit mourir et meurt. Il chante sous un regard de
Madame Marguerite, et, quand elle part pour la
Savoie, il meurt. A cette heure-là, en effet, l'astre
avait rempli son éclat ; l'école véritable, en ce
qu'elle avait d'original et de vif, était finie.

La Défense et Illustration de la Langue françoise, qui suivit de peu de mois son premier
recueil, peut se dire encore la plus sûre gloire de
Du Bellay et son titre le plus durable aujourd'hui.
Ce ne devait être d'abord qu'une *épître* ou *avertissement au lecteur*, en tête de poésies ; mais la
pensée prit du développement, et l'essor s'en
mêla : l'avertissement devint un petit volume. J'ai
parlé trop longuement autrefois de cette harangue
chaleureuse, pour avoir à y revenir ici : elle est
d'ailleurs à relire tout entière. La prose (chose
remarquable et à l'inverse des autres langues) a
toujours eu le pas, chez nous, sur notre poésie. A
côté de Villehardouin et de ses pages déjà épiques,
nos poëmes chevaleresques rimés font mince
figure ; Philippe de Comines est d'un autre ordre
que Villon. De nos jours même, quand le souffle
poétique moderne s'est réveillé, Chateaubriand,
dans sa prose nombreuse, a pu précéder de vingt
ans les premiers essais en vers de l'école qui se

rattache à lui. Au xvie siècle, le même signe s'est rencontré. Du Bellay, le plus empressé, le plus vaillant des jeunes poëtes et le *porte-enseigne* de la bande, veut planter sur la tour gauloise de Francus la bannière de l'ode, les flammes et banderoles du sonnet; que fait-il? il essaye auparavant deux simples mots d'explication pour prévenir de son dessein et de celui de ses jeunes amis; et ces deux mots deviennent une harangue, et cette harangue devient le plus beau et le plus clair de l'œuvre. Comme dans bien des entreprises qu'on a vues depuis, ou, pour mieux dire, comme dans presque toutes les entreprises humaines, c'est l'accident, c'est la préface qui vaut le mieux.

Honneur à lui pourtant d'avoir le premier, chez nous, compris et proclamé que le *naturel facile* n'est pas suffisant en poésie, qu'il y a le labeur et l'art, qu'il y a l'agonie sacrée! Le premier il donna l'exemple, si rarement suivi, de l'élévation et de l'éloquence dans la critique. Son manifeste fit grand éclat et scandale : un poëte de l'ancienne école, Charles Fontaine, y répondit par le *Quintil horatian*, dans lequel il prit à partie Du Bellay sur ses vers, et souligna des négligences, des répétitions, des métaphores : tout cela terre à terre, mais non sans justesse. La critique qui échauffe et la critique qui souligne étaient dès lors en présence et en armes autant qu'elles le furent depuis à aucun moment.

Du Bellay, dans une *Epître au lecteur* placée en tête de l'*Olive,* revient sur ses desseins en poésie; en répondant à quelques-unes des objections qu'on lui faisait, il les constate et nous en informe. Il n'espérait pas trouver grâce auprès des *rhétoriqueurs françois;* il ne se dissimulait nullement que « telle nouveauté de poésie, pour le commencement, seroit trouvée fort étrange et rude. » On lui reprochait de réserver la lecture de ses écrits *à une affectée demi-douzaine* des plus renommés poëtes qu'il avait cités dans son *Illustration;* mais il n'avait pas prétendu faire, répondait-il, le catalogue de tous les autres. Il disait de fort bonnes choses sur l'imitation des anciens, et qui rappellent notablement les idées du poëme de *l'Invention* par André Chénier. Ce qu'il voulait, c'était *enrichir notre vulgaire d'une nouvelle ou plutôt ancienne renouvelée poésie :*

Sur des pensers nouveaux faisons des vers antiques.

Et nous-même ajoutons ici sur ces analogies d'André Chénier et de Du Bellay, et sur celles de ce dernier et d'Horace, que c'est en vain qu'on a dit des deux écoles poétiques françaises du xvie siècle et du nôtre, qu'elles étaient des écoles de la forme, et que les poëtes n'y visaient qu'à l'art. Ceux qui font ces grandes critiques philosophiques aux poëtes n'y entendent rien et sont des hommes d'un autre métier, d'une vocation supérieure probablement, mais là-dessus incompétente. C'est presque toujours par la forme, en effet, que se détermine le poëte. On voit dans une ancienne Vie d'Horace, publiée pour la première fois par Vanderbourg, que Mécènes pria le poëte son ami de transporter dans la langue latine les différentes variétés de mètres inventées chez les Grecs, en partie par Archiloque, en partie par Alcée et Sapho, et que personne n'avait encore fait connaître aux Romains. Ainsi sont nées les odes d'Horace[1]. C'est en voulant reproduire une forme qu'il a saisi et fixé ses propres sentiments; c'est, à la lettre, pour avoir serré les mailles du filet qu'il a pris le poisson. Ainsi à leur tour l'ont tenté avec plus ou moins de bonheur Du Bellay, Ronsard et ensuite André Chénier. Ce n'est pas la méthode qu'il faut inculper; il n'y a en cause que l'exécution et le degré de réussite de l'œuvre.

Quelques mots encore de cette préface de l'*Olive* sont à relever, en ce qu'ils dénotent chez Du Bellay une dignité peu commune aux gens de lettres et aux poëtes de son temps et de tous les temps. Aux moqueurs et mauvais plaisants qui espéraient engager la partie avec lui, il répond qu'ils doivent *chercher autre badin pour jouer ce rolle avecq'eux* : il se garde bien de leur prêter collet. Quant à ceux qui le détournent charitablement de la poésie comme futile, il les remercie, et d'un ton de gentilhomme qui ne sent en rien son rimeur entiché, je vous assure. Il ne s'exagère pas son rôle de poëte; il aime la muse par passe-temps, pour elle seule et pour les fruits secrets qu'elle lui procure; sa petite muse, comme il dit, n'est

---

1. Dans l'*Exegi monumentum* (ode XXX, liv. III), il dit lui-même :

Princeps Æolium carmen ad Italos
Deduxisse modos . . . . . .

aux gages de personne : *elle est serve tant seulement de mon plaisir.* Il fait donc des vers parce qu'il a la veine, et que cela lui plaît et le console ; mais il sait mettre chaque chose à sa place ; dans son élégie latine à Jean de Morel il le redira : la médecine, l'art de gouverner les hommes, la guerre, il sait au besoin céder le pas à ces grands emplois ; si la fortune les ouvrait devant lui, il y réussirait peut-être ; il est poëte faute de mieux ; il est vrai que ce *pis-aller* le charme, et que, si l'on vient impertinemment l'y relancer, il ne se laissera pas faire. A messieurs les courtisans qui disent que les poëtes sont fous, il avoue de bonne grâce que c'est vérité :

Nous sommes fous en rime, et vous l'êtes en prose :
C'est le seul différent qu'est entre vous et nous[1].

Les cent quinze sonnets qui composent l'*Olive* laissent beaucoup à désirer tout en épuisant à satiété les mêmes images. Olive est une beauté que Du Bellay célèbre comme Pétrarque célébra Laure ; après le *laurier* d'Apollon, c'est le tour de *l'olivier* de Pallas :

Phœbus amat laurum, glaucam sua Pallas olivam :
Ille suum vatem, nec minus ista suum,

---

1. *Regrets*, sonnet CXLI. — Cette réponse de Du Bellay aux courtisans devint une espèce de proverbe ; Jean de La Taille, dans une préface en tête de son *Saül le furieux*, la leur jette au nez en passant, comme, un siècle plus tard, on eût fait d'un vers de Boileau.

lui disait Dorat. Ce jeu de mots sur l'olive et l'olivier se reproduit perpétuellement dans cette suite de sonnets ; à côté de Pallas, l'arche même et Noé ne sont oubliés :

> *Sacré rameau de céleste présage,*
> *Rameau par qui la colombe envoyée*
> *Au demeurant de la terre noyée*
> *Porta jadis un si joyeux message...*

Colletet nous apprend le vrai nom de la demoiselle ainsi célébrée ; il le tient de bonne tradition, assure-t-il : elle était Parisienne (et non d'Angers, comme Goujet l'a dit), et de la noble famille des *Violes*; d'où par anagramme *Olive*. Mais cet amour n'était, on le pense bien, qu'un prétexte, un argument à sonnets. Du Bellay ne paraît avoir aimé sérieusement qu'une fois à Rome ; et il a célébré l'objet en vers latins bien autrement ardents, sous le nom de Faustine.

Avant l'*Olive*, on n'avait guère fait en France qu'une douzaine de sonnets ; je ne parle pas de la langue romane et des troubadours ; mais en français on en citait à peine cinq ou six de Marot, les autres de Mellin de Saint-Gelais. Du Bellay est incontestablement le premier qui fit fleurir le genre et qui greffa la bouture florentine sur le chêne gaulois [1].

---

1. Vauqelin de La Fresnaie a dit dans un sonnet à Du Bellay lui-même :

> *Ce fut toi, Du Bellay, qui des premiers en France*
> *D'Italie attiras les sonnets amoureux :*

Dans l'*Olive*, l'entrelacement des rimes masculines et féminines n'est pas encore régulièrement observé comme il va l'être quelques années plus tard dans les sonnets des *Regrets*. Les vers mâles et vigoureux véritablement, au dire de Colletet, n'ont pas encore, il en convient, toute la douceur et toute la politesse de ceux que le poëte composa depuis. On ne parlait pourtant alors parmi les doctes et les curieux que des amours de Du Bellay pour Olive et de ceux de Ronsard pour Cassandre; on les récitait, on les commentait; on a la glose imprimée d'Antoine Muret sur les amours de Ronsard; celle que le savant jurisconsulte lyonnais, André de Rossant, avait composée sur l'*Olive* de Du Bellay s'est perdue. Il semblait, disait-on, que l'amour eût quitté l'Italie pour venir habiter la France.

Du Bellay, au milieu de ce premier triomphe, part pour l'Italie, ce berceau de son désir, pour Rome, où il va s'attacher au cardinal son parent. Il lui avait dédié l'*Illustration* et adressé une ode de son premier recueil : il résulte même de celle-ci que le cardinal aurait dû faire un voyage en France vers 1550, auquel cas il aurait naturellement connu et emmené avec lui son jeune cousin. Que Du Bellay n'ait fait que le suivre au retour, ou qu'il soit allé le rejoindre [1], une nouvelle vie

---

Depuis y séjournant, d'un goût plus savoureux,
Le premier tu les as mis hors de leur enfance.

1. Il paraît bien qu'en effet il l'accompagna; dans l'élégie à Morel, on lit :

pour lui commence. Il accomplissait ses vingt-cinq ans et était à ce point où un seul rayon de plus achève de nous mûrir.

Le cardinal auquel Du Bellay s'attachait était un personnage éminent par l'esprit, par les lumières, *le doyen du Parnasse comme du sacré Collége.* Il avait été autrefois le patron de Rabelais, qu'il avait eu pour médecin dans ses anciens voyages de Rome, pour moine ou chanoine séculier à sa très-commode abbaye de Saint-Maur, et à qui il avait procuré finalement la cure de Meudon. On peut s'étonner, libéral et généreux comme il était, qu'il n'ait pas plus fait pour notre poëte dont il put apprécier de ses yeux le dévouement et les services durant des années. Le cardinal avait à Rome le plus grand état de maison ; il s'était fait bâtir un magnifique palais près des Thermes de Dioclétien. Joachim devint son intendant, son homme d'affaires et de confiance :

Panjas, veux-tu savoir quels sont mes passe-temps ?
Je songe au lendemain, j'ai soin de la dépense
Qui se fait chaque jour, et si faut que je pense
A rendre sans argent cent créditeurs contens...

J'ai le corps maladif et me faut voyager ;
Je suis né pour la muse, on me fait ménager...

Jamais d'ailleurs, dans les plaintes qu'il nous a laissées, jamais un mot ne lui échappe contre son

---

Mittitur *interea Romam Bellaius ille...*
Alpibus *et duris ille sequendus erat.*

patron. Ce n'est ni l'ambition ni l'avarice qui l'ont
poussé près de lui et qui l'y enchaînent ; un sentiment plus noble le soutient :

*L'honnête servitude où mon devoir me lie
M'a fait passer les monts de France en Italie.*

Toute la série des souffrances et des affections de
Du Bellay durant ce séjour à Rome nous est exprimée fidèlement dans deux recueils intimes, dans
ses vers latins d'abord, puis dans ses *Regrets* ou
Tristes à la manière d'Ovide.

Il y eut évidemment interruption du premier
coup et comme solution de continuité dans son
existence morale et poétique. Il arrivait avec de
l'enthousiasme, avec des espérances ; il se heurta
contre la vie positive, contre le spectacle de l'ambition et des vices sur la plus libre scène qui fut
jamais. La Rome des Borgia, des Médicis et des
Farnèse avait accumulé toutes sortes d'ingrédients
qui ne faisaient que continuer leur jeu avec moins
de grandeur. Du Bellay arriva sous le pontificat
égoïste et inactif de Jules III ; il dut assister, et en
plus d'un sonnet il fait allusion aux circonstances
du double conclave qui eut lieu à la mort de ce
pape, puis à la mort de Marcel II, lequel ne régna que vingt-deux jours. Il put voir le début du
pontificat belliqueux et violent de Paul IV. Son
moment eût été bien mieux trouvé quelques années plus tôt, sous Paul III, ce spirituel Farnèse,
qui décorait de la pourpre les muses latines dans
la personne des Bembe et des Sadolet. Mais cet âge

d'or finissait pour l'Italie lorsque Du Bellay y arriva; il n'en put recueillir que le souffle tiède encore, et il le respira avec délices; son goût bientôt l'exhalera. Il lut ces vers latins modernes, et souvent si antiques, qu'il avait dédaignés; il fut gagné à leur charme, et lui, le champion de sa langue nationale, il ne put résister à prendre rang parmi les étrangers. Dans sa touchante pièce intitulée *Patriæ Desiderium*, il sent le besoin de s'excuser :

Hoc Latium poscit, romanæ hæc debita linguæ
  Est opera; huc genius compulit ipse loci.

C'est donc un hommage, un tribut payé à la grande cité latine, il faut bien parler latin à Rome. Ainsi Ovide, à qui il se compare, dut parler gète parmi les Sarmates, ainsi Horace fit des vers grecs à Athènes. Et puis des vers français n'avaient pas là leur public, et les vers, si intimes qu'ils soient et si détachés du monde, ont toujours besoin d'un peu d'air et de soleil, d'un auditeur enfin :

Carmina principibus gaudent plausuque theatri,
  Quique placet paucis displicet ipse sibi.

J'aime assez, je l'avouerai, cette sorte de contradiction à laquelle Du Bellay se laisse naturellement aller et dont il nous offre encore quelques exemples. Ainsi, dans ses *Regrets*, il se contente d'être familier et naturel, après avoir ailleurs prêché l'art. Ainsi, lui qui avait parlé contre les traductions des poëtes, un jour qu'il se sent en moindre veine et à court d'invention, il traduit en vers deux chants de l'*Énéide,* et, si on le lui reproche, il répondra : « Je n'ai pas oublié ce que autrefois j'ai dit des translations poétiques ; mais je ne suis si jalousement amoureux de mes premières appréhensions que j'aie honte de les changer quelquefois, à l'exemple de tant d'excellents auteurs dont l'autorité nous doit ôter cette opiniâtre opinion de vouloir toujours persister en ses avis, *principalement en matières de lettres.* Quant à moi, je ne suis pas stoïque jusque-là. » En général, on sent chez lui, en avançant, un homme qui a profité de la vie et qui, s'il a payé cher l'expérience, ne la rebute pas. Il a dit quelque part de ses dernières œuvres, de ses *derniers fruits,* en les offrant au lecteur, qu'ils ne sont du tout *si savoureux* que les premiers, mais qu'ils sont peut-être *de meilleure garde.* Du Perron goûtait beaucoup ce mot-là.

Il conviendrait peu d'insister en détail sur la suite des poésies latines de Du Bellay ; il en a lui-même reproduit plusieurs en vers français. De Thou, en louant ses *Regrets,* ajoute que Joachim avait moins réussi aux vers latins composés à Rome dans le même temps. Colletet est d'un autre avis et estime qu'au gré des connaisseurs, ces vers latins se ressentent du *doux air du Tibre* que l'auteur alors respirait[1]. S'il m'était permis d'avoir

---

1. On lit dans le *Valesiana* ou Pensées de M. de Valois : « Joachim Du Bellay faisoit fort bien les vers

un avis moi-même en une telle question, j'avouerai que, s'ils ne peuvent sans doute se comparer à ceux d'un Bembe, d'un Naugerius, ou de ce divin Politien, ils ne me paraissent aucunement inférieurs à ceux de Dorat, de L'Hôpital ou de tout autre Français de ce temps-là. La seule partie qui reste pour nous véritablement piquante dans les vers latins de Du Bellay, ce sont ses amours de *Faustine*. Le ton y prend une vivacité qui ne permet pas de croire cette fois que la flamme se soit contenue dans la sphère pétrarquesque. Il ne vit et n'aima cette Faustine que le quatrième été de son séjour à Rome; il avait bravé fièrement jusque-là le coup d'œil des beautés romaines :

Et jam quarta Ceres capiti nova serta parabat,
 Nec dederam sævo colla superba jugo.

---

latins. Dans le petit recueil d'Epigrammes qu'il nous a laissées, il y en a une entre autres que j'aime pour sa naïveté : c'est contre un mauvais poëte qui avoit intitulé ses poésies latines *Nugæ* :

Paule, tuum inscribis Nugarum nomine librum :
 In toto libro nil melius titulo.

Et Dreux du Radier, après Ménage, cite cet autre joli distique sur un chien :

Latratu fures excepi, mutus amantes :
 Sic placui domino, sic placui dominæ.

C'est déjà le couplet de Figaro :

Le chien court, tout est mordu,
 Hors l'amant qui l'a vendu.

Il n'est nullement question de cet amour dans ses *Regrets*, dont presque tous les sonnets ont été composés vers la troisième année de son séjour : à peine, vers la fin, pourrait-on entrevoir une vague allusion[1]. Si Du Bellay avait aimé Faustine durant ces trois premières années, il n'aurait pas tant parlé de ses ennuis ; ou du moins c'eût été pour lui de beaux ennuis, et non pas si insipides. A peine commençait-il à connaître et peut-être à posséder[2] cette Faustine, que le mari, vieux et jaloux (comme ils sont toujours dans les élégies), et qui d'abord apparemment était absent, la retira de chez sa mère où elle vivait libre, pour la loger dans un cloître. Le belliqueux Paul IV venait de monter sur le siége pontifical : il passait des revues du haut de ses balcons ; il appelait les soldats français à son secours pour marcher contre les Espagnols de Naples et prendre leur revanche des vieilles vêpres siciliennes. Mais Du Bellay, lui, *soldat de Vénus*, ne pense alors qu'à une autre conquête et à d'autres représailles ; il veut délivrer sa maîtresse captive sous la grille ; c'est là pour lui sa Naples et sa sirène :

Hæc repetenda mihi tellus est vindice dextra,
Hoc bellum, hæc virtus, hæc mea Parthenope.

---

1. Peut-être dans le sonnet LXXXVII, où il se montre enchaîné et comme enraciné par quelque amour caché.
2. *Haud prius illa tamen nobis erepta fuit, quam*
   Venit in amplexus terque quaterque meos.

Il est curieux de voir comme le secrétaire du doyen du sacré Collége, le prochain chanoine de Paris[1], celui qui, quatre ans plus tard, mourra désigné à l'archevêché de Bordeaux, parle ouvertement du cloître, des *Vestales*, où l'on a logé sa bien-aimée. Toutes les vestales brûlent, dit-il; c'est un reste de l'ancien feu perpétuel de Vesta : puisse sa Faustine y redoubler d'étincelles ! En pur païen anacréontique, il désire être renfermé avec elle; de jour, il serait comme Jupiter qui se métamorphosa une fois en chaste Diane; nulle vestale ne paraîtrait plus voilée et plus sévère, n'offrirait plus religieusement aux dieux les sacrifices et ne chanterait d'un cœur mieux pénétré les prières qui se répondent. Mais de nuit, oh! de nuit, il redeviendrait Jupiter :

Sic gratis vicibus, Vestæ Venerisque sacerdos,
 Nocte parum castus, luce pudica forem.

Notez que ces poésies latines furent publiées à Paris deux ou trois ans après, en 1558, par Du Bellay lui-même, sans doute alors engagé dans les ordres. Elles sont dédiées à Madame Marguerite, et portent en tête un extrait de lettre du chancelier Olivier qui recommande l'auteur à la France. Etienne Pasquier, en une de ses épigrammes latines[2], ne craignait pas de rapprocher

---

1. Il le fut dès cette année même de ses amours (1555), par la faveur d'un autre de ses parents du même nom, Eustache Du Bellay, alors évêque de Paris.
2. La 47ᵉ du liv. VI.

sa maîtresse poétique Sabine de cette Faustine romaine qui était si peu une Iris en l'air.

Il paraît bien, au reste, sans que Du Bellay explique comment, que sa Faustine en personne sortit du cloître et lui fut rendue : les délires poétiques qui terminent l'annoncent assez ; il la célèbre plus volontiers dans cette lune heureuse sous le nom expressif de *Columba* :

> *Sus, ma petite Colombelle,*
> *Ma petite belle rebelle,*

ainsi qu'il l'a traduit en vers français depuis. On s'étonne de voir, au milieu de tels transports, qu'il ne semble pas avoir encore obtenu d'elle le dernier don, mais seulement, dit-il, *summis bona proxima*. Est-ce bien elle-même, en effet, qu'il alla voir une nuit chez elle en rendez-vous, et qui demeurait tout près de l'église Saint-Louis[1] ? Il dut quitter Rome peu après, et peut-être aussi cette aventure contribua-t-elle au départ.

Mais, avant de faire partir Du Bellay de Rome, nous avons à le suivre dans toute sa poésie mélancolique des *Regrets*. Et voici comment je me figure la succession des poésies et des pensées de

---

1. *Nox erat, et pactæ properabam ad tecta puellæ,*
   Junguntur fano que, Lodoice, tuo.

L'église, dite Saint-Louis-des-Français, est d'une date postérieure. Quelle était cette église Saint-Louis de 1555 ? Je laisse ce point de topographie à M. Nibby et aux antiquaires.

Du Bellay durant son séjour de Rome. Arrivé dans le premier enthousiasme, il tint bon quelque temps: il paya sa bienvenue à la ville éternelle par des chants graves, par des vers latins (*Romæ Descriptio*); il admira et tenta de célébrer les antiques ruines, les colisées superbes,

Les théâtres en rond ouverts de tous côtés;

il évoqua dans ce premier livre d'*Antiquités* le génie héroïque des lieux, et lui dut quelques vrais accents:

Pâles Esprits, et vous, Ombres poudreuses!...

puis le *tous les jours* des affaires, les soins positifs de sa charge, le spectacle diminuant des intrigues, le gagnèrent bientôt et le plongèrent dans le dégoût. Quelqu'un a dit que la rêverie des poëtes, c'est proprement *l'ennui enchanté*; mais Du Bellay à Rome eut surtout l'ennui tracassé, ce qui est tout différent[1]. Il regretta donc

---

1. Un élégiaque moderne, imitateur de Du Bellay dans le sonnet, a curieusement marqué la différence de ces deux ennuis, mais dans un temps où il avait luimême une Faustine pour se consoler:

Moi qui rêvais la vie en une verte enceinte,
Des loisirs de pasteur, et sous les bois sacrés
Des vers heureux de naître et longtemps murmurés;
Moi dont les chastes nuits, avant la lampe éteinte,

Ourdiraient des tissus où l'âme serait peinte,
Ou dont les jeux errants, par la lune éclairés,

sa Loire, ses amis de Paris, son humble vie d'études, sa gloire interceptée au départ, et il eut, en ne croyant écrire que pour lui, des soupirs qui nous touchent encore. Depuis trois ans *cloué comme un Prométhée sur l'Aventin*, il ne prévoit pas de terme à son exil : que faire ? que chanter ? Il ne vise plus à la grande faveur publique et n'aspire, comme devant, au temple de l'art ; il fait de ses vers français ses *papiers journaux* et ses plus humbles *secrétaires* ; il se plaint à eux et leur demande seulement de gémir avec lui et de se consoler ensemble :

Je ne chante, Magny, je pleure mes ennuis,
Ou, pour le dire mieux, en pleurant je les chantes
Si bien qu'en les chantant souvent je les enchantes

Et encore :

Si les vers ont été l'abus de ma jeunesse,
Les vers seront aussi l'appui de ma vieillesse ;
S'ils furent ma folie, ils seront ma raison.

S'en iraient faire un charme avec les fleurs des prés ;
Moi dont le cœur surtout garde une image sainte !

Au tracas des journaux perdu matin et soir,
Je suis à ce métier comme un Juif au comptoir,
Mais comme un Juif du moins qui garde en la demeure,

Dans l'arrière-boutique où ne vient nul chaland,
Sa Rebecca divine, un ange consolant,
Dont il rentre baiser le front dix fois par heure.

Dans ses belles stances de dédicace à M. d'Avanson, ambassadeur de France à Rome, il exprime admirablement, par toutes sortes de gracieuses images, cette disposition plaintive et découragée de son âme : il chante, comme le laboureur, au hasard, pour s'évertuer au sillon ; il chante, comme le rameur, en cadence, afin de se rendre, s'il se peut, la rame plus légère. Il avertit toutefois que, pour *ne fâcher le monde de ses pleurs* (car, poëte, on pense toujours un peu à ce *monde* pour qui l'on n'écrit pas), il entremêlera une douce satire à ses tableaux, et il a tenu parole : la Rome des satires de l'Arioste revit chez Du Bellay à travers des accents élégiaques pénétrés.

Littérairement, ces *Regrets* de Du Bellay ont encore du charme, à les lire d'une manière continue. A partir du sonnet xxxiie, il est vrai, ils languissent beaucoup ; mais ils se relèvent, vers la fin, par de piquants portraits de la vie romaine. Le style en est pur et coulant :

Toujours le style le démange,

a-t-il dit très-spirituellement du poëte-écrivain, dans une boutade plaisante imitée de Buchanan ; ici, dans *les Regrets,* évidemment le style le *démange* moins ; sa plume va au sentiment, au naturel, même au risque d'un peu de prose. Dans un des sonnets à Ronsard, il lui dit d'un air d'abandon :

. . . . *Je suivrai, si je puis,*
Les plus humbles chansons de ta muse lassée.

Bien lui en a pris ; cette lyre un peu détendue n'a jamais mieux sonné ; les habitudes de l'art s'y retrouvent d'ailleurs à propos, au milieu des lenteurs et des négligences. Ainsi quelle plus poétique conclusion que celle qui couronne le sonnet XVIe, dans lequel il nous représente à Rome trois poëtes, trois amis tristes et exilés, lui-même, Magny attaché à M d'Avanson[1], et Panjas qui suit quelque cardinal français (celui de Châtillon ou de Lorraine)! Heureux, dit-il à Ronsard, tu courtises là-bas notre Henri, et ta docte chanson, en le célébrant, t'honore :

Las! et nous cependant nous consumons notre âge
Sur le bord inconnu d'un étrange rivage,
Où le malheur nous fait ces tristes vers chanter :

Comme on voit quelquefois, quand la mort les appelle,
Arrangés flanc à flanc parmi l'herbe nouvelle,
Bien loin sur un étang trois cygnes lamenter[2].

---

[1]. Les *Soupirs* d'Olivier de Magny, en grande partie composés pendant le séjour de Rome et publiés en 1557, sont comme le pendant des *Regrets* de Du Bellay, dont le nom revient presque à chaque page ; on y trouverait trois ou quatre très-jolis et naïfs sonnets, mais en général c'est moins bien que Du Bellay, c'est à la fois moins poétique et d'une langue beaucoup moins facile.

[2]. Châteaubriand, *Génie du Christianisme*, I, 223, *les deux Cygnes*; — et Lamartine, *le Poëte mourant*. [M. Sainte-Beuve s'est contenté d'indiquer en note au crayon ces deux rapprochements sur l'un des deux exemplaires préparés pour la réimpression].

Quand Du Bellay fit ce sonnet-là, il avait respiré cet *air subtil* dont il parle en un endroit, et que la Gaule n'aurait pu lui donner, cette divine flamme attique et romaine tout ensemble.

Je suivrais plus longuement Du Bellay à Rome, si, en quelques pages d'un érudit et ingénieux travail[1], M. Ampère ne m'en avait dispensé. Je ne me permettrai d'ajouter qu'une seule remarque aux siennes, et qui rentre tout à fait dans ses vues : c'est que Du Bellay, tout en maudissant Rome et en ayant l'air de l'avoir prise *en grippe*, s'y attachait, s'y enracinait insensiblement, selon l'habitude de ceux qui n'y veulent que passer et qui s'y trouvent retenus. Le charme opérait aussi, et, ce qui est plus piquant, malgré lui. Il faut l'entendre :

*D'où vient cela, Mauny, que tant plus on s'efforce
D'échapper hors d'ici, plus le Démon du lieu
(Et que seroit-ce donc, si ce n'est quelque dieu?)
Nous y lient attachés par une douce force?*

*Seroit-ce point d'amour cette alléchante amorce,
Ou quelque autre venin, dont après avoir beu
Nous sentons nos esprits nous laisser peu à peu,
Comme un corps qui se perd sous une neuve écorce?*

*J'ai voulu mille fois de ce lieu m'étranger,
Mais je sens mes cheveux en feuilles se changer,
Mes bras en longs rameaux, et mes pieds en racine.*

---

1. *Portraits de Rome à différents âges, Revue des Deux Mondes* de juin 1835.

*Bref, je ne suis plus rien qu'un vieil tronc animé,
Qui se plaint de se voir à ce bord transformé,
Comme le myrte anglois au rivage d'Alcine.*

Voilà bien, ce me semble, ce magique enchantement de Rome qui fait oublier la patrie ; à moins qu'on ne veuille croire que ce charme secret pour Du Bellay, c'était déjà Faustine.

Un bon nombre des sonnets de la dernière moitié des *Regrets* ont la pointe spirituelle, dans le sens français et malin du mot; aussi Fontenelle ne les a-t-il manqués dans son joli recueil choisi de nos poëtes[1]. Comme, par les places et les rues de Rome, la dame romaine à démarche grave ne se promène point, remarque Du Bellay, et qu'on n'y voit vaguer de femmes (c'était vrai alors) que celles qui se sont donné l'honnête nom de la cour, il craint fort à son retour en France

Qu'autant que j'en voirai ne me ressemblent telles.

Il se moque en passant de ces magnifiques doges de Venise, de ces vieux Sganarelles (le mot est approchant), surtout quand ils vont en cérémonie épouser la mer,

Dont ils sont les maris et le Turc l'adultère.

---

1. Vauquelin de La Fresnaie, en son *Art poétique*, a très-bien aperçu ce qu'il y avait de nouveau à cette façon :

*Et Du Bellay, quittant cette amoureuse flamme,
Premier fit le sonnet sentir son épigramme.*

Marot en gaieté n'eût pas mieux trouvé, ni *le bon Rabelais*, que Du Bellay cite aussi. Il y a de ces sonnets qui, sous un air purement spirituel, sont poignants de satire, comme celui dans lequel on voit ces puissants prélats et seigneurs romains qui tout à l'heure se prélassaient pareils à des dieux, se troubler, pâlir tout d'un coup, si Sa Sainteté, de qui ils tiennent tout, a craché dans le bassin un petit filet de sang,

Puis d'un petit souris feindre la sûreté!

Parmi le butin que Du Bellay rapporta de Rome, il m'est impossible de ne pas compter les plus agréables vers qu'on cite de lui, bien qu'ils ne fassent point partie des *Regrets*; mais ils ont été publiés vers le même temps, peu avant sa mort; je veux parler de ses *Jeux rustiques*. C'est naturellement le voyage d'Italie qui mit Du Bellay à la source de tous ces poëtes latins de la renaissance italienne, et de Naugerius en particulier, l'un des plus charmants, qu'il a reproduit avec prédilection et, en l'imitant, surpassé. Naugerius, ou Navagero, était ce noble Vénitien qui offrit à Vulcain, c'est-à-dire qui brûla ses premières *Sylves* imitées de Stace, quand il se convertit à Virgile, et qui sacrifiait tous les ans un exemplaire de Martial en l'honneur de Catulle. Il ne vivait plus depuis déjà longtemps quand Du Bellay fit le voyage d'Italie; mais ses *Lusus* couraient dans toutes les mains. Or, on sait la jolie chanson de Du Bellay :

UN VANNEUR DE BLÉ AUX VENTS.

A vous, troupe légère,
Qui d'aile passagère
Par le monde volez,
Et d'un sifflant murmure
L'ombrageuse verdure
Doucement ébranlez[1]*, etc., etc.*

L'original est de Naugerius ; il faut le citer pour faire comprendre de quelle manière Du Bellay a pu être inventeur en traduisant :

VOTA AD AURAS.

Auræ quæ levibus percurritis aera pennis,
  Et strepitis blando per nemora alta sono.
Serta dat hæc vobis, vobis hæc rusticus Idmon
  Spargit odorato plena canistra croco.
Vos lenite æstum, et paleas sejungite inanes,
  Dum medio fruges ventilat ille die[2].

---

1. Voir tome I, page 103 ; je prie qu'on veuille bien avoir réellement la pièce sous les yeux, car, pour la comparaison, cette vue est nécessaire.

2. [La traduction est ici en note au crayon, sur l'un des deux exemplaires préparés pour la réimpression].

VŒU AUX ZÉPHIRS.

Vents qui parcourez l'air d'une aile légère et murmurez doucement à travers les hautes cimes des bois, le rustique Idmon vous offre ces guirlandes, ces corbeilles

L'invention seule du rhythme a conduit Du Bellay à sortir de la monotonie du distique latin, si parfait qu'il fût, et à faire une villanelle toute chantante et ailes déployées, qui sent la gaieté naturelle des campagnes au lendemain de la moisson, et qui nous arrive dans l'écho.

A simple vue, je ne saurais mieux comparer les deux pièces qu'à un escadron d'abeilles qui, chez Naugerius, est un peu ramassé, mais qui soudainement s'allonge et défile à travers l'air à la voix de Du Bellay. L'impression est tout autre, l'ordre seul de bataille a changé[1].

Mais voici qui est peut-être mieux. Le même Naugerius avait fait cette autre épigramme :

---

remplies d'odorant safran. Adoucissez la chaleur, et séparez les pailles inutiles, tandis qu'il vanne son blé sous le coup de midi.

1. Cette image des vanneurs me rappelle la belle comparaison d'Homère, le père et comme l'océan de toute grâce ; c'est dans l'*Iliade* (chant V), au moment où les Troyens qui fuyaient s'arrêtent, se retournent à la voix d'Hector, et où les Grecs et eux s'entre-choquent dans la poussière : « Comme quand les vents emportent çà et là les pailles à travers les aires sacrées où vannent les vanneurs, tandis que la blonde Cérès sépare, à leur souffle empressé, le grain d'avec sa dépouille légère, on voit tout alentour les paillers blanchir : de même en ce moment les Grecs deviennent tout blancs de la poussière que soulèvent du sol les pieds des chevaux et qui monte au dôme d'airain du ciel immense. » Telle est la grandeur première ; combien au-dessus des jeux de la grâce !

THYRSIDIS VOTA VENERI.

Quod tulit optata tandem de Leucide Thyrsis
  Fructum aliquem, has violas dat tibi, sancta Venus.
Post sepem hanc sensim obrepens, tria basia sumpsi:
  Nil ultra potui : nam prope mater erat.
Nunc violas, sed, plena feram si vota, dicabo
  Inscriptam hoc myrtum carmine, Diva, tibi :
« *Hanc Veneri myrtum Thyrsis, quod amore politus*
  Dedicat, atque una seque suosque greges [1]. »

Ce que Du Bellay a reproduit et déployé encore de la sorte, dans une des plus gracieuses pièces de notre langue :

A VÉNUS.

Ayant, après long désir,
Pris de ma douce ennemie

---

1. [Voici la traduction crayonnée en note par M. Sainte-Beuve :]

VŒU DE THYRSIS A VÉNUS.

Pour avoir enfin obtenu de Leucis quelque fruit de son amour, Thyrsis t'offre ces violettes, ô Vénus sacrée ! Derrière une haie, à son insu, me glissant, j'ai pris trois baisers et n'ai pu davantage, car sa mère était proche. Pour aujourd'hui ces violettes, mais si j'atteins au comble de mes vœux, je te dédierai un myrte, ô déesse, avec cette inscription : « Ce myrte est dédié à Vénus par Thyrsis pour avoir conquis l'objet de son amour, et il se voue en même temps à elle et lui et son troupeau ! »

> *Quelques arrhes du plaisir*
> *Que sa rigueur me dénie*[1], *etc., etc.*

N'a-t-on pas remarqué, en lisant, à cet endroit :

> . . . .
> *Imitant les lèvres closes*
> *Que j'ai baisé par trois fois,*

comme le sens enjambe sur la strophe, comme la phrase se continue à travers, s'allonge (*sensim obrepit*), et semble imiter l'amant lui-même *glissant tout beau dessous l'ombre?*

> *De peur encore j'en tremble,*

ce vers-là, après le long et sinueux chemin où le poëte furtif semble n'avoir osé respirer, repose à propos, fait arrêt et image. Tout dans cette petite action s'enchaîne, s'anime, se fleurit à chaque pas. Du Bellay, en imitant ainsi, crée dans le détail et dans la diction, tout à fait comme La Fontaine[2].

---

1. Voir tome I, page 104 ; je prie, comme précédemment, qu'on veuille bien relire en effet.

2. Il était si plein de son Naugerius, qu'il s'est encore souvenu de lui dans un passage de ses stances à M. d'Avanson, en tête des *Regrets* :

> *Quelqu'un dira : De quoi servent ces plaintes ?...*

C'est inspiré d'un fragment délicieux de Philémon sur les larmes que Naugerius avait traduit, et Du Bellay sans doute l'avait pris là.

Que si maintenant on joint à ces deux pièces exquises de Du Bellay son admirable sonnet du *petit Liré*, on aura, à côté des pages de *l'Illustration* et comme autour d'elles, une simple couronne poétique tressée de trois fleurs, mais de ces fleurs qui suffisent, tant que vit une littérature, à sauver et à honorer un nom. Le sonnet du *petit Liré* est également imité du latin, mais du latin de Du Bellay lui-même, et le poëte a fait ici pour lui comme pour les autres, il s'est embelli en se traduisant. Dans son élégie intitulée *Patriæ Desiderium*, il s'était écrié, par allusion à Ulysse :

Felix qui mores multorum vidit et urbes,
 Sedibus et potuit consenuisse suis;

et il continuait sur ce ton. Mais voici, sous sa plume redevenue française, ce que cette pensée, d'abord un peu générale, et qui gardait, malgré tout, quelque chose d'un écho et d'un centon des Anciens, a produit de tout à fait indigène et de natal :

Heureux qui, comme Ulysse, a fait un beau voyage,
Ou comme cettui-là qui conquit la toison,
Et puis est retourné, plein d'usage et raison,
Vivre entre ses parents le reste de son âge!

Quand reverrai-je, hélas! de mon petit village
Fumer la cheminée, et en quelle saison
Reverrai-je le clos de ma pauvre maison,
Qui m'est une province, et beaucoup davantage!

*Plus me plaît le séjour qu'ont bâti mes aïeux
Que des palais romains le front audacieux;
Plus que le marbre dur me plaît l'ardoise fine*[1];

*Plus mon Loire gaulois que le Tibre latin,
Plus mon petit Liré que le mont Palatin,
Et plus que l'air marin la douceur angevine*[2].

Cette *douceur angevine*, qu'on y veuille penser, est mêlée ici de la romaine, de la vénitienne, de toute celle que Du Bellay a respirée là-bas. Seule et primitive, avant de passer par l'exil

---

1. Dans les vers latins que nous venons de lire, il n'y a pas, il ne peut pas y avoir *l'ardoise fine*. On n'est tout à fait soi, tout à fait original que dans sa langue.

2. Liré, redisons-le avec plus de détail, est un petit bourg au bord de la Loire, au-dessous de Saint-Florent-le-Vieil; il fait partie de l'arrondissement de Beaupréau. On s'y souvient d'un *grand homme* qui y vécut jadis; voilà tout. Il n'y a point de restes authentiques du manoir qu'il habita. — La locution de *douceur angevine*, qui termine le mémorable sonnet, peut paraître réclamer un petit commentaire quant à l'acception précise. J'interroge dans le pays, et on me répond : Ce n'est point une locution proverbiale, ou du moins ce n'en est plus une; mais, indépendamment de l'idée naturelle et générale (*dulces Argos*) qu'un lecteur pur et simple pourrait se contenter d'y trouver, cette expression n'est pas tout à fait dénuée d'une valeur relative et locale. Il existe en effet, sur le compte des Angevins, une tradition de *facilité* puisée dans l'abondance de tous les biens de cette vie, dans la suavité de l'air et du sol. Le caractère du bon roi René en donne l'idée. *Andegavi molles*, disait le Romain.

romain, elle n'eût jamais eu cette finesse, cette
saveur poétique consommée. C'est bien toujours le
vin du pays, mais qui a voyagé, et qui revient
avec l'arome. Combien n'entre-t-il pas d'éléments
divers, ainsi combinés et pétris, dans le goût mûri
qui a l'air simple! Combien de fleurs dans le miel
parfait! Combien de sortes de nectars dans le
baiser de Vénus!

Il est dans l'*Anthologie* deux vers de Julien
que le sonnet de Du Bellay rappelle ; les avait-il
lus? Ils expriment le même sentiment dans une
larme intraduisible : « La maison et la patrie
sont la grâce de la vie : tous autres soins pour les
mortels, ce n'est pas vivre, c'est souffrir[1]. »

Enfin Du Bellay quitte Rome et l'Italie; le cardinal a besoin de lui en France et l'y renvoie pour
y soigner des affaires importantes. Il repasse les
monts, mais non plus comme il les avait passés
la première fois, en conquérant et en vainqueur.
Quatre années accomplies ont changé pour lui
bien des perspectives. Usé par les ennuis, par les
chagrins où sa sensibilité se consume, tout récemment encore vieilli par les tourments de l'amour
et par ses trop vives consolations peut-être, il est
presque blanc de cheveux[2]. Au seuil de ce foyer

---

1. C'est peiner, οὐ βίος, ἀλλὰ πόνος.

2. *Jam mea cycneis sparguntur tempora plumis,*
dit-il à l'imitation d'Ovide ; c'est d'avance comme
Lamartine :

Ces cheveux dont la neige, hélas! argente à peine
Un front où la douleur a gravé le passé.

tant désiré, d'autres tracas l'attendent ; les ronces ont poussé ; les procès foisonnent. Il lui faudrait, pour chasser je ne sais quels ennemis qu'il y retrouve l'arc d'Ulysse ou celui d'Apollon.

Adieu donques, Dorat, je suis encor Romain,

s'écrie-t-il. Ainsi Horace regrette Tibur à Rome et Rome à Tibur; ainsi Martial, à peine retourné dans sa Bilbilis, qui faisait depuis des années l'objet de ses vœux, s'en dégoûte et redemande les Esquilies. Quand Tibulle a décrit si amoureusement la vie champêtre, il était à la guerre près de Messala.

Pour Du Bellay, quelques consolations se mêlèrent sans doute aux nouvelles amertumes, et tous ses espoirs ne furent pas trompés. Ses amis célébrèrent avec transport son retour; Dorat fit une pièce latine; ce fut une fête cordiale des muses chez Ronsard, Baïf et Belleau. Au bout d'un ou de deux ans, et sa santé n'y suffisant plus, Du Bellay se déchargea de la gestion des affaires du cardinal; il sortit pauvre et pur de ce long et considérable service. Il revint à la muse, et fit ses *Jeux rustiques;* il mit ordre à ses vers de Rome et les compléta; il publia ses poésies latines (Épigrammes, Amours, Elégies) en 1558, et l'année suivante ses sonnets des *Regrets.* Mais une calomnie à ce propos vint l'affliger : on le desservit près du cardinal à Rome. Ses vers étaient le prétexte; Du Bellay ne s'en explique pas davantage, et cette accusation est demeurée obscure comme celle qui pesa sur Ovide¹. Que put-on dire? La licence de quelques pièces à Faustine lui fut-elle reprochée? Supposa-t-on malignement que quelques sonnets des *Regrets*, qui couraient avant la publication, atteignaient le cardinal lui-même? Dans ce cas Du Bellay, en les publiant, détruisait l'objection. Toujours est-il qu'il devenait criant qu'un homme de ce mérite et de ce parentage demeurât aussi maltraité de la fortune. Le chancelier François Olivier, Michel de L'Hôpital, tous ses amis s'en plaignaient hautement pour lui. On assure que, lorsqu'il mourut, il était rentré dans les bonnes grâces du cardinal, qui allait se démettre en sa faveur de l'archevêché de Bordeaux. Et certes, qui avait fait de Rabelais un curé de Meudon pouvait bien, sans scrupule, faire Du Bellay archevêque. Quelques sonnets de celui-ci à Madame Marguerite, et quelques autres de *l'Honnête Amour*, qui sentent leur fin, les stances étrangement douloureuses et poignantes intitulées *la Complainte du Désespéré*, semblent dénoter vraiment qu'il s'occupait à corriger les impressions trop vives de ses premières ardeurs, et à méditer de plus graves affections, *sacrato homine digniora*, dit Sainte-Marthe².

---

1. Dans l'élégie à Morel on lit :

Iratum insonti nostræ fecere Camenæ,
Iratum malim qui vel habere Jovem.
Hei mihi Peligni crudelia fata poetæ
Hic etiam fatis sunt renovata meis...

2. Du Bellay fut *clerc*, mais fut-il prêtre? ou seule-

Au milieu de son dépérissement de santé, il était devenu *demi-sourd,* et pendant les derniers mois de sa vie cette surdité augmenta considérablement, jusqu'à le condamner à garder tout à fait la chambre. Dans son *Hymne de la Surdité* à Ronsard, dans son élégie à Morel, il parle agréablement de cet accident. Jacques Veilliard de Chartres, en son oraison funèbre de Ronsard, dit que Du Bellay chérissait tellement ce grand poëte, qu'il tâchait de l'imiter en tout, *jusques à vouloir passer pour sourdaud aussi bien que lui,* quoiqu'il ne le fût pas en effet. « Ainsi les meilleurs disciples de Platon prenoient plaisir à marcher voûtés et courbés comme lui, et ceux d'Aristote tâchoient, en parlant, *de hésiter* et bégayer à son exemple. » Mais cette explication est plus ingénieuse que vraie. La surdité de Du Bellay, trop réelle, précéda seulement l'apoplexie qui l'emporta, et dont elle était un symptôme. Si l'on voulait pourtant plaisanter à son exemple là-dessus, on pourrait dire que Ronsard et lui étaient demi-sourds en effet, et qu'on le voit bien dans leurs vers : ils en ont fait une bonne moitié du côté

---

ment était-il en voie de le devenir ? il dut quitter l'épée et prendre l'habit de clerc durant son séjour de Rome ; car, dans la ville pontificale, on prend cet habit pour plus de commodité, comme ailleurs celui de cavalier. Vers le temps de son retour à Paris, il fut un instant chanoine de Notre-Dame, mais non pas *archidiacre,* comme on l'a dit. Rien ne m'assure que Du Bellay ait jamais dit la messe.

de leur mauvaise oreille. Et puis, comme certains sourds qui entendent plus juste lorsqu'on parle à demi-voix, ils se sont mieux entendus dans les chants de ton moyen que lorsqu'ils ont embouché la trompette épique ou pindarique.

Du Bellay fut enlevé le 1er janvier 1560, à Paris, six semaines seulement avant que son parent le cardinal mourût à Rome, et moins d'un an après que Martin Du Bellay, frère de ce dernier, était mort à sa maison de Glatigny dans le Maine : inégaux de fortune, mais tous les trois d'une race et d'un nom qu'ils honorent, De Thou les a pu joindre avec éloge dans son histoire. J'ai dit que Joachim mourut à temps : Scévole de Sainte-Marthe a déjà remarqué que ce fut l'année même de la conjuration d'Amboise, et quand les dissensions civiles allaient mettre le feu à la patrie. Ronsard a trop vécu d'avoir vu Charles IX et la Saint-Barthélemy, et d'avoir dû chanter alentour. Du Bellay, d'ailleurs, mourut sans illusion ; au moral aussi, il avait blanchi vite. Il avait eu le temps de voir les méchants imitateurs poétiques foisonner et corrompre, comme toujours, les premières traces. Il ne pense pas là-dessus autrement que Pasquier et De Thou ; une sanglante épigramme latine de lui en fait foi, et en français même il n'hésite pas à dire :

Hélicon est tari[1]*, Parnasse est une plaine,*
Les lauriers sont séchés...

---

1. *Hélicon est tari!* On pourrait voir là une inadver-

Quand on en est là, il vaut mieux sortir. Lui donc, le plus pressé des novateurs et en tête de la génération poétique par son appel de *l'Illustration*, il tomba aussi le premier. Quelques autres peut-être, dans les secondaires, avaient disparu déjà. Un intéressant poète, Jacques Tahureau, était mort dès 1555, ainsi que Jean de La Péruse, auteur d'une *Médée*. Olivier de Magny, ami de Du Bellay et que nous avons vu son compagnon à Rome, mourait au retour vers le même temps que lui (1560). Mais Du Bellay, parmi les importants, fit le premier vide ; ce fut, des sept chefs de la Pléiade, le premier qui quitta la bande et sonna le départ. A l'autre extrémité du groupe, au contraire, Etienne Pasquier, avec Pontus de Thiard et Louis Le Caron, survécut plus de quarante ans encore, et il rassemblait, après 1600, les souvenirs parfaitement lointains de cette époque, quand déjà Malherbe était venu et régnait, Malherbe qu'il ne nommait même pas.

Les œuvres françaises de Du Bellay ont été réunies au complet par les soins de ses amis dans l'édition de 1569, mainte fois reproduite. Ses reliques mortelles avaient été déposées dans l'église de Notre-Dame, au côté droit du chœur, à la chapelle de Saint-Crépin et Saint-Crépinien. Il y avait eu à Notre-Dame assez d'évêques et de chanoines du

---

tance, mais elle serait trop invraisemblable chez Du Bellay ; je n'y puis voir qu'une hardiesse : il aura mis l'Hélicon montagne pour le Permesse qui y prend sa source.

nom de Du Bellay pour que ce lui fût comme une sépulture domestique.

Tous les poëtes du temps le pleurèrent à l'envi. Ronsard, en maint endroit solennel ou affectueux, évoqua son ombre; Remi Belleau lui consacra un *Chant pastoral*. Colletet, dans sa Vie (manuscrite) de notre poëte, épuise tous ces témoignages funéraires; mais il va un peu loin lorsque, entraîné par la chaleur de l'énumération, il y met une pièce latine du Bembe, lequel était mort avant que Du Bellay visitât Rome. Le livre des *Antiquités* eut l'honneur d'être traduit en anglais par Spenser. Au xviie siècle, le nom de Du Bellay s'est encore soutenu et a surnagé sans trop d'injure dans le naufrage du passé. Ménage, son compatriote d'Anjou, parle, en une églogue, de

Bellay, ce pasteur d'éternelle mémoire.

Colletet, dans son Art poétique imprimé, remarque que, de cette multitude d'anciens sonnets, il n'y a guère que ceux de Du Bellay *qui aient forcé les temps*. Sorel, Godeau, tiennent compte de sa gravité et de sa douceur. Boileau ne le lisait pas, mais Fontenelle l'a connu et extrait avec goût. Au xviiie siècle, Marmontel l'a cité et loué; les auteurs des *Annales poétiques*, Sautreau de Marsy et Imbert, l'ont présenté au public avec faveur [1].

---

1. Du Bellay a trouvé place, comme poëte latin érotique, en compagnie de Théodore de Bèze, d'Antoine Muret, de Jean Second et de Bonnefons, dans le joli

En un mot, cette sorte de modestie qu'il a su garder dans les espérances et dans le talent, a été comprise et a obtenu grâce. Lorsque nous-même nous eûmes, il y a quelques années, à nous occuper de lui, il nous a suffi à son égard de développer et de préciser les vestiges de bon renom qu'il avait laissés; nous n'avons pas eu à le réhabiliter comme Ronsard. Mais ce nous a été aujourd'hui une tâche très-douce pourtant que de revenir en détail sur lui, et d'en parler plus longuement, plus complaisamment que personne n'avait fait encore. Bien des réflexions à demi philosophiques nous ont été, chemin faisant, suggérées. Les écoles poétiques passent vite; les grands poëtes seuls demeurent; les poëtes qui n'ont été qu'agréables s'en vont. Il en est un peu de ce que nous appelons les beaux vers comme des beaux visages que nous avons vus dans notre jeunesse. D'autres viendront qui, à leur tour, en aimeront d'autres; — et ils sont déjà venus.

Octobre 1840.

volume de la collection Barbou intitulé : *Amœnitates poeticæ,* édit. de 1779.

JEAN BERTAUT.

DE SACI, le traducteur de la Bible et le saint confesseur, avait coutume de dire que les anges, quand ils sont une fois entrés dans un sentiment et qu'ils ont proféré une parole, la répètent durant l'éternité; elle devient à l'instant leur fonction, leur œuvre et leur pensée immuable. Les saints ici-bas sont un peu de même. Chez la plupart des hommes, au contraire, les paroles passent et les mouvements varient. Entendons-nous bien pourtant ; c'est au moral qu'il est difficile et rare de rester fixe et de se répéter; dans l'ordre des idées, c'est trop commun. Le monde se trouve tout rempli, à défaut d'anges, d'honnêtes gens qui se répètent; une fois arrivé à un certain point, on tourne dans son cercle, on vit sur son fonds, pour ne pas dire sur son fumier.

Ainsi ai-je tout l'air de faire à propos du xvie siècle; je n'en sortirai pas. J'en prends donc mon parti, c'est le mieux, et j'enfonce, heureux si je retrouve quelque nouveauté en creusant.

Plus d'une circonstance incidemment, et presque involontairement, m'y ramène. Ayant reparlé par occasion de Du Bellay, il est naturel de suivre. Or, Bertaut a été le second de Des Portes, comme Du Bellay l'avait été de Ronsard : voilà un pendant tout trouvé. Du Bartas aura son tour. Dans le *Tableau de la Poésie française au* xvie *siècle*, je les avais laissés au second plan, le tout étant subordonné à Ronsard; je tiens à compléter sur eux ma pensée et à faire sortir mes raisons à l'appui, avant que M. Ampère, qui s'avance avec toutes ses forces, soit venu régler définitivement ces points de débat, et qu'il y ait clôture. On aurait tort d'ailleurs de croire que ces sujets ne sont pas aussi actuels aujourd'hui que jamais. J'ai dit combien Du Bellay, et dans sa patrie d'Anjou, et à Paris même, avait occupé de studieux amateurs en ces derniers temps. Il y a quelques mois, M. Philarète Chasles écrivait de bien judicieuses et spirituelles pages sur Des Portes[1]. L'autre jour, je tombai au travers d'une discussion très-intéressante sur Bertaut entre deux interlocuteurs érudits, dont l'un, M. Ampère lui-même, avait abordé ce vieux poëte à son cours du Collége de France, et dont l'autre, M. Henri Martin, en avait traité non moins *ex professo* dans un mémoire inséré parmi ceux de l'Académie de Caen[2]. Je survins *in medias res*, en plein

---

1. *Revue de Paris,* numéro du 20 décembre 1840.
2. Année 1840. — M. H. Martin est le savant commentateur du *Timée.*

Bertaut ; j'étais tout préparé, ayant justement, et par une singulière conjonction d'étoiles, passé ma matinée à le lire. Il m'a semblé, en écoutant, qu'il y avait à dire sur Bertaut, à me défendre même à son sujet, et que c'était une question *flagrante*.

Bertaut, qui n'avait que quatre ou cinq ans de plus que son compatriote Malherbe, mais qui appartient au mouvement poétique antérieur, a-t-il été, en effet, une espèce de Malherbe anticipé, un réformateur pacifique et doux ? A-t-il eu en douceur, en harmonie, en sensibilité, de quoi présager à l'avance le ton de Racine lui-même ? Bertaut était-il un commencement ou une fin ? Eut-il une postérité littéraire, et laquelle ? Doit-il nous paraître supérieur, comme poëte, à Des Portes, son aîné, et qu'on est habitué à lui préférer ? A-t-il fait preuve d'une telle valeur propre, d'une telle *qualité* originale et active entre ses contemporains les plus distingués ? Ce sont là des points sur quelques-uns desquels je regretterais de voir l'historien littéraire plier. J'ai été autrefois un peu sévère sur Bertaut ; je voudrais, s'il se peut, maintenir et modifier tout ensemble ce premier jugement, le maintenir en y introduisant de bon gré des circonstances atténuantes. Ce à quoi je tiens sur ces vieux poëtes, ce n'est pas à justifier tel ou tel détail de jugement particulier trop court, trop absolu, mais la ligne même, la courbe générale de mon ancienne opinion, les proportions relatives des talents. Dans la marche et le départ des écoles littéraires, l'essentiel pour la critique qui observe, ou qui retrouve, est de battre la mesure à temps.

Ronsard, au milieu du xvie siècle, avait eu beau hausser le ton, viser au grand et écrire pour les *doctes,* la poésie française était vite revenue avec Des Portes à n'être qu'une poésie de *dames,* comme disait assez dédaigneusement Antoine Muret de celle d'avant Ronsard[1]. Des Portes passa de l'imitation grecque à l'italienne pure ; il sema les tendresses brillantes et jolies. Je me le représente comme l'*Ovide,* l'*Euripide,* la décadence fleurie et harmonieuse du mouvement de Ronsard. Bertaut en est l'extrême queue traînante, et non sans grâce.

Que de petits touts ainsi, que de décadences après une courte floraison, depuis les commencements de notre langue ! Sous Philippe-Auguste, je suppose, un je ne sais quoi de rude et d'énergique s'ébauche, qui se décore plus vivement sous saint Louis, pour s'alourdir et se délayer sous Philippe le Bel et les Valois. On recommence à grand effort sous Charles V le sage, le savant ; on retombe avec Charles VI ; on est détruit, ou peu s'en faut, sous Charles VII. Sous Louis XII, on se ressaie ; on fleurit sous François Ier ; Henri II coupe court et perce d'un autre. Et ce

---

1. « Qui se vernaculo nostro sermone poetas perhiberi volebant, perdiu ea scripsere, quæ delectare modo *otiosas mulierculas,* non etiam eruditorum hominum studia tenere possent. Primus, ut arbitror, Petrus Ronsardus.... » Préface en tête des *Juvenilia* de Muret (1552).

qui s'entame sous Henri II, ce qui se prolonge et s'assoit sur le trône avec Charles IX, va s'affadir et se *mignonner* sous Henri III. Ainsi d'essais en chutes, de montées en déclins, avant d'arriver à la vraie hauteur principale et dominante, au sommet naturel du pays, au plateau. Traversant un jour les Ardennes en automne, parti de Fumay, j'allais de montées en descentes et de ravins en montées encore, par des ondulations sans fin et que couvraient au regard les bois à demi dépouillés ; et pourtant, somme toute, on montait toujours, jusqu'à ce qu'on eût atteint le plateau de Rocroy, le point le plus élevé. Ce Rocroy (le nom y prête), c'est notre époque de Louis XIV.

A travers cette succession et ces plis de terrain dont M. Ampère aura le premier donné la loi, on peut suivre la langue française actuelle se dégageant, montant, se formant. On n'a longtemps connu d'elle, en poésie, qu'un bout de lisière et un lointain le plus en vue, par Marot, Villon, le *Roman de la Rose*. Il ne faudrait pas trop mépriser cet ancien chemin battu, maintenant qu'on en a reconnu une foule d'autres plus couverts. Il suffit qu'on l'ait longtemps cru l'unique, pour qu'il reste le principal. Quoi qu'il en soit, la langue française ressemble assez bien, en effet, à ce vénérable noyer auquel la comparait récemment M. Delécluze[1]. Elle a eu quatre siècles de racines ; elle n'a guère que trois siècles encore de tronc et d'ombrage.

---

1. *François Rabelais*, imprimerie de Fournier, 1841.

Ici, pour me tenir aux alentours de Malherbe et à Bertaut, je voudrais simplement deux choses :

1º Montrer que Bertaut n'a rien innové d'essentiel, rien réparé ni réformé, et qu'il n'a fait que suivre ;

2º Laisser voir qu'à part cette question d'originalité et d'invention dans le rôle, il est effectivement en plus d'un endroit un agréable et très-doux poëte.

Jean Bertaut était de Caen ; il y naissait vers 1552, comme Malherbe vers 1556, de sorte que dans le conflit qu'on voudrait élever entre eux deux, la Normandie ne saurait être en cause, pas même la basse Normandie ; ce n'est qu'un débat de préséance entre deux natifs, une querelle de ménage et d'intérieur. Son article latin dans le *Gallia christiana*[1] le fait condisciple de Du Perron, qui fut un poëte de la même nuance. Il n'avait que seize ans (lui-même nous le raconte dans sa pièce sur le trépas de Ronsard) lorsqu'il commença de rêver et de rimer. Les vers de Des Portes, qui ne parurent en recueil pour la première fois qu'en 1573, n'étaient pas publiés encore. Dès que le jeune homme les vit, déçu, nous dit-il, par cette apparente facilité qui en fait le charme, il essaya de les imiter. Des Portes n'avait que six ans plus que lui ; jeune homme lui-même, il servit de patron à son nouveau rival et disciple en poésie ; il fut son introducteur près de Ron-

---

1. Tome XI, *Ecclesia Sagiensis, Johannes VI*, parmi les évêques de Séez.

sard. Mathurin Regnier, neveu de Des Portes, dans cette admirable satire V, sur les humeurs diverses d'un chacun, qu'il adresse à Bertaut, a dit :

Mon oncle m'a conté que, montrant à Ronsard
Tes vers étincelants et de lumière et d'art,
Il ne sut que reprendre en ton apprentissage,
Sinon qu'il te jugeoit pour un poëte trop sage[1].

Et dans le courant de la satire qui a un air d'apologie personnelle, il oppose plus d'une fois son tempérament de feu, et tout ce qui s'ensuit de risqué, à *l'esprit rassis* de l'honnête Bertaut. Celui-ci, dans une élégie de sa première jeunesse, a pris soin de nous exprimer ses impressions sur les œuvres de Des Portes lorsqu'il les lut d'abord ; c'est un sentiment doux et triste, humble et découragé, une admiration soumise qui ne laisse place à aucune révolte de novateur. Ainsi, pensait-il de Des Portes,

Ainsi soupireroit au fort de son martyre
Le dieu même Apollon se plaignant à sa lyre,
Si la flèche d'Amour, avec sa pointe d'or,
Pour une autre Daphné le reblessoit encor.

La pièce est pour dire qu'une fois le poëte avait promis *à celle qu'il adore* d'immortaliser par l'univers sa beauté ; mais, depuis qu'il a lu Des

---

1. *Poëte* ne faisait alors que deux syllabes.

Portes, la lyre lui tombe des mains, et il désespère :

Quant à moi, dépouillé d'espérance et d'envie,
Je prends ici mon luth, et, jurant, je promets,
Par celui d'Apollon, de n'en jouer jamais.

Puis il trouve que ce désespoir lui-même renferme trop d'orgueil, que c'est vouloir *tout ou rien*, et il se résigne à chanter à son rang, bien loin, après tant de divins esprits :

Donc adore leurs pas, et, content de les suivre,
Fais que ce vin d'orgueil jamais plus ne t'enivre.
Connois-toi désormais, ô mon Entendement,
Et, comme étant humain, espère humainement[1]...

Cependant la beauté de son esprit et l'aide de ses bons patrons attirèrent et fixèrent le jeune poëte à la cour. Il suivit Des Portes dans la chanson et dans l'élégie plutôt que dans le sonnet; il se fit une manière assez à part, et, à côté des *tendresses* de l'autre, il eut une poésie polie qu'il sut rendre surprenante par ses *pointes*[2]. On le goûta fort sous le règne de Henri III; il dessinait très-agréablement, dit-on; on peut croire qu'il s'accompagnait du luth en chantant lui-même ses

---

1. Voir cette élégie au tome Ier des *Délices de la Poésie françoise*, par F. de Rosset, 1618.
2. Chap. X de *la Bibliothèque françoise*, par Sorel, qui touche assez bien d'un mot rapide le caractère de chacun des poëtes d'alors.

chansons. Il fut pendant treize ans secrétaire du cabinet ; on le trouve qualifié, dans quelques actes de l'année 1583, secrétaire et lecteur ordinaire du roi. A la mort de ce prince, il tenait de la cour une charge de conseiller au parlement de Grenoble, dont il se défit. Il passa le mauvais temps de la Ligue, plus sage que Des Portes et plus fidèle, abrité chez le cardinal de Bourbon, à l'abbaye de Bourgueil, en Anjou. Ce lieu resta exempt des horreurs de la guerre. Faisant parler en un sonnet la reconnaissance des habitants, qui offraient au cardinal un présent de fruits, Bertaut disait que c'était rendre bien peu à qui l'on devait tout, que c'était *payer d'une humble offrande une dette infinie* :

Vous qui save₃ qu'ainsi l'on sert les Immortels,
Pense₃ que c'est encor au pied de leurs autels
Présenter une biche au lieu d'Iphigénie.

Les paysans de Bourgueil s'en tiraient, comme on voit, très-élégamment.

Bertaut sortit de ces tristes déchirements civils avec une considération intacte. Il échappa aux dénigrements des pamphlets calvinistes ou royalistes, et on ne lui lança point, comme à Des Portes, comme à Du Perron, comme à Ronsard en son temps, toutes sortes d'imputations odieuses qui se résumaient vite en une seule très-grossière, très-connue de Pangloss, l'injure à la mode pour le siècle. Ses poésies même amoureuses avaient été décentes : il avait passé de bonne heure à la complainte religieuse et à la paraphrase des Psaumes.

Il contribua à la conversion de Henri IV, qui lui donna l'abbaye d'Aulnay en 1594, et plus tard l'évêché de Séez en 1606. Il fut de plus premier aumônier de la reine Marie de Médicis. On doit la plupart de ces renseignements à Huet[1], qui, né à Caen aussi, fut abbé d'Aulnay comme Bertaut, et, comme lui encore, évêque, après avoir sinon fait des poésies galantes, du moins aimé et loué les romans. L'évêque de Séez assista, en 1607, au baptême du dauphin (Louis XIII) à Fontainebleau, et, en 1610, il mena le corps de Henri IV à Saint-Denis. On a l'oraison funèbre qu'il prononça en prose oratoire, moins polie pourtant que ses vers[2]. Il survécut de peu à son bienfaiteur, et mourut dans sa ville épiscopale, le 8 juin 1611, après cinq ans à peine de prélature ; il n'avait que cinquante-sept ans, suivant le *Gallia christiana*, et au plus cinquante-neuf.

Ses poésies, qui circulaient çà et là, n'avaient pas été recueillies avant 1601; cette édition, qui porte en tête le nom de Bertaut, ne contenait que des *Cantiques*, des *Complaintes*, des *Hymnes*, des *Discours funèbres*, enfin des pièces graves, très-peu de sonnets, point d'élégies ni de stances amoureuses. Ces dernières productions, les vraies œuvres de

---

1. *Origines de Caen*, page 358.
2. « Donc la misérable poincte d'un vil et meschant couteau remué par la main d'une charongne enragée et plustot animée d'un démon que d'une âme raisonnable, etc.... » C'est le début : il est vrai que le reste va mieux.

jeunesse, ne parurent que l'année suivante, 1602, sous le titre de *Recueil de quelques vers amoureux*, sans nom aucun, et avec un simple avertissement du *frère de l'auteur;* il y est parlé de la violence que les amis ont dû faire au poëte pour le décider à laisser imprimer par les siens ce qui aussi bien s'imprimait d'autre part sans lui : *Marie ta fille ou elle se mariera,* dit le proverbe.

Ce sont ces deux recueils accrus de quelques autres pièces, qui ont finalement composé les *Œuvres poétiques* de Bertaut, dont la dernière édition est de 1623, de l'année même de la grande et suprême édition de Ronsard. Il vient une heure où les livres meurent comme les hommes, même les livres qui ont l'air de vivre le mieux. Le mouvement d'édition et de réimpression des œuvres qui constituent l'école et la postérité de Ronsard est curieux à suivre; cette statistique exprime une pensée. Joachim Du Bellay, le plus précoce, ne franchit pas le xvie siècle, et ne se réimprime plus au complet à partir de 1597; les œuvres de Des Portes, de Du Bartas, expirent ou du moins épuisent leur feu en 1611; Bertaut, le dernier venu, va jusqu'en 1623, c'est-à-dire presque aussi loin que Ronsard, le plus fort et le plus vivace de la bande; le dernier fils meurt en même temps que le père; c'est tout ce qu'il peut faire de plus vaillant. N'admirez-vous pas comme tout cela s'échelonne par une secrète loi, comme les générations naturelles se séparent? A suivre les dates de ces éditions complètes finales, on dirait voir des coureurs essoufflés qui perdent haleine, l'un un peu plus tôt, l'autre un peu plus tard, mais tous dans des limites posées. A ceux qui nieraient que Bertaut soit du mouvement de Ronsard et en ferme la marche, voilà une preuve déjà [1].

Bertaut n'a rien innové, ai-je dit; jusqu'à présent, dans tous les détails de sa vie, dans les traits de son caractère qui en ressortent, on n'a pas vu germe de novateur en effet. Et d'abord, quand on innove, quand on réforme, on sait ce qu'on fait, quelquefois on se l'exagère. Bertaut ne paraît pas se douter qu'il fasse autre chose que suivre ses devanciers. Dans un réformateur qui réussit, il y a toujours plus qu'on n'est tenté de voir à distance, même dans un réformateur littéraire; les réformes les plus simples coûtent énormément à obtenir. Souvent l'esprit y sert encore moins que le caractère. Malherbe, Boileau, avaient du caractère; Racine, qui avait plus de talent à proprement parler, plus de génie que Boileau, n'aurait peut-être rien réformé. Nous avons sous les yeux un bel exemple de cette dose de qualités sobres et fortes dans M. Royer-Collard, qui restaura le spiritualisme dans la philosophie. Eh bien, Malherbe, en poésie, avait de ces qualités de fermeté, d'autorité,

---

[1]. Tout ceci est très-vrai, je le crois ; les bibliographes pourraient pourtant épiloguer sur quelques points. Je possède une édition de Des Portes à la date de 1613, mais elle n'est autre que celle de 1611. J'ai vu une édition de Du Bartas à la date de 1623, mais détestable et de pacotille, sans les commentaires. De plus, les *Psaumes*

d'exclusion; Bertaut, aucune[1]. Quatre ou cinq
doux vers noyés dans des centaines ne suffisent
pas pour tirer une langue de la décadence! il ne
faut que peu de bons vers peut-être pour remettre
en voie, mais il les faut appuyés d'un perpétuel
commentaire oral; tels, encore un coup, Malherbe
et Boileau.

Un autre signe que Bertaut n'aurait pas du
tout suppléé Malherbe et ne saurait dans l'essentiel lui être comparé, c'est qu'il s'est trouvé surtout apprécié des Scudéry[2] et de ceux qui se sont

---

de Des Portes, nés plus tard, survécurent par exception
à ses *premières Poésies* et eurent encore une édition de
luxe, avec musique, en 1624.

1. Faire de Bertaut un Malherbe en poésie, c'est
un peu comme si en philosophie l'on faisait de M. de
Gérando un Royer-Collard. Je cherche à éclaircir, à
ennoblir mon sujet par d'illustres comparaisons.

2. Dans l'*Histoire du comte d'Albe* qui se trouve à la
fin des *Conversations nouvelles* de Mlle de Scudéry (1685),
on lit toute une petite histoire de la poésie française que
l'auteur a mise sous forme d'entretien. Cette histoire,
qui est écrite pour le plus grand honneur des poëtes de
la Pléiade, aboutit à une louange suprême de Bertaut.
Un personnage du roman, Saint-Gelais, qu'on suppose
parent des poëtes de ce nom, et qui fait ce récit littéraire, étant venu à nommer Du Perron et Bertaut:
« Vous nous les ferez donc connoître tous deux ainsi que
Des Portes, dit la duchesse de Villanuova, car les
ouvrages de Bertaut sont ma plus forte passion pour
les vers. » — « C'est pour cela, Madame, dit Saint-
Gelais, que j'en parlerai le dernier, car il me paroit, s'il
m'est permis de parler ainsi, que Bertaut est *comme les*

comportés en bel esprit comme si Malherbe était très-peu venu. L'oncle de madame de Motteville eût été avec Godeau, et mieux que Godeau, un fort aimable poëte de l'hôtel de Rambouillet, où se chantaient ses chansons encore sur luth et théorbe. Et n'eût-il pas très-justement fait pâmer d'aise l'hôtel de Rambouillet, le jour où étant malade, et recevant d'une dame une lettre où elle lui disait de ne pas trop lire et que son mal venait de l'étude, il lui répondait :

Incrédule beauté, votre seule ignorance,
Non une si louable et noble intempérance,
Par faute de secours me conduit au trépas;
Ou bien si la douleur qui m'abat sans remède
Procède de trop lire, hélas! elle procède
De lire en vos beaux yeux que vous ne m'aimez pas.

Colonnes d'Hercule pour la poésie françoise, et qu'on ne peut aller plus loin. » Et ailleurs : « Il écrit mieux qu'homme du monde, et, se faisant un chemin particulier entre Ronsard et Des Portes, il a plus de clarté que le premier, plus de force que le second (*c'est faux*), et plus d'esprit et de politesse que tous les deux ensemble; aussi a-t-il réuni tous les suffrages de la Cour en sa faveur, hommes et dames, depuis le roi jusqu'aux moindres courtisans, et, comme je l'ai déjà dit, je ne crois que la Poésie française puisse aller plus loin, ni qu'on puisse trouver un plus honnête homme. » Mlle de Scudéry prête ses propres jugements aux contemporains de Bertaut, lesquels ne lui décernaient pas une telle supériorité. En critique il est une petite règle qui trompe rarement : « dis-moi qui t'admire et je te dirai qui tu es. »

L'opinion des contemporains, bien prise, guide plus que tout pour avoir la vraie clef d'un homme, d'un talent, pour ne pas la forger après coup. Or, sous forme de critique ou d'éloge, ils semblent unanimes sur Bertaut, *sens rassis,* bel esprit *sage, honnête* homme et *retenu* : « M. Bertaut, évêque de Séez, et moi, dit Du Perron, fîmes des vers sur la prise de Laon; les siens furent trouvés ingénieux; les miens avoient *un peu plus de nerfs, un peu plus de vigueur.* Il étoit fort *poli*[1]. »

Mais l'opinion de Malherbe doit nous être plus piquante; on lit dans sa Vie par Racan : « Il n'estimoit aucun des anciens poëtes françois *qu'un peu Bertaut* : encore disoit-il que ses stances étoient *nichil-au-dos,* et que, pour mettre une pointe à la fin, il faisoit les trois premiers vers insupportables. » Ce *nichil-au-dos* s'explique par un passage de l'*Apologie pour Hérodote* d'Henri Estienne : on appelait de la sorte un pourpoint dont le devant avait environ deux doigts de velours et rien sur le dos, *nihil* ou *nichil-au-dos;* et ce mot s'appliquait de là à toutes les choses qui ont plus de montre que d'intérieur. Le caustique Malherbe trouvait ainsi à la journée de ces bons

---

1. Et dans les Mémoires de L'Estoile, à la date de mars 1607 : « Le vendredi 2, L'Angelier m'a vendu six sols le *Panarète* de Bertaut sur le baptême de M. le Dauphin, imprimé nouvellement par lui in-8°, qui est un poëme de quinze cens vers et plus, dont on fait cas, et non sans cause, mais toutefois *trop triste et mélancolique pour le sujet.* » On le voit, les nuances seules d'expression diffèrent.

mots redoutables, et qui emportaient la pièce : c'est un rude accroc qu'il a fait en passant aux *deux doigts de velours* du bon Bertaut[1].

Ce qu'en retour Bertaut pensait de Malherbe, je l'ignore; mais il a dû éprouver à son endroit quelque chose de pareil à ce que Segrais éprouvait pour Boileau, tout ménagé par lui qu'il était. Il devait sentir, même sous la caresse, que l'accroc n'était pas loin.

Malherbe n'a lâché qu'un mot sur Bertaut, et à demi indulgent si l'on veut, tandis qu'il a biffé de sa main tout Ronsard, et qu'il a commenté injurieusement en marge tout Des Portes. Tout

---

1. Si Malherbe, en causant, aimait ces sortes de mots crus et de souche vulgaire, je trouve en revanche, dans une lettre de Mosant de Brieux, son compatriote, lequel (par parenthèse) jugeait aussi Bertaut assez sévèrement, la petite particularité suivante, que le prochain Dictionnaire de l'Académie ne devra pas oublier, et qui peut servir de correctif agréable : « Entr'autres mots, Malherbe en avoit fait un, qui étoit ses plus chères amours, qu'il avoit perpétuellement en la bouche, ainsi que M. de Grentemesnil me l'a dit, et qui, en effet, est doux à l'oreille et ne se présente pas mal ; ce fils de sa dilection, ce favori, c'est le mot de *fleuraison*, par lequel il vouloit qu'on désignât le temps qu'on voit fleurir les arbres, de même que, par celui de moisson, l'on désigne le temps qu'on voit mûrir les blés. » (A la suite des poésies latines de Mosant de Brieux, édition de 1669.) On ne s'attendait guère sans doute à trouver Malherbe si printanier, si habituellement en *fleuraison;* mais le mot *gracieux* n'a-t-il pas eu pour champion le plus déclaré Ménage ?

cela est proportionné au rôle et à l'importance. Plus on se sent sévère contre Ronsard, plus on doit se trouver indulgent pour Bertaut, qui est un affaiblissement, et qui, à ce titre, peut sembler faire une sorte de fausse transition à une autre école.

Je dis fausse transition, et d'école à école, même en littérature, je n'en sais guère de vraie. Le moment venu, on ne succède avec efficacité qu'en brisant. Bertaut ne faisait que tirer et prolonger l'étoffe de Des Portes; il n'en pouvait rien sortir. Malherbe commença par *découdre*, et trop rudement : c'était pourtant le seul moyen.

Que si de ces preuves, pour ainsi dire extérieures et environnantes, nous allions au fond et prenions corps à corps le style de Bertaut, il nous serait trop aisé, et trop insipide aussi, d'y démontrer l'absence continue de fermeté, d'imagination naturelle, de forme, le prosaïsme fondamental, aiguisé pourtant çà et là de pointes ou traversé de sensibilité, et habituellement voilé d'une certaine molle et lente harmonie. Mais, mon rôle et mon jeu n'étant pas le moins du monde de déprécier Bertaut, et tout au contraire tenant à le faire valoir comme aimable dans les limites du vrai, je ne le combattrai qu'en choisissant chez ses autres devanciers des preuves de l'énergie, de la touche vraiment poétique ou de la forme de composition qu'il n'avait pas, qu'il n'avait plus, et j'en viendrai ensuite à ses propres qualités et nuances.

Ronsard, le maître, avait le premier en France retrouvé les muses égarées; il a dans son *Bocage royal* de bien beaux vers enfouis et qui n'ont jamais été cités : ils expriment ce sentiment de grandeur et de haute visée qui fait son caractère. Le poëte feint qu'il rencontre une troupe errante, sans foyer, avec des marques pourtant de race royale et généreuse : c'est la *neuvaine* des doctes pucelles. Il leur demande quel est leur pays, leur nom ; la plus habile de la troupe répond au nom de toutes :

MUSES

. . . . . . Si tu as jamais veu
Ce Dieu qui de son char tout rayonnant de feu
Brise l'air en grondant, tu as veu nostre père :
Grèce est nostre pays, Mémoire est nostre mère.

Au temps que les mortels craignoient les Déités,
Ils bastirent pour nous et temples et cités;
Montagnes et rochers et fontaines et prées
Et grottes et forests nous furent consacrées.
Nostre mestier estoit d'honorer les grands rois,
De rendre vénérable et le peuple et les lois,
Faire que la vertu du monde fust aimée,
Et forcer le trespas par longue renommée;
D'une flamme divine allumer les esprits,
Avoir d'un cœur hautain le vulgaire à mespris,
Ne priser que l'honneur et la gloire cherchée,
Et tousjours dans le Ciel avoir l'ame attachée[1].

---

1. *Dialogue entre les Muses deslogées et Ronsard.*

Quelle plus haute idée des Muses! Ce sont bien celles-là qu'a courtisées Ronsard. Marot et les Gaulois d'auparavant s'en seraient gaussés, comme on dit.

Bertaut, esprit noble et sérieux, sentait cette poésie, mais il n'y atteignait pas. Dans des stances de jeunesse, à son moment le plus vif, s'enhardissant à aimer, il s'écrie :

Arrière ces désirs rampans dessus la terre!
J'aime mieux en soucis et pensers élevés
Être un aigle abattu d'un grand coup de tonnerre,
Qu'un cygne vieillissant ès jardins cultivés.

Cet *aigle abattu d'un grand coup de tonnerre,* ce fut Ronsard. Lui, il ne fut que le *cygne vieillissant* dans le jardin aligné, près du bassin paisible.

Des Portes lui-même, dans le gracieux et dans le tendre, a bien autrement de vivacité, de saillie, de prestesse : Bertaut, je le maintiens, n'est que son second. La vie seule de Des Portes, ses courses d'Italie et de Pologne, ses dissipations de jeunesse, ses erreurs de la Ligue, ses bons mots nombreux et transmis, ses bonnes fortunes voisines des rois[1], accuseraient une nature de poëte plus forte, plus active. Mais, en m'en tenant aux œuvres de l'abbé de Tiron, le brillant et le nerf m'y frappent. Par exemple, il décoche à ravir le

---

1. *Tallemant des Réaux,* tome Ier ; et aussi *Teissier* dans ses *Éloges tirés de M. de Thou,* tome IV.

sonnet, cette *flèche d'or*, que Bertaut ne manie plus qu'à peine, rarement, et dont l'arc toujours se détend sous sa main. Bertaut, jeune, amoureux, ne s'élève guère au-dessus de la stance de quatre vers alexandrins, laquelle plus tard, lorsqu'il devient abbé et prélat, s'allonge jusqu'à six longs vers cérémoniellement. On a dit que Des Portes est moins bon que Bertaut dans ses psaumes. Mais on me permettra de compter pour peu dans l'appréciation directe des talents ces éternelles traductions de psaumes, œuvres de poëtes vieillissants et repentants. Une fois arrivés sur le retour, devenus abbés ou évêques, très-considérés, ces tendres poëtes amoureux ne savaient véritablement que faire : *Plus d'amour, partant plus de joie,* se seraient-ils écriés, s'ils avaient osé, avec La Fontaine[1]; et encore ils auraient dit volontiers comme dans la ballade :

A qui mettoit tout dans l'amour,
Quand l'amour lui-même décline.
Il est une lente ruine,
Un deuil amer est sans retour.
L'automne traînant s'achemine;

---

1. Ou avec l'antique Mimnerme en cette mélancolique élégie : « Le fruit de la jeunesse ne dure qu'un moment, le temps qu'un soleil se disperse sur la terre; et, sitôt qu'est passée cette fin de saison, mieux vaut à l'instant mourir que survivre. »
Sans les dons de Vénus quelle serait la vie ?
a dit Chénier également, d'après Mimnerme et Simonide.

Chaque hiver s'allonge d'un tour;
En vain le printemps s'illumine :
Sa lumière n'est plus divine
A qui mettoit tout dans l'amour!
En vain la beauté sur sa tour,
Où fleurit en bas l'aubépine,
Monte dans l'aurore et fascine
Le regard qui rôde à l'entour.
En vain sur l'écume marine
De jour encor sourit Cyprine :
Ah! quand ce n'est plus que de jour,
Sa grace elle-même est chagrine
A qui mettoit tout dans l'amour!

Et puis Bertaut, dans ce genre non original des paraphrases, a tout simplement sur Des Portes cet avantage d'être plus jeune en style et d'écrire une langue qui est déjà plus la nôtre. L'onction réelle qu'il y développe paraît mieux[1].

Dans ses poésies du bon temps, Des Portes a plusieurs petits chefs-d'œuvre complets (ce qui est essentiel chez tout poëte), de ces petites pièces, chansons ou épigrammes, à l'italienne et à la grecque, comme Malherbe les méprisait, et comme

---

1. Je dis l'onction réelle, il faut la reconnaître en effet dans plusieurs strophes, notamment dans celles de sa paraphrase du Psaume premier :

Cet homme-là ressemble à ces belles olives,
Qui du fameux Jourdain bordent les vertes rives, etc., etc.

nous les aimons[1]. Je ne sais pas une seule pièce complète et composée à citer chez Bertaut, seulement çà et là des couplets. La plus célèbre chanson de Des Portes est, avec *Rozette*, sa jolie boutade *contre une nuit trop claire;* tout le monde durant près d'un siècle la chantait. Ce n'est qu'une imitation de l'Arioste, dit Tallemant, mais en tout cas bien prise, bien coupée, et mariée à point aux malices gauloises. L'amant en veut à la lune qui l'empêche d'entrer chez sa maîtresse, comme Béranger en veut au printemps qui ramène le voile de feuillage devant la fenêtre d'en face, comme Roméo sur le balcon en veut à l'alouette qui ramène l'aurore. Il y a là un *motif* plein de gentillesse et de contraste :

O nuict, jalouse nuict contre moy conjurée,
Qui renflammes le ciel de nouvelle clairté,
T'ay-je donc aujourd'huy tant de fois désirée,
Pour estre si contraire à ma félicité?

Pauvre moy, je pensoy qu'à la brune rencontre
Les cieux d'un noir bandeau deussent estre voilez;
Mais, comme un jour d'esté, claire, tu fais ta monstre,
Semant parmy le ciel mille feux estoilez.

Et toy, sœur d'Apollon, vagabonde courrière,
Qui, pour me descouvrir, flammes si clairement,
Allumes-tu la nuict d'aussi grande lumière,
Quand sans bruit tu descens pour baiser ton amant?

---

1. Il en a même à la gauloise, à la Mellin de Saint-Gelais : témoin l'épigramme *sur une Philis trop chère* (*Delices de la poésie françoise*, de Rosset, tome I). Elle pourrait être du neveu Regnier aussi bien que de l'oncle.

*Hélas! s'il te souvient, amoureuse Déesse,
Et si quelque douceur se cueille en le baisant,
Maintenant que je sors pour baiser ma maîtresse,
Que l'argent de ton front ne soit pas si luisant!*

*Ah! la fable a menty, les amoureuses flammes
N'eschauffèrent jamais ta froide humidité :
Mais Pan, qui te conneut du naturel des femmes,
T'offrant une toison, vainquit ta chasteté*[1].

*Si tu avois aimé, comme on nous fait entendre,
Les beaux yeux d'un berger de long sommeil touchez,
Durant tes chauds désirs tu aurois peu apprendre
Que les larcins d'Amour veulent être cachez.*

*Mais flambloye à ton gré; que ta corne argentée
Fasse de plus en plus ses rais estinceler :
Tu as beau descouvrir ta lumière empruntée,
Mes amoureux secrets ne pourras déceler.*

*Que de fascheuses gens! mon Dieu! quelle coustume
De demeurer si tard en la rue à causer!
Ostez-vous du serein; craignez-vous point la reume?
La nuict s'en va passée, allez vous reposer.*

*Je vay, je vien, je fuy, j'écoute et me promeine,
Tournant toujours mes yeux vers le lieu désiré.
Mais je n'avance rien; toute la rue est pleine
De jaloux importuns dont je suis esclairé.*

---

1. *Munere sic niveo lanæ (si credere dignum est)
Pan, deus Arcadiæ, captam te, Luna, fefellit,
In nemora alta vocans : nec tu aspernata vocantem.*

(Virgile, Géorgiq., III.)

*Je voudrois estre Roy, pour faire une ordonnance
Que chacun deust la nuict au logis se tenir;
Sans plus les amoureux auroient toute licence :
Si quelque autre failloit, je le feroy punir.*

. . . .

*Je ne crains pas pour moy : j'ouvrirois une armée,
Pour entrer au séjour qui recelle mon bien;
Mais je crains que ma Dame en peust estre blasmée;
Son repos mille fois m'est plus cher que le mien...*

Et le va-et-vient continue; le poëte pousse le guignon jusqu'au bout; j'abrége. Je ne relèverai de cette jolie pièce que ce vers, selon moi délicieux,

Les beaux yeux d'un berger de long sommeil touchez

Comment mieux peindre d'une seule touche courante la beauté, la mollesse et la fleur amoureuse d'un Endymion couché? Voilà un vers essentiellement poétique; le tissu du style poétique se compose à chaque instant de traits pareils. Ce qui constitue le vraiment beau vers, c'est un mélange, un assemblage facile et comme sacré de sons et de mots qui peignent harmonieusement leur objet, une tempête, un ombrage flottant, la douceur du sommeil, le vent qui enfle la voile, un cri de nature. Homère en est plein, de ces vers tout d'une venue, et qui rendent directement la nature : il les verse à flots, comme d'une source perpétuelle. En français, hélas! qu'il y en a peu! On les compte. Ronsard les introduisit; André Chénier et les modernes avec honneur les ont ravivés. Hors de là, j'ose le dire, et dans l'intervalle, si l'on excepte La Fontaine et Molière, il y en a bien peu, comme je l'entends; le bel-esprit et la prose reviennent partout.

Bertaut n'en a déjà plus de ces vers tout de poétique trame et de vraie peinture; il n'a que bel-esprit, raisonnement, déduction subtile : heureux quand il se rachète par du sentiment!

Tout cela dit, et ayant indiqué préférablement par d'autres ce qu'il ne possède pas lui-même, venons-en à ses beautés et mérites propres. Il a de la tendresse dans le bel esprit[1]. L'espèce de petit roman qu'il déroule en ses stances, élégies et chansons, ne parle pas aux yeux, il est vrai, et n'offre ni cadre, ni tableau qui se fixe; mais on en garde dans l'oreille plus d'un écho mélodieux :

Devant que de te voir, j'aimois le changement.
Courant les mers d'Amour de rivage en rivage,
Désireux de me perdre, et cherchant seulement
Un roc qui me semblât digne de mon naufrage.

On en détacherait des vers assez fréquents qui serviraient de galantes devises :

Esclave de ces mains dont la beauté me prit...
Le sort n'a point d'empire à l'endroit de ma foi...

---

1. Huet, dans sa pièce de vers *sur les poëtes de Caën*, parle de Bertaut comme d'un pur élégiaque :

Bertaldum myrto tenerum tepere palumbes,
Ubera lactenti cum daret ipsa Venus.

*Si c'est péché qu'aimer, c'est malheur qu'être belle...
J'ai beaucoup de douleur, mais j'ai bien plus d'amour...
Ou si je suis forcé, je le suis comme Hélène,
Mon destin est suivi de mon consentement...*

Et ceux-ci encore, sur un embrassement de sa dame à un départ :

*Si le premier baiser fut donné par coutume,
Le second, pour le moins, fut donné par amour.*

Cette espèce de douceur et de sensibilité dans le bel-esprit n'est pas rare. Racine l'eut d'abord ; ses stances *à Parthénisse* (qu'on les relise) semblent dériver de l'école directe de Bertaut. L'un finissait presque du ton dont l'autre recommence[1].

---

1. Voiture lui-même a des éclairs de sensibilité dans le brillant. Un très-bon juge en si délicate matière, M. Guttinguer, a fait ce sonnet, qui vaut mieux qu'un commentaire critique, et qui complète en un point le nôtre :

A UNE DAME

EN RENVOYANT LES ŒUVRES DE VOITURE.

*Voici votre Voiture et son galant Permesse :
Quoique guindé parfois, il est noble toujours.
On voit tant de mauvais naturel de nos jours,
Que ce brillant monté m'a plu, je le confesse.*

*On voit (c'est un beau tort) que le commun le blesse
Et qu'il veut une langue à part pour ses amours ;*

Mais une qualité que je crois surtout propre à notre auteur, c'est une certaine note plaintive dans laquelle l'amour et la religion se rejoignent et peuvent trouver tour à tour leur vague expression touchante. Je cite, en les abrégeant, comme il convient, les quelques couplets, dont le dernier fait sa gloire :

>   Les Cieux inexorables
>   Me sont si rigoureux,
>   Que les plus misérables,
> Se comparans à moy, se trouveroient heureux.
>
>   Mon lict est de mes larmes
>   Trempé toutes les nuicts ;
>   Et ne peuvent ses charmes,
> Lors mesme que je dors, endormir mes ennuys.
>
>   Si je fay quelque songe,
>   J'en suis espouvanté ;
>   Car mesme son mensonge
> Exprime de mes maux la triste vérité.
>
>   La pitié, la justice,
>   La constance et la foy,

Qu'il croit les honorer par d'étranges discours ;
C'est là de ces défauts où le cœur s'intéresse.
C'était le vrai pour lui que ce faux tant blâmé ;
Je sens que volontiers, femme, je l'eusse aimé.
Il a d'ailleurs des vers pleins d'un tendre génie ;
Tel celui-ci, charmant, qui jaillit de son cœur :
« Il faut finir mes jours en l'amour d'Uranie. »
Saurez-vous comme moi comprendre sa douceur ?

Cédant à l'artifice,
Dedans les cœurs humains sont esteintes pour moy.

En un cruel orage
On me laisse périr,
Et courant au naufrage,
Je voy chacun me plaindre et nul me secourir!

Félicité passée
Qui ne peux revenir,
Tourment de ma pensée,
Que n'ay-je, en te perdant, perdu le souvenir!

De ces couplets, le dernier surtout (fortune singulière!) a survécu durant deux siècles; nos mères le savent encore et l'ont chanté. Léonard et La Harpe à l'envi l'avaient rajeuni en romance. M. de Guibert, en 1773, le trouvait écrit au crayon sur la muraille d'une auberge, au fond de la Hongrie[1]. Fontenelle a remarqué que les solitaires de Port-Royal le trouvèrent si beau qu'ils le voulurent consacrer en le citant. Dans le commentaire de Job en effet (chap. XVII), à ce verset : *Dies mei transierunt, cogitationes meæ dissipatæ sunt torquentes cor meum,* « on pourroit, peut-être pour expliquer cet endroit, dit M. de Saci, qui aimait les vers bien qu'il eût rimé les *Racines grecques,* on pourroit se servir ici de ces petits vers qui en renferment le sens : *Félicité passée...* » Madame Guyon, dans ses *Lettres spirituelles* (la XXXe),

---

1. *Journal d'un voyage en Allemagne fait en 1773,* tome II, page 20.

s'est plu également à appliquer ce même couplet
à l'amour de Dieu, dont elle croit voir qu'il n'y
a plus trace autour d'elle. Les dévots tant soit
peu tendres ont de la sorte adopté et répété, sans
en trop presser le sens, ce refrain mélancolique,
que les cœurs sensibles pourraient passer la moitié
de leur vie à redire, après avoir passé la première
moitié à goûter ces autres vers non moins délec-
tables du même Bertaut :

*Et constamment aimer une rare beauté
C'est la plus douce erreur des vanités du monde.*

Le bon évêque a ainsi rencontré la double expression charmante de l'amour durable et de l'éternel
regret. Il a dit quelque part encore en une complainte :

*Mes plaisirs s'en sont envolez,
Cédans au malheur qui m'outrage,
Mes beaux jours se sont escoulez
Comme l'eau qu'enfante un orage,
Et s'escoulans ne m'ont laissé
Rien que le regret du passé.*

Bertaut, tout nous le prouve, était de ces natures dont la vivacité dure très-peu et n'atteint
pas, et qui commencent de très-bonne heure à
regretter Mais dans ces langueurs continuelles,
sous cette mélancolie monotone, il est impossible
de méconnaître un certain progrès d'élégance, un
certain accent *racinien, lamartinien,* comme on

voudra l'appeler. *Félicité passée* semble d'avance une note d'*Esther*[1].

On a fort loué la pièce de vers *sur la mort de Caleryme;* sous ce nom, le poëte évoque et fait parler Gabrielle d'Estrées; il suppose que, six jours après sa mort, cette *Caleryme* apparaît en songe à son amant, le royal *Anaxandre*, et qu'elle lui donne d'excellents, de chastes conseils, entre autres celui de ne plus s'engager à aucune maîtresse, et d'être fidèle à l'épouse que les dieux lui ont destinée. L'idée, on le voit, est pure et le conseil délicat. Dans cet ingénieux plaidoyer, Gabrielle devient une espèce de La Vallière; le pro-

---

[1]. Ce qui ne veut pas dire le moins du monde (ceci une dernière fois pour réserve) que Racine soit de la postérité *littéraire* de Bertaut, que Bertaut ait trouvé, ait deviné d'avance la *manière*, le *faire* du maître. Je ne parle plus du Racine des stances à Parthénisse, mais du Racine véritable, de celui d'après Boileau. Ils eurent certains traits en commun dans leur sensibilité, voilà tout. Si Bertaut fit un reste d'école, c'est du côté direct de l'hôtel Rambouillet. Racine, en un ou deux hasards, lui ressemble un peu ; mais madame de La Suze, dans le *tous les jours* de ses élégies, lui ressemble encore plus. — Voltaire, à l'article *Esprit* du *Dictionnaire philosophique*, cite ce madrigal de Bertaut, qui « réunit l'esprit et le sentiment » :

> *Quand je revis ce que j'ai tant aimé,*
> *Peu s'en fallut que mon feu rallumé*
> *N'en fît le charme en mon âme renaître;*
> *Et que mon cœur autrefois son captif,*
> *Ne ressemblât l'esclave fugitif,*
> *A qui le sort fit rencontrer son maître.*

chain aumônier de Marie de Médicis, et qui l'était probablement déjà lorsqu'il recourait à cette évocation, se sert, à bon droit ici, de son talent élégiaque comme d'un pieux moyen. Mais le premier Bourbon se laissa moins persuader aux mânes après coup sanctifiés de sa chère maîtresse que son dernier successeur, qu'on a vu jusqu'au bout demeurer fidèle au souvenir de mort de madame de Polastron. Quant à la pièce même de Bertaut, elle eut sans doute de l'élégance pour son temps; je ne saurais toutefois, dans l'exécution, la distinguer expressément des styles poétiques contemporains de D'Urfé et de Du Perron. J'aime bien mieux, pour faire entier honneur au poëte, rapporter les vers les plus soutenus qu'il ait certainement composés, une image naturelle et rare, développée dans une heureuse plénitude. C'est tiré d'une élégie où il exprime ses ennuis quand il perd de vue sa dame, et où il se plaint de leurs tourments inégaux dans l'absence :

Mais las! pourquoy faut-il que les arbres sauvages
Qui vestent les costeaux ou bordent les rivages,
Qui n'ont veines ni sang qu'Amour puisse allumer,
Observent mieux que nous les loix de bien aimer?

On dit qu'en Idumée, ès confins de Syrie,
Où bien souvent la palme au palmier se marie,
Il semble, à regarder ces arbres bienheureux,
Qu'ils vivent animez d'un esprit amoureux;
Car le masle, courbé vers sa chère femelle,
Monstre de ressentir le bien d'estre auprès d'elle:
Elle fait le semblable, et pour s'entr'embrasser

On les voit leurs rameaux l'un vers l'autre avancer.
De ces embrassements leurs branches reverdissent,
Le ciel y prend plaisir, les astres les bénissent,
Et l'haleine des vents souspirans à l'entour
Loue en son doux murmure une si sainte amour.
Que si l'impiété de quelque main barbare
Par le tranchant du fer ce beau couple sépare,
Ou transplante autre part leurs tiges désolez,
Les rendant pour jamais l'un de l'autre exilez ;
Jaunissans de l'ennuy que chacun d'eux endure,
Ils font mourir le teint de leur belle verdure,
Ont en haine la vie, et pour leur aliment
N'attirent plus l'humeur du terrestre élément.

Si vous m'aimiez, hélas ! autant que je vous aime,
Quand nous serions absens, nous en ferions de mesme ;
Et chacun de nous deux regrettant sa moitié,
Nous serions surnommez les palmes d'amitié[1].

Nous tenons la plus belle page, et même la seule vraiment belle page de Bertaut. Ailleurs il

---

1. « Cette comparaison, dit M. H. Martin en son mémoire, avait déjà été exprimée avec une heureuse simplicité dans le *Lai du Chevrefoil*, par Marie de France, poëte français du XIIIe siècle. Elle a été développée avec une admirable poésie dans l'élégie de Gœthe intitulée *Amyntas*. » Je la retrouve toute pareille dans l'idylle 76e (livre I) de Vauquelin de La Fresnaie, contemporain de Bertaut. Pontanus, au livre Ier de ses *Eridaniennes*, a fait aussi une jolie élégie latine sur l'amour de deux palmiers. La source première de tout cela est dans Pline et dans Théophraste. Ces divers passages des Anciens sur les amours des palmiers ont été ramassés par Niclas dans

n'a que des notes éparses; ici il prend de l'haleine; la force de la sensibilité a fait miracle et l'a ramené à la poésie continue de l'expression :

Loue en son doux murmure une si sainte amour.

On croit entendre le bruit des palmiers. Théocrite, en son charmant dialogue entre Daphnis et une bergère, a un vers où se joue, un peu moins saintement, une image semblable. — J'entends du bruit; où fuir? s'écrie la bergère. — Et Daphnis répond :

C'est le bruit des cyprès qui parlent d'hyménée[1].

Ayant atteint ce sommet des *deux palmiers*, cette couronne subsistante de Bertaut, je ne sau-

---

son édition des *Géoponiques*, livre X, chapitre 4 (Leipsick, 1781).

1. Ainsi l'a traduit Le Brun. André Chénier a dit :

C'est ce bois qui de joie et s'agite et murmure.

Le vers grec a bien plus de légèreté, de *liquides*, et celui de Bertaut en douceur le rendrait mieux. Je trouve encore, dans des vers de notre ami Fontaney, une image toute pareille sur les arbres *aux murmures parlans*. C'est au milieu d'une pièce que, comme souvenir, je prendrai la liberté de citer au long. Elle s'adresse à un objet qui n'était pas celui de la passion finale dans laquelle nous l'avons vu mourir.

Quand votre père octogénaire
Apprend que vous viendrez visiter le manoir,
Ce front tout blanchi qu'on vénère
De plaisir a rougi, comme d'un jeune espoir.

rais qu'affaiblir en continuant. Je crois n'avoir rien omis de lui qui puisse donner du regret. Il n'y aurait pas, après le naufrage des temps, de quoi former de ses débris un volume, si mince qu'il fût ; c'est assez du moins qu'on y trouve de quoi orner un éloge et rattacher avec honneur son nom dans la mémoire des hommes. A cette

---

Ses yeux, où pâlit la lumière,
Ont ressaisi le jour dans un éclair vermeil,
Et d'une larme à sa paupière
L'étincelle allumée a doublé le soleil.

Il vous attend : triomphe et joie !
Des rameaux sous vos pas! chaque marbre a sa fleur.
Le parvis luit, le toit flamboie,
Et rien ne dit assez la fête de son cœur.

Moi qui suis sans flambeaux de fête ;
Moi qui n'ai point de fleurs, qui n'ai point de manoir,
Et qui du seuil jusques au faîte
N'ornerai jamais rien pour vous y recevoir ;

Qui n'ai point d'arbres pour leur dire
Ce qu'il faut agiter dans leurs tremblants sommets,
Ce qu'il faut taire ou qu'il faut bruire ;
Chez qui, même en passant, vous ne viendrez jamais ;

Dans mon néant, ô ma Princesse,
Oh! du moins j'ai mon cœur, la plus haute des tours ;
Votre idée y hante sans cesse ;
Vous entrez, vous restez, vous y montez toujours.

Là, dans l'étroit et sûr espace,
Vous monterez sans fin par l'infini degré ;
Amie, et si vous êtes lasse,
Plus haut, montant toujours, je vous y porterai !

fin, deux ou trois clous d'or suffisent[1]. J'ai quelquefois admiré, et peut-être en me l'exagérant, la différence de destin entre les critiques et les poëtes,

---

1. [En 1865, M. Sainte-Beuve, ayant à remercier l'éditeur M. Poulet-Malassis d'un envoi d'œuvres poétiques et satiriques du xvie siècle, réimprimées à Bruxelles, lui écrivait la lettre suivante, dans laquelle il se compare, en plaisantant, à Bertaut, pour la *sagesse* : c'est donc un dernier *clou d'or,* qui arrive à propos pour y rattacher encore une fois le nom et la mémoire du poëte, et que nous prenons la liberté d'emprunter non à l'œuvre de ce dernier, mais à la Correspondance même de l'auteur du *Tableau de la Poésie française au* xvie *siècle*] :

« Mon cher ami, écrivait M. Sainte-Beuve à M. Poulet-Malassis le 1er octobre 1865, je vous remercie bien; j'ai tout reçu... Je me suis régalé des quatre volumes réimprimés*; je n'avais à moi, d'une ancienne édition, que le *Cabinet.* J'ai retrouvé là tout ce monde de Ronsard et de Regnier et de Théophile, tout un monde de poésie et de vie salée entre bons compagnons. Avec tous les vices de ce vieux temps, il y avait alors des libertés, des licences, des plaisirs qui sont interdits au nôtre. Je ne sais si la poésie, l'esprit poétique et aussi le métier ont fait des progrès depuis. Vous avez, mon cher ami, le *bannissement* de Théophile. Baudelaire a eu aussi son éclaboussure. Vous ressemblez aux vieux maîtres par d'autres côtés encore et par le culte de ce qui vous

* [Les quatre volumes en question étaient (nommons-les sans fausse pudeur) l'ancien *Cabinet satyrique,* récemment réimprimé à Bruxelles (2 vol. in-18, 1864), et *le Parnasse satyrique du sieur Théophile, suivi du nouveau Parnasse satyrique* (1864, 2 vol. in-18, Bruxelles).

j'entends ceux qui ont été vraiment poëtes et rien que cela. Des critiques, me disais-je, on ne se rappelle guère après leur mort que les fautes ; elles se rattachent plus fixement à leur nom, tandis que la partie vraie, c'est-à-dire qui a triomphé, se perd dans son succès même. Qui donc parle aujourd'hui de La Harpe, de Marmontel, que pour les tancer d'abord, pour les prendre en faute, ces hommes qui avaient pourtant un sentiment littéraire si vif, et qui savaient tout ce qu'on exigeait de leur temps? Ainsi avons-nous fait nous-même en commençant, ainsi à notre tour on nous fera. Des simples poëtes, au contraire, quand tout est refroidi, on se rappelle à distance et l'on retient plutôt les beautés.

L'histoire littéraire, quand on l'a prise surtout en vue du goût, en vue de la critique active du moment, est vite renouvelée. Il en est d'elle comme d'un fonds commun, elle appartient à tous et n'est à personne ; ou du moins les héritiers s'y pressent. Le procès à peine vidé recommence. Aussi, les jours de printemps et de rêve, on paierait plus cher un buisson, un coin de poésie, une stance à la Bertaut, où l'on se croirait roi (roi d'Yvetot), que ces étendues littéraires contestées, d'où le dernier venu vous chasse.

Mai 1841.

---

semble les bons mystères. Troubat a rencontré Glatigny qui lui a récité quelques vers de la bonne sorte. Je suis un Bertaut pour la sagesse auprès de vous tous ; je ne suis pas du moins un Caton... »

DU BARTAS.

A fin du xvie siècle est en littérature, comme en plusieurs autres choses, un moment décisif et curieux à étudier de près. En poésie, c'est comme un défilé et un détroit que plus d'un nom et d'une gloire ont peine à franchir. Une flottille de poëtes arrivait et se pressait à pleines voiles du côté de l'entrée; mais, à la sortie, le seul Malherbe tient haut son pavillon et a sauvé sa nef toute neuve. Des autres, il ne reste guère que des corps désemparés ou des débris.

A quel endroit du détroit, sur quel rocher, chacun a-t-il eu son temps d'arrêt ou son naufrage? Quelle est la position respective et précise des divers points que signalent ces noms de Bertaut, Des Portes, Regnier, D'Aubigné, Du Bartas? C'est une sorte de géographie assez délicate à relever; à moins d'extrême attention, on court risque de confondre. Le détroit est en effet prolongé, fort sinueux et tournant; il y a de faux aspects de perspective. Bertaut peut sembler plus voisin de Malherbe qu'il ne l'est réellement. Du Bartas se peut rapprocher de la suite de Ronsard plus qu'il ne conviendrait.

Je parlerai aujourd'hui de Du Bartas. Il ne m'a jamais paru un bon poëte, et je ne viens pas lui faire réparation à ce titre. Il ne faudrait pas croire, en vertu de l'impartialité et de l'intelligence historique appliquées à la littérature, que la poésie est quelque chose de relatif, que ce qui a été véritablement bien et beau dans un temps cesse de l'être, et que, dans les réhabilitations à faire des poëtes, il n'y ait pas quelques règles fixes et toujours présentes à observer. Un poëte qui n'a atteint au beau ou au gracieux que par moments a pu s'égarer et céder au mauvais goût de son temps dans le gros de ses œuvres; on retrouve du moins en lui des traces brillantes de ce que son talent, mieux entouré, aurait su produire. Mais s'il ne se découvre pas de telles traces bien nettes, bien détachées et bien distinctes chez le poëte, je commence à craindre qu'il n'eût jamais été véritablement fin et distingué. Or, Du Bartas, le Père Le Moyne et Thomas me paraissent tous trois dans ce cas. L'élévation et d'assez hautes qualités ne manquent certes pas à leur veine; mais ils sont pesants et auraient de tout temps mérité de commander dans la grosse cavalerie des pégases.

Nul poëte pourtant n'a peut-être eu, de son vivant et après sa mort, plus de renom, en son pays et à l'étranger, que Du Bartas. Il a été le chantre et le représentant d'un grand mouvement des esprits à la date où il est venu. Il s'agit de bien établir et d'expliquer son importance.

Guillaume de Saluste, seigneur Du Bartas, d'une famille noble, fils d'un trésorier de France, naquit vers 1544, non pas tout à fait au Bartas[1], mais, comme Goujet l'a montré, à quelques lieues de là, en la petite ville de Montfort, non loin d'Auch, au cœur de la Gascogne. Rien d'étonnant si ses phrases sentirent toujours un peu ce que lui-même appelle son *naturel ramage*. Ses premières années se passèrent dans les lieux de sa naissance, et furent employées à l'étude, aux lettres, à la poésie. Il composa des vers presque au sortir de l'enfance. Son premier recueil, intitulé *la Muse chrétienne*, parut à Bordeaux en 1574; dans une édition de 1579, que j'ai sous les yeux[2], on lit en tête une dédicace à Madame Marguerite, reine de Navarre, qu'il s'est donnée, dit-il, pour *marraine*: choix très-naturel de la part d'un sujet, mais qui ne laisse pas d'être piquant chez un poëte si religieux : on croirait, s'il était malin, qu'il fait une épigramme. Le poëme de *Judith*, ajoute-t-il, lui fut commandé, il y a environ quatorze ans, par la feue reine Jeanne, et il prend à témoin plusieurs gens d'honneur qui lui ont entendu réciter de ces vers il y a plus de douze ans. Tout ceci

---

1. Le *Bartas*, de *vepretum*, *bertum* (voir le *Dictionnaire étymologique* de Ménage); comme qui dirait *le Buisson*. [C'est exactement la signification du mot *bartas* en patois languedocien].

2. Paris, chez Gabriel Buon, in-4º.

tend à nous le représenter en pleine verve dès 1565, et il déclare d'ailleurs, dans sa pièce d'*Uranie*, que l'amour du docte laurier n'attendit pas en lui *l'avril de son âge*.

Le caractère propre de sa vocation ne fut pas douteux un instant : Du Bartas, du premier jour, se posa comme un poëte religieux. Ronsard et son école toute païenne régnaient alors. Notre nouveau venu, au moins par le fond de l'inspiration, s'en détache : il évoque *Uranie*, la muse des célestes et graves accords; elle lui apparaît et l'endoctrine. Au moment où Des Portes (1573) efféminc la lyre et où toutes les jeunes voix répètent ses chansons, Du Bartas renfle l'accent et proteste contre les mignardises. C'est à la Bible qu'il se prend, c'est aux sujets sacrés qu'il demande une moralité élevée et salutaire. Il mérita en effet cet éloge qu'on lui décerna depuis dans une épitaphe latine : « *Qui Musas ereptas profanæ lasciviæ sacris montibus reddidit; sacris fontibus aspersit; sacris cantibus intonuit*. Il fut le premier qui, délivrant les Muses de ces profanes folâtreries dont elles étaient comme perdues, les rendit à leurs saintes montagnes, les replongea en leurs saintes fontaines, et ne leur fit ouïr que de pures et divines chansons. »

Par malheur, les vers ne répondent pas tout à fait à l'intention. Les stances de son *Uranie* manquent tout d'abord à la loi de l'entrelacement des rimes féminines et masculines. On y sent je ne sais quoi d'incorrect et *d'arriéré* en rudesse, si on la compare aux jolis couplets de la même date qui se modulaient à la cour des Valois. Nous sommes à Nérac, à Montfort en Armagnac. La *Judith* est une narration assez soutenue, en six chants, et où se remue par accès un certain souffle héroïque, sans aucun idéal pourtant. Du Bartas gagna beaucoup avec les années ; mais, en obtenant le mérite, il n'aura jamais la grâce, — la grâce, ce don qui est comme l'amour, qui vient on ne sait pourquoi, qui se pose où il lui plaît, qui va combler le libertin ou le volage, et qui fuit l'honnête et le laborieux dont l'effort constant le pourchasse. C'est une capricieuse et une femme que la Muse.

La Semaine ou Création du Monde, qui répandit avec éclat la renommée de Du Bartas, parut en 1579[1] ou plutôt en 1578. Les guerres de religion s'étaient ranimées, mais avec intermittences, de 1576 à 1580. Henri de Navarre, se dérobant de la cour de France où on le gardait presque à vue, avait regagné sa Gascogne et convié aux armes ses fidèles serviteurs. Du Bartas fut un de ceux-là. Lui qui, plus jeune, en 1574, se vantait par un sonnet de ne suivre le barreau ni le

---

1. A Paris, chez Jean Février, in-4º. Le privilége du roi est de février 1578, ce qui semble indiquer que c'est bien réellement dans le courant de l'année que le livre parut. Colletet, dans sa Vie manuscrite de Du Bartas (Bibliothèque du Louvre), donne cette date inexactement, et Goujet l'élude. Je ne le fais remarquer que pour demander grâce moi-même de tant de petites inadvertances en pareille matière, où il a pu m'arriver de tomber.

train guerrier, et de passer oisivement sa vie en son manoir de Bartas, il avait dû à son tour endosser la cuirasse et ceindre le baudrier. On le voit, dans une préface de 1579, se plaindre de sa destinée et de la calamité de son siècle, qui l'ont appelé à une autre profession que celle des lettres. Calviniste comme D'Aubigné, mais moins satirique et moins amer, il se contenta, sans se prendre aux personnes, de travailler et de faire valoir un fonds sérieux. Tandis que des abbés, bons catholiques, ne chantaient qu'amourettes et agréables lascivetés, tandis que la cour et les mignons fredonnaient sur tous les tons : *O Nuit, jalouse Nuit!* ou bien : *Rozette, pour un peu d'absence,* voilà un séculier et un soudard qui entonne là-bas le los divin, et qui se fait, en vers sonores, prédicateur des choses saintes. De nos jours, nous avons vu M. de Lamartine se trouver au début le poëte de ce qu'on appelait la réaction catholique et religieuse, comme Béranger était celui de l'opinion frondeuse et libérale. Eh bien, talent à part, le succès de *la Semaine* de Du Bartas s'explique de même : il se trouva par là en un instant le poëte, non pas seulement de l'opinion calviniste (il n'a rien qui sente particulièrement le sectaire), mais de l'opinion religieuse grave, de la croyance chrétienne, si fervente alors dans toute une classe de la société. Son œuvre, à peine lancée, fut portée dans le grand courant. Les quatre ou cinq années de trêve dont on jouit depuis ce qu'on appelait la conférence de Fleix jusqu'à la grande guerre de la Ligue (1580-1585) firent suffisamment d'espace pour une publicité immense. On peut dire qu'indépendamment presque du mérite poétique plus ou moins distingué, *la Semaine,* venue à point, réussit par son sujet comme l'eût fait la Bible traduite en français, comme plus tard on vit réussir, même parmi les dames, le Nouveau Testament *de Mons.*

C'est à peu près le moment où D'Aubigné, forcé de garder le lit pour quelque blessure (1577), dictait les premières stances de ses *Tragiques.* Si elles avaient paru alors, Du Bartas en partie était devancé, ou du moins il y avait balance dans le même camp : mais la publication n'en eut lieu que bien plus tard. C'était le moment encore où paraissait (coïncidence singulière!) la première édition des *Essais* de Montaigne, ce compatriote et voisin bien différent. *La Semaine* de l'un, les *Essais* de l'autre, ne pouvaient se faire concurrence ; ces deux produits de Gascogne se suivirent à un an d'intervalle (1579-1580), et obtinrent, chacun à leur manière, un succès de vogue. Il y a eu de tout temps des mets à la fois pour tous les goûts.

On ne peut nier que *la Semaine* ne justifiât ce premier enthousiasme par un certain air de grandeur, par des tirades éloquentes, et aussi par la nouveauté bien réelle du genre. La poésie dévote du moyen âge était dès longtemps oubliée ; la Renaissance avait tout envahi ; les seuls protestants en étaient encore aux maigres Psaumes de Marot. Voici venir un poëte ardent et docte, qui célèbre l'œuvre de Dieu, qui raconte la sagesse de l'Éternel, et qui déroule d'après Moïse la suite et les beautés de la cosmogonie hébraïque et chrétienne. Ce que Parménide, Empédocle, Lucrèce et Ovide lui-même ont tenté chez les Anciens, il l'ose à son tour, et en des détails scientifiques non moindres; mais toute cette physique se relève d'un sentiment moral animé, d'une teinte biblique et parfois prophétique qui passe comme l'éclair à travers les éléments. J'en pourrais citer plus d'un exemple, la menace de la fin du monde dans la première journée, ou, à la fin de la quatrième, cette image vraiment belle et artistement exprimée de Josué arrêtant le soleil. Le malheur de Du Bartas est qu'il gâte cette élévation naturelle de ses pensées, cette noblesse de ses descriptions, par des traits burlesques, par des expressions déplacées et de mauvais goût (même pour son temps), dont il ne sentait pas le léger ridicule; nous verrons des railleurs le relever. Il nous parle tout d'un coup, à propos de sa Gascogne, des *monts* ENFARINÉS *d'une neige éternelle*. Dans sa physique des éléments, au second jour, il met en jeu l'*Antipéristase* pour expliquer le duel du chaud et du froid[1]. Sa noblesse en un mot pèche tour à tour et déroge soit par le trivial, soit par le pédantesque. Au moment de la création de l'homme, quand, le monde étant formé et d'ailleurs peuplé, il ne s'agit plus que d'introduire l'hôte principal, il dit assez agréablement :

---

1. *Antipéristase,* en bon français, ne veut dire autre chose que *concentration.*

*Le sage ne conduit la personne invitée
Dans le lieu du festin, que la salle apprêtée
Ne brille de flambeaux, et que les plats chargés
Sur le linge flamand ne soient presque rangés :
Ainsi notre grand Dieu, ce grand Dieu qui sans cesse
Tient ici cour ouverte. . . . .
Ne voulut convier notre aïeul à sa table
Sans tapisser plus tôt sa maison délectable,
Et ranger, libéral, sous les pôles astrés
La friande douceur de mille mets sucrés.*

Eh bien, ce *linge flamand* dont il parle en ce premier Eden, on le retrouve chez lui en plus d'un endroit, et moins joliment. Mais je me reprocherais, avant d'en venir plus en détail à l'examen de Du Bartas, de ne pas laisser parler sur lui tout au long un juge, un avocat bienveillant et le plus inattendu ; on ne le devinerait jamais, si je ne disais que c'est Gœthe lui-même.

« La juste appréciation de ce qui doit plaire en tel pays ou à telle époque, d'après l'état moral des esprits, voilà, écrit Gœthe, ce qui constitue le goût. Cet état moral varie tellement d'un siècle et d'un pays à un autre, qu'il en résulte les vicissitudes les plus étonnantes dans le sort des productions du génie. J'en vais citer un exemple remarquable.

« Les Français ont eu, au xvie siècle, un poëte nommé Du Bartas, qui fut alors l'objet de leur admiration. Sa gloire se répandit même en Europe, et on le traduisit en plusieurs langues. Il a composé beaucoup d'ouvrages en vers héroïques.

C'était un homme d'une naissance illustre, de bonne société, distingué par son courage, plus instruit qu'il n'appartenait alors à un guerrier. Toutes ces qualités n'ont pu le garantir de l'instabilité du goût et des outrages du temps. Il y a bien des années qu'on ne le lit plus en France, et, si quelquefois on prononce encore son nom, ce n'est guère que pour s'en moquer. Eh bien, ce même auteur maintenant proscrit et dédaigné parmi les siens, et tombé du mépris dans l'oubli, conserve en Allemagne son antique renommée ; nous lui continuons notre estime, nous lui gardons une admiration fidèle, et plusieurs de nos critiques lui ont décerné le titre de *roi des poëtes français*. Nous trouvons ses sujets vastes, ses descriptions riches, ses pensées majestueuses. Son principal ouvrage est un poëme en sept chants sur les sept jours de la Création. Il y étale successivement les merveilles de la nature ; il décrit tous les êtres et tous les objets de l'univers, à mesure qu'ils sortent des mains de leur céleste Auteur. Nous sommes frappés de la grandeur et de la variété des images que ses vers font passer sous nos yeux ; nous rendons justice à la force et à la vivacité de ses peintures, à l'étendue de ses connaissances en physique, en histoire naturelle. En un mot, notre opinion est que les Français sont injustes de méconnaître son mérite, et qu'à l'exemple de cet électeur de Mayence, qui fit graver autour de la roue de ses armes sept dessins représentant les œuvres de Dieu pendant les sept jours de la Création, les poëtes français devraient aussi rendre des hommages à leur ancien et illustre prédécesseur, attacher à leur cou son portrait, et graver le chiffre de son nom dans leurs armes. Pour prouver à mes lecteurs que je ne me joue point avec des idées paradoxales, pour les mettre à même d'apprécier mon opinion et celle de nos littérateurs les plus recommandables sur ce poëte, je les invite à relire, entre autres passages, le commencement du septième chant de sa *Semaine*. Je leur demande s'ils ne trouvent pas ces vers dignes de figurer dans les bibliothèques à côté de ceux qui font le plus d'honneur aux muses françaises, et supérieurs à des productions plus récentes et bien autrement vantées. Je suis persuadé qu'ils joindront leurs éloges à ceux que je me plais ici à donner à cet auteur, l'un des premiers qui aient fait de beaux vers dans sa langue, et je suis également convaincu que les lecteurs français persisteront dans leur dédain pour ces poésies si chères à leurs ancêtres, tant le goût est local et instantané! tant il est vrai que ce qu'on admire en deçà du Rhin, souvent on le méprise au delà, et que les chefs-d'œuvre d'un siècle sont les rapsodies d'un autre [1] ! »

Gœthe n'a pas fini; il continue et explique en général ce changement par le progrès exclusivement classique qui s'est accompli sous Louis XIV, qui s'est même poursuivi au delà, et dont l'effet a

---

1. *Des Hommes célèbres de France au* XVIIIe *siècle*, traduit de Gœthe par MM. de Saur et de Saint-Géniès (Paris, Renouar , 1823), page 102.

été d'épurer de plus en plus, de *tamiser* la langue. Mais c'est assez pour notre objet. Il faut citer ces vers qu'il trouve si beaux, et qui sont en effet remarquables. Une réserve pourtant avant tout : en fait de poëtes et d'écrivains, chaque nation est, ce semble, le premier juge des siens; si grand que soit Gœthe, cela ne le rend pas un arbitre plus sûr des vers français. On m'en a montré de singuliers de lui qu'il écrivait à son ami Müller dans sa jeunesse. Je le dirai en tout respect, la vendeuse d'herbes d'Athènes, ou, pour parler comme Paul-Louis Courier, la moindre femmelette de la rue Chauchat en sait plus long sur de certaines fautes indigènes que l'homme de génie étranger. *Faites tous vos vers à Paris,* dit l'adage; or Du Bartas n'en fit aucun à Paris. Ce que je crois entrevoir, ce que j'espère prouver, c'est que, même de son temps, malgré toute sa vogue et sa gloire, il fut toujours un peu le poëte des provinces et celui des réfugiés; qu'il n'agréa jamais complétement à la cour; qu'il choqua ce goût fin des derniers Valois, et que, n'en déplaise à l'électeur de Mayence ou au roi Jacques d'Ecosse, le spirituel Du Perron lui refusa toujours son brevet.

Et même à lire le morceau cité par Gœthe, nous allons avoir la preuve que tout n'est pas caprice dans ce goût. Il s'agit de Dieu qui, ayant fini son œuvre, s'y complaît et la contemple[1] :

---

1. Entre le texte primitif de l'édition de 1579 et celui des éditions suivantes, je remarque dans ce morceau

*Le peintre qui, tirant un divers paysage,
A mis en œuvre l'art, la nature et l'usage,
Et qui, d'un las pinceau, sur son docte pourtrait,
A, pour s'éterniser, donné le dernier trait,
Oublie ses travaux, rit d'aise en son courage,
Et tient toujours les yeux collés sur son ouvrage.*

*Il regarde tantôt par un pré sauteler
Un agneau qui toujours, muet, semble bêler;
Il contemple tantôt les arbres d'un bocage,
Ore le ventre creux d'une roche sauvage,
Ore un petit sentier, ore un chemin battu,
Ore un pin baise-nue, ore un chêne abattu.*

*Ici par le pendant d'une roche couverte
D'un tapis damassé moitié de mousse verte,
Moitié de verd lierre, un argenté ruisseau
A flots entrecoupés précipite son eau;
Et qui, courant après, or' sus, or' sous la terre,
Humecte, divisé, les carreaux d'un parterre.*

*Ici l'arquebusier, de derrière un buis vert,
Affuté, vise droit contre un chêne couvert
De bisets passagers. Le rouet se débande;
L'amorce vole en haut : d'une vitesse grande,
Un plomb environné de fumée et de feu,
Comme un foudre éclatant, court par le bois touffu* [1].

---

d'assez notables différences. L'auteur y a fait des corrections, et en général heureuses. Sur un ou deux points, je me tiens pourtant au premier texte.

1. On se rappelle les vers de Delille dans *l'Homme des Champs* :

*Ici deux bergerots sur l'émaillé rivage
Font à qui mieux courir*[1] *pour le prix d'une cage.
Un nuage poudreux s'émeut dessous leurs pas;
Ils marchent et de tête, et de pieds, et de bras;
Ils fondent tout en eau : une suivante presse
Semble rendre, en criant, plus vite leur vitesse.*

*Ici deux bœufs suans, de leurs cols harassés,
Le coutre fend-guéret traînent à pas forcés.*

*Ici la pastourelle, à travers une plaine,
A l'ombre, d'un pas lent, son gras troupeau ramène*[2];
*Cheminant elle file, et, à voir sa façon,
On diroit qu'elle entonne une douce chanson.*

*Un fleuve coule ici, là naît une fontaine.
Ici s'élève un mont, là s'abaisse une plaine.
Ici fume un château, là fume une cité,
Et là flotte une nef sur Neptune irrité.*

*Bref, l'art si vivement exprime la nature,
Que le peintre se perd en sa propre peinture,*

> *Aux habitants de l'air faut-il livrer la guerre?
> Le chasseur prend son tube, image du tonnerre;
> Il l'élève au niveau de l'œil qui le conduit :
> Le coup part, l'éclair brille, et la foudre le suit.*

Au temps de Du Bartas, le coup partait un peu moins vite, à cause du *rouet*; mais son descriptif ne le cède en rien.

1. *Font à qui mieux courra*, dans les dernières éditions.
2. Dans l'édition de 1579, il y avait :
. *Chez soi, d'un pié gaillard, son gras troupeau ramène.*
C'était plus rustique ; la correction est plus jolie.

*N'en pouvant tirer l'œil, d'autant que, plus avant
Il contemple son œuvre, il se voit plus savant.*

On trouvera pourtant que Gœthe n'avait pas si mal choisi, et qu'il n'avait pas eu d'abord la main trop malheureuse. Cette première partie est assurément riche, gracieuse même, riante; mais, si l'on arrive à l'autre terme de la comparaison, au *grand Ouvrier* qui, au jour du repos, s'admire dans le *grand Tout*, outre que c'est le rapetisser sans doute que d'en faire un paysagiste si flamand, la noblesse d'expression qui pouvait dissimuler fait défaut à chaque pas; l'élévation du ton a de singulières chutes. Croirait-on bien que dans les vers suivants il s'agisse de l'Éternel?

*Il œillade tantôt les champs passementés
Du cours entortillé des fleuves argentés.*
. . . .
*Or' son nez à longs traits odore une grand' plaine
Où commence à flairer l'encens, la marjolaine.*
. . . .
*Son oreille or' se pait de la mignarde noise
Que le peuple volant par les forêts dégoise...*
. . . .
Et bref l'oreille, l'œil, le nez du Tout-Puissant,
*En son œuvre n'oit rien, rien ne voit, rien ne sent,
Qui ne prêche son los.* . . . . . .

L'oreille, le nez du Tout-Puissant n'ont paru bons en aucun temps, qu'on le sache bien. *L'œil* suffisait à tout rendre, mais *l'œillade* gâte tout. On lit dans le *Perroniana* ces paroles, d'ailleurs beaucoup trop sévères : « Du Bartas est un fort méchant poëte, et a toutes les conditions qu'un très-mauvais poëte doit avoir en l'*invention*, la *disposition* et l'*élocution*. Pour l'*invention*, chacun sait qu'il ne l'a pas et qu'il n'a rien à lui, et qu'il ne fait que raconter une histoire : ce qui est contre la poésie, qui doit envelopper les histoires de fables, et dire toutes choses que l'on n'attend et n'espère point. Pour la *disposition*, il ne l'a pas non plus, car il va son grand chemin et ne suit aucune règle établie par ceux des Anciens qui en ont écrit. Pour l'*élocution* elle est très-mauvaise, impropre en ses façons de parler, impertinente en ses métaphores qui, pour la plupart, ne se doivent prendre que des choses universelles, ou si communes qu'elles aient passé comme de l'espèce au genre; mais lui, pour le soleil par exemple, au lieu de dire *le Roi des lumières*, il dira *le Duc des Chandelles*; pour les vents, au lieu de dire *les Courriers d'Éole*, il dira ses *Postillons*, et se servira de la plus sale et vilaine métaphore que l'on se puisse imaginer, et descend toujours du genre à l'espèce, qui est une chose fort vicieuse... »

Nous avons déjà de ce défaut assez de preuves dans le peu que j'ai cité. En rabattant ce qu'on voudra de la sévérité de Du Perron qui, en sa double qualité de catholique et de poëte galant, pouvait être un peu piqué au jeu dans le succès de Du Bartas, on ne saurait refuser à l'élégant et à l'éloquent cardinal, au disciple le plus poli de

Ronsard et à l'introducteur de Malherbe, d'être un juge très-compétent de la bonne élocution en usage alors. J'ouvre le premier chant, le premier jour de *la Semaine* : qu'y vois-je, dès le début, et un peu après *les Postillons d'Éole?* Il s'agit de répondre aux profanes qui demandent ce que faisait Dieu en son éternité avant d'avoir créé le monde :

Quoi? le preux Scipion pourra dire à bon droit
Qu'il n'est jamais moins seul que quand seul il se voit;
Et Dieu ne pourra point (ô ciel, quelle manie!)
Vivre qu'en loup-garou, *s'il vit sans compagnie!*

Un peu plus loin, Moïse est un *grand Duc*. A propos du désordre et du chaos des quatre éléments, *l'Archer du tonnerre, grand maréchal de camp,* c'est-à-dire Dieu, ne leur avait pas encore donné quartier à chacun; le monde serait resté à jamais confus, si la parole souveraine

N'eût comme siringué *dedans ces membres morts*
Je ne sais quel esprit qui meut tout ce grand corps.

Voilà, ce me semble, Du Perron justifié quand il parle de ces *vilaines et sales* métaphores qu'affectionne Du Bartas. Celui-ci n'eut jamais ce tact, ce sentiment du ridicule qu'il faut avoir en français, même quand on écrit dans le genre sérieux; il ne l'avait pas plus que ce j'appelle *le léger de la Muse.*

On a raconté qu'un essaim d'abeilles, s'étant

venu loger dans un endroit de la muraille à son château du Bartas, n'en sortit jamais, et ne cessa point tous les ans de produire du miel. On y vit un présage, et on ne manqua pas d'en faire des vers français et latins sur tous les tons :

Non etenim sine mente deum, sine numine quodam
 Huc vestrum, aligeræ, casus adegit iter...

Rien pourtant de plus mal placé que ces abeilles; Du Bartas, en ses vers, n'en a pas une, tandis que bien d'autres'de son temps, et même des secondaires, en pourraient offrir; Gilles Durant, Passerat, Vauquelin de la Fresnaie, que sais-je encore? mais non pas lui. Il a du souffle, de l'haleine, des poussées de grandeur, une certaine fertilité grasse, tout ce qui se peut à toute force rencontrer en Béotie, jamais l'abeille.

D'autres encore que Du Perron le savaient bien. A la suite de la Vie de Du Bartas, par Guillaume Colletet[1], on lit une note très-curieuse de Colletet fils, le poëte *crotté* : « Jean Baudouin, écrit-il, dont le nom a été si connu dans l'empire des lettres, et duquel nous avons de si fidèles traductions, m'a dit autrefois que Ronsard, qui étoit fort adroit à jouer à la paume, et qui ne passoit guère de semaine sans gagner partie aux plus grands de la cour, étant un jour au jeu de l'Aigle dans notre faubourg Saint-Marcel, quel-

---

1. Déjà citée (Bibliothèque du Louvre). J'en use perpétuellement.

qu'un apporta *la Semaine* de Du Bartas, et qu'oyant dire que c'étoit un livre nouveau, il fut curieux, bien qu'engagé dans un jeu d'importance, de le voir et de l'ouvrir, et qu'aussitôt qu'il eut lu les vingt ou trente premiers vers, ravi de ce début si noble et si pompeux, il laissa tomber sa raquette, et oubliant sa partie, il s'écria : « Oh ! « que n'ai-je fait ce poëme ! Il est temps que Ron- « sard descende du Parnasse et cède la place à Du « Bartas, que le Ciel a fait naître un si grand poëte. » Guillaume Colletet, mon père, m'a souvent assuré de la même chose ; cependant je m'étonne qu'il ait omis cette particularité dans la vie qu'il a écrite.... » Guillaume Colletet raconte en effet deux ou trois autres particularités plutôt contraires. Mais rien de plus naturel à concilier. Au moment où *la Semaine* parut, Ronsard, âgé de cinquante-cinq ans, et généreux comme un monarque établi, put tenir, dans le jeu de paume de l'Aigle, le propos mémorable que les témoins n'oublièrent pas. J'aimerais même à croire que les vers qu'il lut ainsi à livre ouvert et qu'il admira ne furent point ceux du début, du premier chant, assez peu nobles en effet, mais bien plutôt ce commencement du *septième jour,* les mêmes que Gœthe admira depuis. Quoi qu'il en soit, son second mouvement ne tarda pas à corriger, à rétracter le premier ; quand il vit que cette gloire de Du Bartas devenait sérieuse, il y regarda à deux fois et proclama ses réserves. Comme son propos courait, qu'on lui prêtait même encore d'avoir envoyé à son rival une *plume d'or* en s'avouant vaincu, et d'avoir dit que Du Bartas avait plus fait en une semaine que Ronsard en toute sa vie, il lança un sonnet plein de fierté pour y répondre :

Ils ont menti, Dorat, ceux qui le veulent dire,
Que Ronsard, dont la Muse a contenté les Rois,
Soit moins que Le Bartas, et qu'il ait, par sa voix,
Rendu ce témoignage ennemi de sa Lyre.

. . . .
Ils ont menti, Dorat : c'est une invention
Qui part, à mon avis, de trop d'ambition;
J'aurois menti moi-même en le faisant paroître.

Francus en rougiroit; et les neuf belles Sœurs,
Qui trempèrent mes vers dans leurs graves douceurs,
Pour un de leurs enfants ne me voudroient connoître.

Et à la suite de ce sonnet, dont Guillaume Colletet possédait le manuscrit original, Ronsard avait ajouté de sa main ces six vers, qui exprimaient visiblement son opinion littéraire, assez conforme à celle de Du Perron :

Je n'aime point ces vers qui rampent sur la terre,
Ni ces vers ampoulés dont le rude tonnerre
S'envole outre les airs : les uns font mal au cœur
Des liseurs dégoûtés, les autres leur font peur :
Ni trop haut, ni trop bas, c'est le souverain style;
Tel fut celui d'Homère et celui de Virgile.

Que vous en semble? voilà du bon goût exemplaire. Rien n'est capable d'en donner aux poëtes novateurs déjà sur le retour, comme de voir des rivaux survenants outrer leurs défauts et réussir. Ce n'est qu'en littérature qu'on ne dit pas : *Mes petits sont mignons*.

Mais ceci répond toutefois à ceux qui n'ont jamais daigné distinguer Du Bartas de Ronsard, et qui continuent de les accoler. Du Bartas, venu le dernier, et le plus en vue à certains égards, a fait payer à toute l'école de son devancier les frais de sa pesanteur et de ses mots forgés; on a imputé à tous ce qui revenait principalement à lui. Je lui en veux de cette disgrâce. Il a obstrué longtemps le retour de la critique à cette jolie poésie des règnes de Henri II et de Henri III, à cette poésie qui naquit et fleurit sous l'invocation des deux gracieuses princesses, Marguerite de Savoie, l'idéal platonique de Du Bellay, et Marguerite de Navarre, aimée plus au sérieux de Des Portes; car c'était bien de celui-ci, et non du puritain, qu'elle était la vraie *marraine*[1].

Quoique *la Semaine* de Du Bartas n'eût rien de particulièrement calviniste, et que les docteurs de la Faculté de théologie de Paris l'eussent *visitée* avant l'impression, le parti calviniste s'en empara, la commenta, la traduisit, la répandit et la fit réimprimer à foison par toutes les villes de France et d'Allemagne où la Réforme était maî-

---

1. Les trois *Marguerites* du xvie siècle se pourraient ainsi désigner et distinguer littérairement par les noms de leurs poëtes, la Marguerite de Marot, la Marguerite' de Du Bellay, et la Marguerite de Des Portes.

tresse ; ce poëme en parut comme le trophée. Du Bartas, grâce à cette circonstance, devint peut-être l'exemple, le type le plus curieux, en aucun temps, de la gloire poétique immense en province et à l'étranger.

En moins de quatre ou cinq années, cette *Semaine* fut imprimée plus de vingt fois, dit Colletet, en toutes sortes de marges et de caractères. Le fameux ministre de Genève, Simon Goulart, de Senlis, s'en fit aussitôt le commentateur, comme pour un Lycophron : c'est son travail qui est demeuré attaché aux éditions ordinaires. Pantaléon Thévenin, de Lorraine, renchérissant sur Goulart, composa d'autres commentaires très-scientifiques publiés en 1584; la Création servait aisément de prétexte à encyclopédie. Dès 1579, Jean Edouard Du Monin, poëte philosophe, espèce de savant allégorique et burlesque, avait traduit le poëme en vers latins[1]. Gabriel de Lerm, en 1583, en donnait une autre traduction latine, et, dans la dédicace adressée à la reine d'Angleterre, il disait de l'auteur original, au milieu d'éloges fabuleux : « Les pilastres et frontispices des boutiques *allemandes, polaques, espagnoles*, se sont enorgueillis

---

1. Sous ce titre : *Joannis Edoardi Du Monin Burgundionis Gyani* (de Gy en Franche-Comté) *Beresithias* (c'est le mot hébreu) *sive Mundi Creatio...* Ce bizarre Du Monin a dû faire cette traduction en quelques mois, on dit même en cinquante jours. Henri IV l'appelait, par plaisanterie, *le poëte des chevau-légers ;* on ne pouvait dire la même chose de Du Bartas.

de son nom joint avec ces divins héros, Platon, Homère, Virgile... » Le succès de *la Semaine* remettait en mémoire aux savants *l'Œuvre des six Jours*, poëme grec sur le même sujet, par George Pisides, diacre byzantin du VIIe siècle : Frédéric Morel le traduisit en vers latins ïambiques, et le publia à la fin de 1584. Comme lecture analogue, je me permettrai d'indiquer encore une manière de commentaire indirect, qui serait assurément le plus cher aux gens de goût, l'*Explication de l'Ouvrage des six Jours* de Duguet : ce sont là-dessus nos Homélies de saint Basile[1].

Cependant, au lieu de prolonger son septième jour et de s'endormir dans sa gloire, Du Bartas profitait du loisir de ces années un peu moins

---

1. Il semble que le succès chrétien de Du Bartas ait piqué d'honneur les catholiques, et qu'ils aient voulu prouver qu'eux aussi ils avaient nombre de pièces de vers religieuses et morales. J'ai sous les yeux un volume intitulé *la Muse chrétienne*, ou recueil des poésies chrétiennes tirées des principaux poëtes français, publié à Paris en 1582. L'éditeur dit en son avant-propos qu'il n'a tiré son choix que des œuvres des *six premiers et plus excellents poëtes que la France ait encore portés*, trois desquels, ajoute-t-il, sont encore vivants (Ronsard, Baïf et Des Portes), et trois morts (Du Bellay, Jodelle et Belleau); il n'est pas question de Du Bartas, dont *la Semaine* était pourtant alors en pleine vogue. Preuve encore que le rôle en première ligne ne lui était pas incontestablement accordé. — En 1588, dans le Dictionnaire des rimes de Tabourot, il est cité de pair à la suite des autres : il a pris son rang.

troublées pour aborder sa *seconde Semaine*, c'est-à-dire l'*Éden* et la suite. S'il y avait réussi autant qu'il y visa, ce serait notre Milton, comme Du Bellay, pour une certaine grâce et fraîcheur savante, est un peu notre Spencer. Mais ces comparaisons pèchent trop et nous font tort.

On lit dans les *Mémoires* de Du Plessis-Mornay la lettre suivante, qu'il écrivait à Du Bartas, à la veille de cette publication. On y voit bien l'attente du parti, l'estime qu'on faisait du poëte à l'égal d'un théologien, et les relations mutuelles de ces dignes hommes. Du Plessis-Mornay avait environ trente-cinq ans à cette date, et Du Bartas quarante.

Du 13 janvier 1584. « Monsieur, je loue Dieu que vous soyez arrivé à la fin de votre *seconde Semaine*. C'est un œuvre aussi avidement attendu que l'autre a été joyeusement reçu. De moi je ne fais rien que plaindre ma vie détournée des choses hautes aux basses ; et crains que mon esprit enfin n'en dégénère, encore qu'en cette espérance je lutte toujours vivement de ma nature contre la nature des affaires dont il faut me mêler[1]. Vous verrez ma traduction latine de mon livre *De la Vérité*, et en jugerez, s'il vous plaît : j'ai des conceptions et presque m'en déplais, parce que je ne me vois ni le loisir ni la saison de les éclore.

---

1. Éternelle plainte de tous les gens de lettres mêlés aux affaires politiques, ce qui ne les empêche pas de faire tout au monde pour y arriver ; et, une fois entré, on n'en sort plus.

Faisons état que je suis à tirer une galère pour quelques ans; au sortir de là peut-être aurai-je durci mes nerfs et mes muscles pour quelque exercice plus agréable. Je me sens honoré d'avoir eu quelque place en votre livre[1]. La perle que j'ai mis en œuvre m'a acquis ce bien, et non l'œuvre même. C'est le contentement que doivent attendre même les mauvais ouvriers, en maniant une bonne étoffe. Un faux monnoyeur y apporte plus d'art et d'industrie, et toutefois sa monnoie n'a point grand'mise. Je vous prie que je voie des premiers votre *Semaine;* car, entre ci et là, les semaines me seront ans, et les jours semaines. Dès que j'aurai reçu quelques exemplaires de ma version, vous les verrez aussi, Monsieur... (Du Mont-de-Marsan.) »

1. Du Bartas le lui avait dit à l'avance : en effet, au *second jour* de cette *seconde Semaine,* dans le livre intitulé *Babylone,* le poëte voit en songe, après Clément Marot, qu'il compare un peu démesurément à un colisée, après Vigenère, qu'il place beaucoup trop près d'Amyot, et enfin après Ronsard l'inévitable, qu'il n'a garde certainement d'omettre, — il voit parmi les gloires de la France le controversiste Mornay :

Cet autre est De Mornay, qui combat l'Athéisme,
Le Paganisme vain, l'obstiné Judaïsme,
Avec leur propre glaive; et pressé, grave-saint,
Rondit si bien son style ensemble simple et peint,
Que ses vives raisons, de beaux mots empennées,
S'enfoncent comme traits dans les âmes bien nées.

Ainsi le livre *De la Vérité chrétienne* de Mornay et l'œuvre de Du Bartas allaient de pair dans l'attente et dans l'estime ; c'étaient des livres de même ordre, servant la même cause sainte. Et à ce propos, dans les *Aventures du Baron de Fœneste*, vers la fin, quand D'Aubigné imagine ces burlesques triomphes allégoriques d'*Impiété*, d'*Ignorance*, de *Poltronnerie* et de *Gueuserie*, il figure *le chariot d'Ignorance*, ayant *pour pavé* force livres polémiques, à commencer par *l'Institution* de Calvin, et il ajoute : « De ce rang sont *la Semaine* de Du Bartas, les livres de Du Moulin et l'histoire de D'Aubigné. »

La seconde Semaine dut paraître dans les premiers mois de 1584. Les critiques autant que les admirateurs étaient à l'affût, et il ne semble pas que le succès fut aussi incontesté cette fois que la première. Rien de plus bizarre en effet et de plus compliqué que l'ordonnance du poëme, s'il mérite ce nom. L'auteur ne publie que deux jours de cette *seconde Semaine*, division toute symbolique qui commence par *Adam* (premier jour), qui continue par *Noé* (second jour), et va ainsi par époques jusqu'à la fin du monde ; à quoi il devait ajouter pour couronnement et pour septième jour celui du *Sabbat éternel*. Les deux premiers jours, les seuls que donne d'abord l'auteur, se subdivisent eux-mêmes en quatre parties chacun : je fais grâce des titres ; on se perd dans ces compartiments. C'eût été la Bible tout entière paraphrasée ; il aurait fini par l'Apocalypse. On retrouva après sa mort des portions inédites, et on publia successivement ces *suites* de Du Bartas, qu'il est même assez difficile de se procurer complètes. Rien n'est moins à regretter. Le dernier morceau, et qui a pour titre *la Décadence*, va jusqu'à la prise de Jérusalem sous Sédécias, et forme *la quatrième Partie du quatrième Jour de la seconde Semaine :* tirez-vous de la supputation, si vous pouvez.

Du Bartas, en se fourvoyant de la sorte, donnait sa mesure et sa limite comme poëte. Il se flattait de faire une grande composition non-seulement épique ou héroïque, mais, comme il disait, *en partie panégyrique, en partie prophétique, en partie didascalique :* il ne faisait qu'une grosse compilation rimée. Ronsard, qui ne mourut qu'en 1585, et qui vécut assez pour en avoir connaissance, dut se sentir rassuré. Sans doute il était facile, et il le serait encore, de détacher d'assez beaux fragments de cette Babel disproportionnée. La fameuse description du cheval semble faire assaut à celle de Job, et faire appel à celle de M. de Buffon. Pourtant, le plus sûr avec Du Bartas est de se rabattre à des rapprochements moins ambitieux, et de ne lui opposer par moments que Racine fils dans le poëme de *la Religion*, ou Delille dans *les Trois Règnes*. Comme ce dernier, mais avec plus de chaleur de cœur, il a été le poëte d'un parti ; comme lui aussi, mais avec plus de sérieux, il a visé à rimer tous les arts et toutes les sciences. Au xvie siècle comme au xviiie, l'Encyclopédie était la marotte ; on retrouve le mot et la chose en Du Bartas. Regrettant le concert heureux qui précédait la confusion des langues, il dit :

. . . . *Et, montant d'art en art,*
Nous parvenions bientôt au sommet du rempart,
Où l'Encyclopédie en signe de victoire
Couronne ses mignons d'une éternelle gloire[1].

Les critiques qui accueillirent *la seconde Semaine* furent assez vives d'abord pour que Du Bartas jugeât à propos d'y répondre. On a de lui *un Brief Advertissement* imprimé à Paris dans l'année même (décembre 1584) : le libraire L'Huillier prend sur lui de le publier, dit-il, bien que l'auteur n'ait songé qu'à écrire à un ami. Du Bartas cherche à se justifier en premier lieu sur le titre et l'argument de son œuvre; il s'appuie et renvoie pour autorité au dernier chapitre de la *Cité de Dieu* de saint Augustin, d'où il a pris cette idée de journées mystiques et de semaines prophétiques.

---

1. Dans le livre intitulé *Babylone*. — Cette idée d'*Encyclopédie* se rattachait si naturellement à l'œuvre de Du Bartas et aux commentaires qu'on en avait faits, qu'au nombre des traductions assez nombreuses publiées à son sujet en Angleterre et dont je parlerai, je note celle-ci : *A learned Summary upon the famous Poem of William of Salust lord of Bartas, wherein are discovered all the excellent secrets in metaphisical, phisical, moral and historical knowledge* (Londres, 1621); le tout pour rafraîchir, est-il dit, la mémoire des savants, et pour aider à abréger les études des jeunes gentilshommes : un vrai manuel pour le baccalauréat du temps.

Quant à la disproportion des parties et à l'énormité des dimensions où cela l'entraîne, il oppose qu'on ne voit encore que le frontispice du palais, et qu'on ne peut juger de l'ensemble : « Qui vous eût montré la tête du grand Colosse de Rhodes séparée du corps, n'eussiez-vous pas dit qu'elle étoit épouvantable, monstrueuse et démesurée ? » — « Mais quoi ! eût pu lui répliquer un plaisant, son voisin Montaigne ou tout autre, quoi ! ce n'est là que la tête que nous voyons ; que sera-ce donc quand viendront les épaules, la poitrine de cet Hercule et tous ses membres ? » — Mais c'est surtout en ce qu'il allègue pour la défense de son élocution que l'honnête poëte nous intéresse : « La grandeur de mon sujet, dit-il, désire une diction magnifique, une phrase haut levée, un vers qui marche d'un pas grave et plein de majesté ; non errené (*éreinté*), lâche, efféminé, et qui coule lascivement, ainsi qu'un vaudeville ou une chansonnette amoureuse. » Ne sent-on pas le petit coup donné en passant à l'école de Des Portes ? Et arrivant aux critiques de détail qu'on lui avait faites, il indique ces vers tirés de la description du cheval ; il s'agit d'exprimer le galop :

Le champ plat bat, abat, détrappe, grappe, attrappe
Le vent qui va devant. . . . .

On avait trouvé cela ridicule[1]. « Mais, ô bon Dieu ! s'écrie le poëte, ne voient-ils pas que je les

---

1. J'ai cité ailleurs tout en entier ce morceau du cheval, et ce qu'en raconte Gabriel Naudé, que Du Bartas

ai faits ainsi de propos délibéré, et que ce sont des *hypotyposes?* » Et il continue de se défendre, comme il peut, sur l'affectation des mots nouveaux, sur l'abus des épithètes composées : « Je ne suis point de l'opinion de ceux qui estiment que notre langue soit, il y a déjà vingt ans, parvenue au comble de sa perfection; ains, au contraire, je

---

s'enfermait quelquefois dans une chambre, se mettait, dit-on, à quatre pattes, et soufflait, gambadait, galopait, pour être plus plein de son sujet; en un mot, il ne récitait pas sa description, il la *jouait.* Si l'anecdote n'est pas vraie, elle mérite de l'être. Tout ce procédé ou ce manège part d'une fausse vue de l'imitation poétique, qui ne doit être ni une singerie, ni un langage de perroquet. C'est encore ce malheureux travers de poésie imitative qui a fait dire à Du Bartas, en parlant de l'alouette et de son gazouillement :

> *La gentille Alouette avec son tire-lire*
> *Tire l'ire aux fâchés; et d'une tire lire*
> *Vers le pôle brillant. . . . .*

On rougit de ces billevesées du talent. Au reste, pour revenir au galop du cheval, le vers de Virgile : *Quadrupedante putrem.....*, a porté malheur à ceux qui s'en sont souvenus. Le singulier personnage, Des Marets de Saint-Sorlin, qui a voulu, en son temps, restaurer aussi la poésie chrétienne, et qui, avec son poëme héroïque de *Clovis,* est, plus qu'il ne s'en doute, de la postérité de Du Bartas, a cru faire merveille d'exprimer en ces termes le galop de la princesse *Yoland* et de ses deux compagnes :

> *Elle part aussitôt, le cheval talonnant,*
> *Qui du fer, pas à pas, bat le champ résonnant :*

crois qu'elle ne fait que sortir presque de son enfance. » Il a donc tâché de parer, par voie d'emprunt ou de fabrication, à la disette[1]; il paraît s'applaudir beaucoup d'avoir aiguisé la signification de certains mots et représenté la chose plus au vif, en répétant la première syllabe, par exemple : *pé-pétiller, ba-battre,* au lieu de *pétiller*

Les deux autres suivans en ardeur le secondent :
Les échos des vallons en cadence répondent.

Des Marests (dans sa *Comparaison de la Langue et de la Poésie françoise avec la grecque et la latine*) préfère de beaucoup ces quatre vers de lui au vers unique de Virgile ; il blâme les mots *quadrupedante putrem* comme forcés et faux ; il traduit *putrem* par *pourri,* au lieu de *poudreux ;* dans sa propre version au contraire, il trouve, dit-il, *tout ensemble et le bon son et le bon sens.* Il est joli, le *bon son !*

1. Ceci va directement contre la prétention de l'école de Ronsard; l'un des jeunes adeptes, Jacques Tahureau, dans le premier feu de l'enthousiasme, s'était écrié : « ..... Jamais langue n'exprima mieux les conceptions de l'esprit que fait la nôtre; jamais langue n'eut les termes plus propres que nous en avons en françois, et dirai davantage que jamais la langue grecque ni latine ne furent si riches ni si abondantes en mots qu'est la nôtre, ce qui se pourroit prouver par dix mille choses inventées... » (*Oraison de Jacques Tahureau au Roi* (Henri II) *sur la grandeur de son Règne et l'excellence de la Langue françoise,* Paris, 1555). Sans s'exprimer si merveilleusement que leur jeune ami, qui ne voyait au début par toute la France qu'*une infinité d'Homères, de Virgiles et de Ménandres,* les poètes de la *Pléiade* étaient intéressés à être d'un avis si flatteur.

tout simplement, et de *battre*. Ce sont des mots à entrechats. Ainsi encore le *flo-flottant Nérée*, au lieu de *flottant*; et dans son épisode très-admiré d'Arion, au moment où celui-ci tombe à la mer :

Il gagne du dauphin la ba-branlante *échine*[1] !

Quant à la composition des épithètes, l'auteur invoque l'exemple de la langue grecque et de l'allemande : « Ah! s'écrie-t-il, que les Italiens, qui plaident avec nous le prix de l'éloquence, voudroient que notre langue se passât de ce riche parement duquel la leur ne se peut accommoder avec grâce. Quoi! voulons-nous céder aux Allemands[2]?... Mais, il les faut, diras-tu, semer (ces

---

1. Toujours une fausse induction tirée de la langue grecque, où ce genre de redoublement de la première syllabe est fréquent en poésie et donne à certains mots plus de force. On peut citer au XXIIe chant de l'*Iliade* (vers 221) le προ-προκυλινδόμενος. — Opposons ici, comme antidote, le conseil de Montaigne : « Le maniement et employte des beaux esprits donne prix à la langue, *non pas l'innovant* tant comme la remplissant de plus vigoureux et divers services, l'estirant et ployant : *ils n'y apportent point de mots*, mais ils enrichissent les leurs, appesantissent et enfoncent leur signification et leur usage, luy apprennent des mouvements inaccoustumés, *mais prudemment et ingénieusement*. (Livre III, chap. V). » — Ce conseil de l'aimable Gascon renferme la critique la plus précise de son moins prudent voisin et compatriote.

2. Cette tendance de Du Bartas vers l'Allemagne par opposition à l'Italie est curieuse; l'Allemagne le lui a payé en admiration et en long souvenir.

mots) avec la main, non avec le sac ou la corbeille. Je confesse qu'en ma *première Semaine* ils sont fort épais, et que bien souvent on en lit sept ou huit à la file... » Après ces aveux candides, je n'ai guère rien à ajouter. Ainsi, de son temps, on doit en être maintenant convaincu, toutes les critiques à peu près lui furent faites. Du Perron et bien d'autres avaient dit de lui ce que nous dirions. Ceci montre qu'il faut être très-circonspect avant d'accuser tous les contemporains de duperie à propos de quelque renommée usurpée ou surfaite. Seulement il arrive qu'il se rédige par écrit une sorte d'histoire littéraire fardée, qu'il se transmet des apparences de réputations officielles et factices. On croit de loin que tous les contemporains y étaient pris, et ce n'est pas. Je commence à le craindre, les vivants (je parle de ceux qui comptent) n'ont guère jamais été complétement dupes les uns des autres. Ceux même qui contribueront peut-être, forcés par les égards, par les convenances, à accréditer le plus une gloire écrite, faisaient, en causant, bien des fines critiques. C'est pour nous un léger travail de *palimpsestes* de retrouver sous ce qu'ils ont dit ce qu'ils pensaient[1].

---

1. Ainsi encore pour Amyot, dont on a reparlé récemment. M. Ampère, bon juge, a cru pouvoir lui contester plusieurs points de sa renommée par des raisons sérieuses et qui seraient souveraines si Amyot n'était pas avant tout aimable, et si cette amabilité de l'écrivain ne devait pas prévaloir finalement. Eh bien, dans le temps même, tout cela s'est dit à peu près pour et contre

La renommée de Du Bartas, à la prendre en gros, ne cessa point pourtant de croître. Il y eut également émulation de commentateurs pour son second ouvrage. Simon Goulart continua. Je trouve de plus que l'*Éden,* c'est-à-dire le premier livre seulement du second jour, parut avec *commentaires et annotations contenant plusieurs descriptions et déductions d'arbres, arbustes, plantes et herbes* (Lyon, 1594); l'auteur, Claude Duret, Bourbonnois, n'est probablement pas autre que l'anonyme mentionné par Colletet. Il y eut aussi des traductions latines[1]; enfin, tout le train prolongé d'une gloire de poëte et de rabbin.

La guerre de la Ligue éclata; Du Bartas fut arraché aux lettres, à la paix qu'il aimait véritablement, et à ce manoir champêtre qu'il avait sincèrement chanté :

Amyot. On lui a contesté l'exactitude du sens, on lui a reproché la mollesse des tours. Brantôme rapporte divers bruits que faisaient courir les envieux (voir *Mélanges* de Vigneul-Marville, tome II). Montaigne, dans son *Journal de Voyage en Italie,* raconte une intéressante conversation qui eut lieu à Rome à la table de l'ambassadeur de France, et où il essaya de tenir tête pour Amyot à Muret et autres savants qui n'étaient pas de son avis à beaucoup près sur la traduction de Plutarque. Mais Amyot s'est tiré de ces chicanes comme il se tirera des nôtres : il a la grâce.

1. En voici une : *Domini Guillelmi Sallustii Bartasii Hebdomas secunda, a Samuele Benedicto* (Samuel Benoît) *latinitate donata* (Lyon, 1609, et non pas 1619, comme on le lit fautivement au titre; le privilége du roi est de 1609).

Puissé-je, ô Tout-Puissant! inconnu des grands Rois,
Mes solitaires ans achever par les bois!
Mon étang soit ma mer, mon bosquet mon Ardène,
La Gimone mon Nil, le Sarrampin ma Seine,
Mes chantres et mes luths les mignards oiselets,
Mon cher Bartas mon Louvre, et ma Cour mes valets! [1]

Il dut servir les rois et les approcher. Il paraît qu'il fut fort employé par Henri IV en diverses ambassades; sa grande illustration littéraire à l'étranger devenait une heureuse condition pour ces rôles de diplomatie. Il fut peut-être au nombre des envoyés que le roi de Navarre dépêcha en Allemagne, en 1586, pour hâter la marche des secours qui lui étaient promis, et pour dissiper les bruits de trêve qu'on avait fait courir. Goujet dit qu'il alla jusqu'en Danemark. Ce qui est certain, c'est qu'il figura en Écosse à la cour de Jacques VI; ce prince théologien et poëte reçut le chantre biblique avec toute sorte de distinction, et le voulut même retenir. Il paraît qu'il poussa la galanterie envers son hôte jusqu'à traduire en anglais quelque chose de *la seconde Semaine*, et Du Bartas le lui rendit en traduisant à son tour en français le cantique du roi sur la bataille de Lépante. Ronsard, docte et galant, avait été le poëte de Marie Stuart; Du Bartas se trouva tout naturellement celui de Jacques, comme il l'était du Navarrais; un poëte loyal, généreux et assez pédant [2].

---

1. *Première Semaine*, fin du troisième jour.
2. Au nombre des traductions en vers latins de *la pre-*

Il n'y avait pas longtemps qu'il était de retour de sa mission d'Ecosse lorsque De Thou, voyageant dans le Midi, le visita (1589). C'est en quittant Montaigne, qu'il était allé chercher en son château de Montaigne en Périgord, que l'illustre historien, avec ceux de ses amis qui l'accompagnaient, s'en vint par Bergerac à Monfort, dans l'Armagnac, où séjournait notre auteur. Ecoutons ce qu'il en dit en ses *Mémoires* : « Guillaume Du Bartas, encore fort jeune (*il avait quarante-cinq ans*), et auteur des deux *Semaines*, les y vint trouver en armes avec ses vassaux, et leur offrit ses services. Il étoit surprenant qu'à son âge (*il semble vraiment qu'il sortît de l'enfance*) et dans son pays, sans autre secours que celui de la nature..., il eût composé un si bel ouvrage. Aussi il souhaitoit avec passion de voir la fin de nos guerres civiles pour le corriger, et pour venir à Paris le faire réimprimer, principalement sa *première Semaine*, qui avoit été reçue avec tant d'applaudissement[1]. Ce fut ce qu'il confirma plusieurs fois à De Thou pendant les trois jours qu'il les accompagna ; ce qu'on remarque exprès, afin que les critiques, comme il s'en trouve toujours, sachent qu'il n'ignoroit pas qu'il y eût des fautes

---

mière Semaine, je relève celle-ci, publiée à Édimbourg en 1600, par un Flamand, et dédiée au roi d'Ecosse, à qui en cela on savait bien complaire : *Hadriani Dammanis a Bysterveldt de Fair-Hill Bartasias.* Ce Bysterveldt, d'abord député belge, était devenu professeur en Écosse.

1. Ceci dénote incidemment que la *seconde* avait moins réussi.

dans son poëme, mais qu'il étoit dans le dessein de les corriger par l'avis de ses amis. Sa mort ne lui permit ni de voir la fin de nos malheureuses guerres, ni de mettre la dernière main à ce merveilleux ouvrage. »

Je tire de ces paroles de De Thou la confirmation de plusieurs de nos inductions précédentes. On voit combien ce judicieux ami tient à l'excuser, mais il en sent le besoin à quelques égards ; il est sur la défensive. Du Bartas lui-même, qui lui exprima plusieurs fois son regret durant ces trois jours, savait où était le côté faible, le côté *provincial* et le plus attaqué de son œuvre ; dans sa candeur, il ne craignait pas de le laisser voir ; ce qui lui avait manqué, même de son temps, c'était Paris.

De Thou, au livre XCIX de son *Histoire*, à l'année 1590, époque de la mort de Du Bartas, revient avec détail sur lui, et complète son éloge, en réitérant toutefois les mêmes excuses : « ... Il mérita, dit-il, d'être regardé par bien des gens comme tenant en ce genre la première place après Ronsard. Je sais que quelques critiques trouvent son style trop figuré, ampoulé et rempli de gasconnades (*Stylum ejus tanquam nimis crebro figuratum, tumidum et vasconice ampullatum, critici quidam reprehendunt*). Pour moi qui ai connu sa candeur, et qui l'ai souvent entretenu familièrement, tandis que, du temps des guerres civiles, je voyageois en Guyenne avec lui, je puis affirmer que je n'ai jamais rien remarqué de semblable dans ses manières. » Ainsi, par une sorte de contradiction qui n'est pas rare, ce poëte, peu simple dans ses vers, redevenait très-naturel dans la vie. Il avait des goûts purs, honnêtes, débonnaires ; je l'ai comparé ailleurs à l'auteur de *la Pétréide,* à Thomas. Bon père de famille, resté veuf avec deux garçons, il trouve moyen de nous informer de ses affaires et de ses embarras de ménage en quelque prologue de sa *seconde Semaine,* entre son *Adam* et son *Noé.* Ce fameux capitaine Du Bartas, avec sa sainte muse en bottes à l'écuyère, était de près bonhomme, sans éperons, sans panache, et tout à fait modeste.

Il mourut un an après la visite de De Thou : « Comme il servoit actuellement, continue celui-ci, à la tête d'une cornette de cavalerie, sous le maréchal de Matignon, gouverneur de la province, les chaleurs, les fatigues de la guerre, et outre cela quelques blessures qui n'avoient pas été bien pansées, l'enlevèrent à la fleur de son âge, au mois de juillet (1590), âgé de quarante-six ans. » C'était mourir plus jeune que Thomas, et environ à l'âge de Schiller. Il avait eu le temps du moins, homme de cœur, de voir les premiers succès d'Henri IV, roi de France, et de célébrer la victoire d'Ivry, remportée en mars; il en a laissé un *Cantique* qui est son chant de cygne. La description qu'il donne de la bataille offre assez de détails précis pour compter et faire foi parmi les récits historiques. Un des continuateurs de Jean de Müller, M. Vulliemin, en son *Histoire de la Confédération suisse,* s'appuie de l'autorité de Du Bartas pour établir la belle conduite des régiments helvétiques dans le combat. Palma Cayet le cite également pour assigner à Henri IV et à son armée leur vraie couleur :

> . . . . Bravache, il ne se pare
> D'un clinquant enrichi de mainte perle rare ;
> Il s'arme tout à cru, et le fer seulement
> De sa forte valeur est le riche ornement.
> Son berceau fut de fer; sous le fer il cotonne
> Son menton généreux : sous le fer il grisonne,
> Et par le fer tranchant il reconqueste encor
> Les sceptres, les bandeaux, et les perles et l'or [1].

Du Bartas n'a garde non plus d'oublier le panache blanc qui *ombrage la salade* du roi ; mais

---

[1]. Petitot, dans son édition de Palma Cayet, rappelle à ce sujet les beaux vers où Voltaire, décrivant la bataille de Coutras, semble s'être inspiré de ces souvenirs du chantre d'Ivry :

> . . . .
> *Accoutumés au sang et couverts de blessures,*
> *Leur fer et leurs mousquets composaient leurs parures,*
> *Comme eux vêtu sans pompe, armé de fer comme eux,*
> *Je conduisais aux coups leurs escadrons poudreux...*

Mais l'usage redoublé que Du Bartas fait du mot *fer* oblige surtout de se souvenir de ce passage de la Chronique de Saint-Gall, qu'il n'avait certainement pas lue. C'est au moment où Charlemagne et son armée débouchent sous les murs de Pavie : « .... L'empereur s'approchant un peu davantage, le jour devint plus noir que la nuit. Alors parut Charlemagne lui-même, tout de fer, avec un casque de fer et des bracelets de fer. Une cuirasse de fer protégeait sa poitrine de fer et ses

cette *salade* manque, par malheur, son effet, et l'accent détonne. Assez de détails. Qu'il nous suffise, en tout ceci, d'achever de bien définir le rôle et la destinée du poëte : Du Bartas est le représentant du mouvement religieux calviniste et monarchique, comme Ronsard avait été celui de la renaissance païenne, comme Malherbe fut celui du régime d'ordre et de restauration. Ronsard représentait la poésie en cour sous les Valois; Du Bartas la représenta en province, sous Henri de Navarre aspirant au trône et guerroyant, en ces années où le Béarnais arpentait son royaume et *usait*, disait-on, *plus de bottes que de souliers.* Malherbe arrive après la paix faite et après la messe entendue : c'est le poëte d'Henri IV installé en sa bonne ville de Paris et sur son pont Neuf.

Entre Malherbe et Du Bartas, il y a le succès de la *Satyre Ménippée*, c'est-à-dire l'œuvre de ces bons citoyens, bourgeois de Paris, royalistes et assez peu dévots. Si Du Bartas avait vécu, il se serait trouvé comme un poëte de l'émigration, c'est-à-dire dépassé et primé par les derniers venus et par ceux du dedans.

Ce fut le cas de D'Aubigné qui, longtemps

épaules; sa main gauche tenoit une lance de fer... Son visage intrépide jetait l'éclat du fer... » (Voir tout le passage traduit dans l'*Histoire littéraire* de M. Ampère, tome III, livre III, chap. 8.) Les mêmes situations ont produit les mêmes images : rien ne se ressemble comme les batailles.

grondeur en son Poitou, finit par aller porter à Genève ses haines et ses rancunes, et dont les œuvres poétiques et autres éclatèrent tardivement au lendemain de la mort d'Henri IV, comme des représailles plus ou moins piquantes, mais déjà surannées.

Des Portes était trop vieux, et il avait été trop récemment compromis dans la Ligue, pour retrouver à la nouvelle cour le crédit dont il avait joui sous Henri III; mais Bertaut, plus jeune, surtout plus prudent, se trouva précisément en mesure pour profiter avec honneur des dernières années de répit que Malherbe accordait à l'ancienne école. Bertaut, sage, tiède, élégant, me semble le modèle des poëtes *ralliés;* et il a une certaine teinte monarchique et religieuse qui en fait un parfait ornement de restauration. Il semble qu'à voir de loin la plume calviniste de Du Bartas se consacrer aux choses morales et saintes, Bertaut se soit dit de bonne heure qu'il était peu séant à des abbés catholiques de rester si profanes, et qu'il ait travaillé dès lors à ranger doucement sa muse au pas de la conversion nouvelle. Du Bartas a bien pu avoir cette action indirecte sur lui.

Mais, chose remarquable! on ne voit pas que, durant les dernières années du règne d'Henri IV, l'influence et l'autorité de Du Bartas soient le moins du monde présentes au centre. Cette espèce de démembrement, ou d'embranchement imprévu qu'il avait fait à l'école de Ronsard, n'a guère de suite; il peut encore partager les provinces, mais la cour et le Louvre continuent de lui échapper. Malherbe, qui rudoie Des Portes, qui biffe Ronsard et se chamaille avec Regnier, peut négliger Du Bartas; il ne le trouve pas sur son chemin.

Si, à l'intérieur et à y regarder de près, la gloire de Du Bartas véritablement diminue et ne s'enregistre pas définitivement, une certaine somme bruyante et imposante de renom continue toujours. Je crois pouvoir noter sur une triple ligne l'espèce de postérité qui se rattache à lui. 1° Poëte scientifique et théologique, il trouve des sectateurs ou des contradicteurs; un écrivain bizarre, Christophe de Gamon, publie, en 1609, sa *Semaine ou Création du monde contre celle du sieur Du Bartas;* au milieu de beaucoup de marques d'estime, il relève son prédécesseur sur divers points de cosmogonie ou de théologie. Il se pique même d'être plus exact que lui en physique, en histoire naturelle. En vient-il, par exemple, à cette célèbre description du *Phénix,* dont la mort et la résurrection, selon Du Bartas,

Nous montrent qu'il nous faut et de corps et d'esprit
Mourir tous en Adam, pour puis renaître en Christ;

Gamon la reprend en sous-œuvre et en réfute en trois points toutes les *bourdes,* comme il dit très-élégamment[1]. Mais un ami de Guillaume Colletet,

---

1. Ce Gamon a fait peut-être les vers les plus ridicules qu'on ait écrits en français; j'en cite (d'après Colletet)

Alexandre de Rivière, conseiller au parlement de
Rennes, examine à son tour quelques opinions de
Gamon, et les réfute en vers également, dans son
*Zodiaque poétique et philosophique de la Vie
humaine* (1619). C'est une triste et bien lourde
postérité pour un poëte que cette suite pédantesque et presque cabalistique qu'il traîne après lui.
2° Chantre moral et chrétien, Du Bartas contribue
à provoquer, à mettre en honneur le genre des
paraphrases bibliques et des poëmes sacrés : ainsi
on rencontre Chassignet de Besançon, qui paraphrase les *douze petits Prophètes* en vers français (1601)[1]; plus tard on a Godeau, D'Andilly, et

---

cet échantillon, tiré de son *Printemps* qui parut en 1600,
dans ses premiers Essais poétiques :

> *La nymphèle Printiéne, en ce temps perruquet,*
> *Muguette par les fleurs Priape aime-bouquet,*
> *Qui, pour multiplier, libéral, recommence*
> *Aux jardins ménagers d'impartir sa clémence;*
> *Aussi, qui çà, qui là, les courbes jardiniers*
> *Vont semant les choux blancs, les humides pourpiers...*

C'est de l'argot. Il n'y a plus, après cela, que les Petites-
Maisons.

1. Balthasar Grangier, le traducteur de Dante, avec
annotations et commentaires (1596), se pourrait également ranger ici sous Du Bartas : son travail appartient
à cette poésie pleine de gravité, religieuse et docte, difficile et abstruse, encyclopédique enfin, qui n'est pas
(c'est Grangier lui-même qui le dit) de celles *que Platon
comparoit aux parterres et jardins mignards du bel Adonis.*
Cette traduction de Dante, à ne voir que sa physiono-

les poëmes épiques sacrés à la Des Marets. Je louerais très-volontiers Du Bartas de cette influence morale, si cela faisait quelque chose à la poésie. On a dit que l'enfer est *pavé de bonnes intentions;* je ne sais trop ce qui en est pour l'enfer, et le mot me paraît dur; car, moralement, les bonnes intentions méritent peut-être d'être comptées; ce qui est plus sûr du moins, l'enfer des mauvais poëtes, le temple du mauvais goût reste ainsi pavé.

3º C'est surtout à titre littéraire et pour le goût que je crois saisir une famille très-réelle de Du Bartas, et qui, bien qu'elle ne l'avoue pas toujours, relève de lui plus que d'aucun parmi les précédents. Si à Bertaut se rapportent plutôt les affadis, à Du Bartas reviennent de droit les ampoulés. Il est bien le père ou le grand-père de cette mauvaise lignée de poëtes plus ou moins gascons et pesants, tant moqués par Boileau, Des Marets déjà cité et son *Clovis,* Saint-Amant et son *Moyse,* Scudery et son *Alaric,* Chapelain et sa *Pucelle,* Brebeuf et sa *Pharsale aux provinces si chère;* le plus tolérablement estimable serait encore le Père Le Moyne avec son *Saint Louis.* Boileau a fait justice de tous sans aller jusqu'à Du Bartas, qu'il n'apercevait plus directement et qui était dès longtemps de côté. Sorel, Colletet, eux-mêmes, ces critiques retardataires, louent surtout l'auteur de *la Semaine* pour la gravité de son sujet; et ce

---

mie et la forme du commentaire, paraît taillée sur le patron de *la Semaine.* Elle est en style dur et *presque ferré,* dit Colletet.

n'est qu'avec une certaine réserve qu'ils parlent de
la vigueur de ses vers. La grande édition in-folio
de Du Bartas, en 1611, peut être considérée
comme son vrai tombeau[1].

Au dehors il n'en fut pas ainsi; sa renommée
faisait son chemin ou même continuait de grandir.
Les plus honorables fortunes lui arrivaient. Traduit en vers italiens (*versi sciolti*) par Ferrante
Guisone en 1592, il suggérait cette année même
au Tasse l'idée du poëme des *Sept Journées* que
le noble infortuné commençait à Naples et travaillait encore à Rome dans les derniers temps de
sa vie. Les œuvres complètes de Du Bartas paraissaient à Londres, en 1621, traduites en vers
anglais par Josué Sylvester. Quelques années plus
tard, William L'Isle publiait, traduits de nouveau
en vers, quatre livres de la *seconde Semaine*; il
avait choisi ceux qui célèbrent, par anticipation,
l'Angleterre et le règne d'Élisabeth, Bacon, Morus,
Sydney, et aussi les grandeurs de la France.
C'était, de la part du traducteur, une manière de
galanterie de circonstance pour l'union de Madame Henriette et de Charles Ier et pour l'alliance des deux nations. On peut donc à peu près
affirmer, d'après ces antécédents, que Du Bartas
fut lu de Milton, comme il l'avait été du Tasse.
M. Marmier l'a trouvé traduit ou imité en da-

---

1. On en découvrirait bien encore des éditions postérieures; il m'en passe une entre les mains, de Rouen,
1623, mais mauvaise et sans les commentaires. — On
m'en montre une, toute petite, de Genève, 1632.

nois par Arreboe, qui florissait au commencement du xviie siècle, et en suédois par Spegel, vers le même temps où Rosenhane imitait Ronsard. La gloire à l'étranger est un écho qui souvent retarde. Du Bartas, déjà oublié et éliminé en France, faisait ainsi le tour de l'Europe, et poursuivait, renouvelait en quelque sorte ses succès de province. On retrouve encore aujourd'hui sa réputation assez fraîchement conservée là-bas, comme ces éléphants du Midi échoués on ne sait comment et conservés dans les neiges du Nord. Mais la parole proférée par Gœthe sur lui et sur ses mérites, si inexacte même qu'elle puisse sembler, est bien certainement son dernier coup de fortune, le dernier reflet inattendu après que le soleil est couché, et comme sa suprême gloire. N'y a-t-il pas, dites-moi, dans toute cette destinée d'un poëte qui fut si célèbre, un utile enseignement de goût et une profonde leçon d'humilité ?

Février 1842.

PHILIPPE DES PORTES.

E n'ai pas fini avec ces poëtes du XVIe siècle ; plus on considère un sujet, pour peu qu'il ait quelque valeur, et plus on y découvre une diversité de points de vue et de ressources ; bien loin de s'épuiser, il se féconde. J'ai montré en Du Bartas le plus grand exemple peut-être de la célébrité viagère ou même posthume, hors du centre et à l'étranger ; je montrerai aujourd'hui en Des Portes le plus grand exemple de la fortune et de la condition, même politique, d'un poëte à la cour.

On a beaucoup écrit de Des Portes, et j'en ai souvent parlé moi-même : je tâcherai ici de ne pas me répéter et de ne pas trop copier les autres, du moins les récents. Mais il m'a semblé curieux de le traiter à part, sous un certain aspect. On a bientôt dit qu'il avait dix mille écus de bénéfices et que c'était le mieux renté des beaux esprits de son temps ; mais rien ne saurait rendre l'idée exacte de cette grande existence, si on n'en rassemble tous les détails et si on ne la déroule dans son entier.

Philippe Des Portes naquit à Chartres, en 1546, de Philippe Des Portes, bourgeois de cette ville, et de Marie Édeline. Dreux du Radier, dans un intéressant article que je citerai souvent [1], s'attache fort à prouver que Des Portes ne fut pas enfant naturel comme les savants auteurs du *Gallia christiana* l'avaient dit en un endroit par mégarde (tome VIII, p. 1268), et comme le furent très-honorablement d'ailleurs, en leur temps, Baïf et Mellin de Saint-Gelais. Il démontre la légitimité de naissance du poëte avec un grand surcroît de preuves et en lui rendant tout le cortége nombreux de sa parenté authentique. Thibaut Des Portes, sieur de Bevilliers, grand audiencier de France, était son frère et devint son héritier. Mathurin Regnier était son neveu avéré du côté maternel, et il ressemblait à son oncle, dit-on, non-seulement d'esprit, mais aussi de visage. Dans une assez belle élégie latine de Nicolas Rapin, où celui-ci contemple en songe et nous représente les funérailles idéales de Des Portes, on voit ce frère et ce neveu menant le deuil et fondant en larmes à la tête des proches qui suivent à pas lents :

---

1. Il faut l'aller chercher dans *le Conservateur, ou Collection de morceaux rares...* (septembre 1757). Il vient un moment où ces morceaux enterrés ainsi en d'anciens recueils sont presque introuvables.

Tum procedebant agnati et sanguine juncti.

Il n'y a rien en tout cela qui sente le bâtard. Des Portes en eut, mais il ne l'était pas[1].

Tallemant des Réaux, dans un autre curieux article (*Historiettes*, tome I), et qu'il faut croiser avec celui de Du Radier, donne quelques détails, trop peu certains, sur les premières années et les aventures du jeune Philippe. D'abord clerc de procureur, puis secrétaire d'évêque, il va de Paris en Avignon, il voyage en Italie : il rapporta de ce pays, à coup sûr, toute sorte de butin poétique et de matière à imitations gracieuses. On l'aperçoit en pied à la cour de France vers 1570 ; il débute, il est amoureux et célèbre ses martyres avec une douceur qui paraît nouvelle, même après tant d'amours de Du Bellay, de Ronsard et de Baïf. Ces deux derniers, vivants et régnants, l'accueillent et le célèbrent à leur tour dans des pièces de vers pleines de louanges. Des Portes n'a

---

1. Dreux du Radier, au moment où il redresse l'inadvertance des auteurs du *Gallia christiana*, en a commis lui-même une assez piquante et singulière. Dans l'élégie latine de Rapin, le frère de Des Portes est ainsi désigné :

Primus ibi frater lente Beuterius *ibat...*

Du Radier découvre là un second frère de Des Portes, qu'il appelle *M. de Beutière*. Mais Niceron et Goujet disent positivement que Des Portes n'eut qu'un frère unique, M. de Bevilliers ; et si en effet, au lieu de *Beuterius*, on lit *Beulerius*, on trouve ce *Bevilliers* en personne. Une faute d'impression avait déguisé l'identité.

que vingt-cinq ans, et déjà son heureuse étoile a chassé tous les nuages. Sa fortune marche devant, il n'a plus qu'à la suivre.

La situation n'avait jamais été meilleure en haut lieu pour les poëtes ; Charles IX régnait, et il portait dans la protection des arts, dans le goût des vers en particulier, cette même impétuosité qu'il mettait à tout. L'habitude des poëtes est de se plaindre des choses, et il n'est que trop vrai que de tout temps plusieurs, et des plus dignes, ont encouru d'amères rigueurs de la destinée. Pourtant l'âge des Mécènes ou de ceux qui y visent ne se trouve pas non plus si rare qu'on voudrait bien le dire, et, à prendre les diverses époques de notre histoire, les règnes favorables aux lettres et aux rimeurs n'ont pas manqué. Sans remonter beaucoup plus haut que le moment où nous sommes, il y avait eu de belles fortunes littéraires à la cour : le renom d'Alain Chartier résonnait encore ; les abbayes et les prélatures de Mellin de Saint-Gelais et de Hugues Salel étaient d'hier, et le bon Amyot cumulait toutes sortes d'honneurs à son corps défendant. Je crois pourtant qu'il faut distinguer entre la première faveur dont François Ier environna les poëtes et savants, et celle dont ses successeurs continuèrent de les couvrir : celle-ci fut, à certains égards, beaucoup moins importante pour l'objet, mais, pour l'effet, beaucoup plus réelle et plus libérale que l'autre. François Ier avait bien commencé, mais la fin se soutint mal, et la dernière moitié de son règne coupa court au gracieux et libre essor du début.

Ceux qu'il avait tant excités et favorisés d'abord, il se crut obligé de les réprimer ou du moins de les laisser poursuivre. Une assez grande obscurité entoure la plupart de ces vies de Marot, de Des Periers, de Dolet[1]; mais il paraît trop bien que sur la fin de François Ier tout se gâta. C'est qu'aussi, dans ce premier mouvement de nouveauté qu'avait si fort aidé l'enthousiasme du roi chevaleresque et qui fut toute une révolution, de grandes questions étaient en jeu, et que les idées, une fois lancées, ne s'arrêtèrent pas sur la pente ; ces gracieux et plaisants esprits de Marot, de Marguerite de Navarre, de Rabelais, étaient aisément suspects d'hérésie ou de pis encore. Plus tard on se le tint pour dit et on prit ses précautions : le bel esprit et le sérieux se séparèrent.

L'école de Ronsard n'eut pas même grand effort ni calcul à faire pour ne pas se compromettre dans les graves questions du jour, dans ces disputes de politique, de théologie et de libre examen. Naturellement païens de forme et d'images, les poëtes de cette génération restèrent bons catholiques en pratique et purement courtisans. On n'en trouverait que deux ou trois au plus qui firent exception, comme Théodore de Bèze ou Florent Chrestien. Quant à D'Aubigné et à Du Bartas, ils appartiennent déjà à une troisième géné-

---

[1]. La biographie de nos poëtes français ne devient guère possible au complet et avec une entière précision qu'à dater du milieu du XVIe siècle, et à partir de l'école de Ronsard.

ration, et ils essayèrent précisément à leur manière de se lever en opposants contre ce genre de poésie mythologique, artificielle et courtisanesque, qui les offensait.

Elle atteignit à son plus grand éclat et à sa perfection la plus polie avec Des Portes, et c'est vers 1572 qu'elle se produisit dans cette seconde fleur. Je suis bien fâché de le dire, mais cette année 1572, celle même de la Saint-Barthélemy, fut une assez belle année poétique et littéraire. En 1572, dans un recueil intitulé : *Imitations de quelques Chants de l'Arioste par divers Poëtes françois*, le libraire Lucas Breyer offrait au public la primeur des poésies inédites de Des Portes, qui paraissaient plus au complet l'année suivante[1]. Dans le même temps, les œuvres revues de Ronsard étaient recueillies chez Gabriel Buon. Frédéric Morel mettait en vente celles de Jacques et Jean de La Taille (1572-1574). Abel L'Angelier préparait une réimpression de Jacques Tahureau ; et enfin le même Lucas Breyer donnait une édition entière d'Antoine de Baïf, *Amours, Jeux, Passetems et Poëmes* (1572-1574). Or, dans le volume des *Passetems,* on lisait cet exécrable sonnet *sur le corps de Gaspard de Coligny gisant sur le pavé* :

Gaspar, tu dors ici, qui soulois en ta vie
Veiller pour endormir de tes ruses mon Roy ;

---

1. *Les premières Œuvres de Philippe Des Portes*, dédiées au roi de Pologne, Paris, Robert le Mangnier, 1573, in-4º.

Mais lui, non endormi, t'a pris en désarroy,
Prévenant ton dessein et ta maudite envie.
Ton ame misérable au dépourvu ravie...

Je fais grâce du reste de cette horreur. Et voilà ce qu'un honnête poëte écrivait en manière de *passetems*, tout à côté d'agréables idylles traduites de Bion ou de Moschus[1]. Ce Baïf, l'aîné de Des Portes, était devenu son intime ami et, avec bien moins d'esprit, mais un goût passionné pour les lettres, il s'était fait une grande et singulière exis-

---

[1]. Il convient, en jugeant à froid, de modérer sa propre rigueur et de faire la part de la fièvre du temps. Le Tasse, jeune, qui était à Paris en 1571, à la veille de la Saint-Barthélemy, ne paraît pas avoir pensé autrement que Baïf; l'excès de son zèle catholique dépassait celui du cardinal d'Este; et un mémoire de lui sur les troubles de France, retrouvé en 1817, le doit faire regarder, on rougit de le dire, comme un approbateur et un apologiste de la Saint-Barthélemy. On peut lire là-dessus l'intéressant chapitre intitulé *Le Tasse en France*, que M. Valery vient de donner dans ses *Curiosités et Anecdotes italiennes*; on y trouvera rassemblées de piquantes particularités sur les mœurs et le ton de cette cour. — Ces ferveurs fanatiques ont valu aux poëtes de la Pléiade le fâcheux honneur d'être loués par le Père Garasse. On lit, dans sa *Doctrine curieuse des Beaux-Esprits de ce temps* (p. 124 et suiv.), une triste anecdote, malheureusement trop circonstanciée. Le poëte Rapin, mourant à Poitiers (décembre 1608) entre les mains de quatre Pères jésuites, avec le regret, assure Garasse, d'avoir méconnu et persécuté leur compagnie, adressa aux assistants sa confession générale, et leur raconta

tence : il nous la faut bien connaître pour mieux apprécier ensuite celle de Des Portes, la plus considérable de toutes.

Nul parmi les condisciples et les émules de Ronsard n'avait poussé si loin l'ardeur de l'étude et de l'imitation antique que Jean-Antoine de Baïf. Né en Italie, à Venise, vers 1532 ou même 1530, fils naturel de l'ambassadeur français Lazare de Baïf, et d'une jeune demoiselle du pays, il semblait avoir apporté de cette patrie de la Renaissance la superstition et l'idolâtrie d'un néophyte[1].

---

comment il n'avait fait qu'une seule bonne action dans sa jeunesse : c'était lorsqu'un certain *maraud*, venant à se glisser dans la familiarité des poëtes de la Pléiade et dans la sienne, s'était mis à y insinuer des maximes *athéistes;* mais Ronsard fut le premier qui, suivant l'ardeur de son courage, cria *au loup*, et fit ce beau poëme contre les athées, qui commence :

O ciel, ô terre, ô mer, ô Dieu, père commun, etc., etc.

Turnèbe et Sainte-Marthe vinrent ensuite et poussèrent en vers et en prose contre ce Mézence (*in Mezentium*); « et nous ne nous désistâmes point, ajouta Rapin, jusques à ce que nous eûmes fait condamner cet infâme par arrêt de la Cour à perdre la vie, comme il fit *étant pendu et puis brûlé publiquement en la place de Grève...* » Telles furent les dernières paroles de Rapin, selon le témoignage de Garasse, qui se trouvait pour lors à Poitiers. On peut sans doute récuser un témoin si folâtre ; mais ici il croit louer, et le sonnet de Baïf est là pour montrer que tout est possible.

1. Lazare de Baïf, père de Jean-Antoine, avait essayé lui-même d'être auteur en français; mais il se montra

Après avoir chanté ses amours comme tous les poëtes du temps, il s'était mis sans trêve à traduire les petites et moyennes pièces des Anciens, et, au milieu du fatras laborieux qu'il entassait, il rencontrait parfois de charmants hasards et dignes d'une muse plus choisie. On en aura bientôt la preuve. Mais, riche et prodigue, c'était avant tout un patron littéraire et un centre. Écoutons le bon Colletet en parler avec abondance de cœur et comme si, à remémorer cet âge d'or des rimes, l'eau vraiment lui en venait à la bouche : « Le roi Charles IX, dit-il, qui aimoit Baïf comme un excellent homme de lettres, parmi d'autres gratifications qu'il lui fît, l'honora de la qualité de secrétaire ordinaire de sa chambre. Le roi Henri III voulut qu'à son exemple toute sa cour l'eût en vénération, et souvent même Sa Majesté ne dédaignoit pas de l'honorer de ses visites jusques en sa maison du faubourg Saint-Marcel, où il le trouvoit toujours en la compagnie des Muses, et parmi les doux concerts des enfants de la musique qu'il aimoit et qu'il entendoit à merveille[1]. Et comme ce prince libéral et magnifique

---

aussi rude en sa langue qu'il paraissait élégant dans la latine. Il avait traduit en vers français et publié l'*Électre* de Sophocle dès 1537. Son *Hécube*, traduite d'Euripide, ne vint qu'après. Joachim Du Bellay lui attribue d'avoir le premier introduit quelques mots qui sont restés, par exemple, celui d'*Épigramme* et d'*Élégie*, et d'avoir trouvé aussi « ce beau mot composé, *aigre-doux*. »

1. On cite, en effet, de fameux musiciens de ce siècle

lui donnoit de bons gages, il lui octroya encore de temps en temps quelques offices de nouvelle création et de *certaines confiscations* qui procuroient à Baïf le moyen d'entretenir aux études quelques gens de lettres, de régaler chez lui tous les savants de son siècle et de tenir bonne table. Dans cette faveur insigne, celui-ci s'avisa d'établir en sa maison une Académie des bons poëtes et des meilleurs esprits d'alors, avec lesquels il en dressa les loix, qui furent approuvées du roi jusques au point qu'il en voulut être et obliger ses principaux favoris d'en augmenter le nombre. J'en ai vu autrefois l'Institution écrite sur un beau vélin signé de la main propre du roi Henri III, de Catherine de Médicis sa mère, du duc de Joyeuse et de quelques autres, qui tous s'obligeoient par le même acte de donner une certaine pension annuelle pour l'entretien de cette fameuse Académie. Mais hélas![1]... »

Et Colletet arrive aux circonstances funestes

---

qui mettaient des airs aux paroles des poëtes : Orlando et Lejeune avaient noté en musique un certain sonnet d'Olivier de Magny, un petit dialogue entre un amant et le nocher Caron, qui avait tenu longtemps en émoi toute la cour. Thibault de Courville et Jacques Mauduit conduisaient les concerts de Baïf; Guedron et Du Cauroy faisaient les airs des chansons de Du Perron. — L'école de Marot et de Saint-Gelais avait eu aussi ses musiciens, dont on sait les noms. J'ai sous les yeux (Bibliothèque Mazarine) un recueil imprimé de Chansons avec musique, de 1553.

1. Vie de Baïf, manuscrit de Colletet.

qui la ruinèrent. J'ai moi-même parlé ailleurs avec quelque détail de ce projet d'Académie, et j'en ai indiqué les analogies anticipées avec l'Académie française. Lorsque la reine Christine fit visite à celle-ci, en 1658, l'illustre compagnie, surprise à l'improviste, n'avait pas résolu la question de savoir si on resterait assis ou debout devant la reine. Un académicien présent, M. de La Mesnardière, rappela à ce sujet que, « du temps de Ronsard, il se tint une assemblée de gens de lettres et de beaux-esprits à Saint-Victor, où Charles IX alla plusieurs fois, et que tout le monde étoit assis devant lui. » Ce précédent fit loi[1].

Sur ce chapitre des libéralités des Valois, nous apprenons encore qu'en 1581 le roi donna à

---

1. L'Académie des Valois ne tenait pas toujours ses séances à Saint-Victor. D'Aubigné, qui dut à son talent de bel-esprit agréable d'y être admis par le roi, dans le temps où il était attaché au Béarnais captif et à la veille de l'évasion de 1576, D'Aubigné nous apprend (*Histoire universelle*, livre II, chap. xx) qu'alors cette Académie s'assemblait dans le cabinet même du roi, deux fois par semaine, et qu'on y entendait toutes sortes d'hommes doctes, et même des dames qui avaient étudié; on y posait des problèmes de bel-esprit et de métaphysique. Le problème était chaque fois proposé *par celui qui avoit le mieux fait à la dernière dispute*. — Enfin la musique jouait un assez grand rôle dans ces réunions de Saint-Victor pour que le Père Ménestrier y ait vu un commencement d'opéra (*des Représentations en Musique anciennes et modernes*, page 166); et, en ce sens, la fondation de Baïf était en effet une tentative anticipée, sinon d'*Académie royale de Musique*, du moins de *Conservatoire*.

Ronsard et à Baïf la somme de *douze mille livres comptant*[1] pour les vers (mascarades, combats et tournois) qu'ils avaient composés aux noces du duc de Joyeuse, outre les livrées et les étoffes de soie dont cet illustre seigneur leur avait fait présent à chacun. Cet argent *comptant* avait alors un très-grand prix ; car trop souvent, à ces époques de comptabilité irrégulière, les autres libéralités octroyées demeuraient un peu sur le papier. On cite l'exemple d'Henri Estienne à qui le roi (1585) avait donné mille écus pour son traité de *la Précellence du Langage françois;* mais le trésorier ne lui voulut délivrer sur son brevet que six cents écus comptant. Et comme Henri refusait, le trésorier lui dit en se moquant : « Je vois bien que vous ne savez ce que c'est que finances ; vous reviendrez à l'offre et ne la retrouverez pas. » Ce qui se vérifia en effet ; aucun autre trésorier n'offrit mieux ; un édit contre les protestants survint à la traverse, et Henri Estienne dut s'en retourner à Genève en toute hâte, le brevet en poche et les mains vides.

Sous Louis XIV même, sous Colbert, on sait l'éclat que firent à un certain moment ces fastueuses pensions accordées à tous les hommes de lettres et savants illustres en France et à l'étranger. Il alla de ces pensions, dit Perrault (*Mémoires*), en Italie, en Allemagne, en Danemark et jusqu'en Suède ; elles y arrivaient par lettres de change. Quant à celles de Paris, on les distribua

---

1. Deux mille écus à chacun.

la première année à domicile, dans des bourses de soie d'or; la seconde année, dans des bourses de cuir. Puis il fallut les aller toucher soi-même; puis les années eurent quinze et seize mois, et, quand vint la guerre avec l'Espagne, on ne les toucha plus du tout. Aujourd'hui, il faut tout dire, si on est par trop rogné au budget, on est très-sûrement payé au trésor.

Les poëtes favoris et bons catholiques savaient sans doute profiter des créations d'offices et des petites *confiscations* en leur faveur, mieux que le calviniste Henri Estienne ne faisait de son brevet. On voit pourtant, à de certaines plaintes de Baïf, que lui aussi il eut un jour bien de la peine à se défaire de deux offices de nouvelle création dont Charles IX l'avait gratifié, et l'honnête donataire s'en prend tout haut à la prodigieuse malice d'un petit secrétaire fripon. Quoi qu'il en soit, dans sa retraite de Saint-Victor, où tous les illustres du temps vinrent s'asseoir, et où nous verrons Des Portes en un moment de douleur se retirer, Baïf continua de vivre heureux et fredonnant, menant musiques et aubades, même au bruit des arquebusades du Louvre, et chamarrant sa façade de toutes sortes d'inscriptions grecques bucoliques et pindariques, jusqu'à l'heure où les guerres civiles prirent décidément le dessus et où tout s'y abîma. Ses dernières années furent gênées et chagrines; il mourut du moins assez à propos (1589) pour ne pas voir sa maison chérie mise au pillage[1].

---

1. Moréri et Goujet retardent cette mort jusqu'en

Mais revenons; nous ne sommes guère qu'au début de Des Portes, à ce lendemain de la Saint-Barthélemy où Bèze et les autres poëtes huguenots comparent Charles IX à Hérode, et où notre nouveau venu lui dédie son *Roland furieux* imité de l'Arioste. Son *Rodomont,* autre imitation, qui n'a guère que sept cents vers, lui était payé huit cents écus d'or, de ces écus dits *à la couronne;* plus d'un écu par vers. Demandez à D'Aubigné et même à Malherbe : le Béarnais, avant ou après la messe, et ne fût-ce que d'intention, fit-il mine jamais d'être si généreux?

Dreux du Radier a très-bien remarqué le tact de Des Portes au début dans les moindres choses : à Charles IX, prince bouillant et impétueux, il s'adresse avec les fureurs de *Roland* en main et avec les fiertés de *Rodomont;* au duc d'Anjou,

---

1591. — Ce badin de Moncrif, dans son *Choix d'anciennes Chansons,* après en avoir cité une de l'honnête Baïf, a eu le front d'écrire : « Peut-être est-ce le premier poëte qui a imaginé d'avoir une *petite maison* dans un faubourg de Paris. Une Académie, qu'il y établit dans de certains jours, n'étoit peut-être qu'un prétexte. » Il faut bien être de son xviiie siècle pour avoir de ces idées-là. Colletet fils, qui ne badinait pas, a ajouté la note suivante au manuscrit de son père : « Il me souvient, étant jeune enfant, d'avoir vu la maison de cet excellent homme que l'on montroit comme une marque précieuse de l'antiquité; elle étoit située (sur la paroisse de Saint-Nicolas-du-Chardonnet) à l'endroit même où l'on a depuis bâti la maison des religieuses angloises de l'ordre de saint Augustin, et sous chaque fenêtre de chambre on

plutôt galant et tendre, il dédie dans le même temps les beautés d'*Angélique* et les douleurs de ses amants. Courtisan délicat, il savait avant tout consulter les goûts de ses patrons et assortir ses offrandes.

Mais je ne suivrai pas Du Radier dans sa discussion des amours et des maîtresses de Des Portes. Celui-ci a successivement célébré trois dames, sans préjudice des amours *diverses*. La première, *Diane*, était-elle en effet cette Diane de Cossé-Brissac qui devint comtesse de Mansfeld et eut une fin tragique, surprise et tuée par son mari dans un adultère? La seconde maîtresse, *Hippolyte*, et la troisième, *Cléonice*, étaient-elles d'autres dames que nous puissions nommer de cette cour? Du Radier s'y perd, et Tallemant le contredit. Ce qui paraît certain, c'est que Des Portes aimait en effet très-haut, et que son noble

---

lisoit de belles inscriptions grecques en gros caractères, tirées du poëte Anacréon, de Pindare, d'Homère et de plusieurs autres, qui attiroient agréablement les yeux des doctes passants. » Une de ces inscriptions, j'imagine, et non certes la moins appropriée, aurait été celle-ci, tirée de Théocrite : « La cigale est chère à la cigale, la fourmi à la fourmi, et l'épervier aux éperviers ; mais à moi la Muse et le chant. Que ma maison tout entière en soit pleine! car ni le sommeil, ni l'éclat premier du renouveau n'est aussi doux, ni les fleurs ne plaisent aux abeilles autant qu'à moi les Muses me sont chères... »

— C'est dans ce même couvent des Anglaises, bâti en 1634 sur l'emplacement de la maison de Baïf, que par la suite (*volventibus annis*) a été élevée madame Sand.

courage, comme on disait, aspirait aux plus belles fortunes ; si ses sonnets furent très-platoniques, sa pratique passait outre et allait plus effectivement au réel. Un jour qu'il était vieux, Henri IV lui dit en riant, devant la princesse de Conti : « Monsieur de Tiron, il faut que vous aimiez ma *nièce;* cela vous réchauffera et vous fera faire encore de belles choses. » La princesse répondit assez vivement : « Je n'en serois pas fâchée, il en a aimé de meilleure maison que moi. » Elle faisait allusion à la reine Marguerite, femme d'Henri IV ; on avait jasé d'elle autrefois et du poëte.

Des Portes ne célébrait pas moins les amours de ses patrons que les siens, et on peut deviner que cela l'avançait encore mieux. On a des stances de lui pour le roi Charles IX *à Callirée :* était-ce la belle Marie Touchet d'Orléans, la seule maîtresse connue de Charles IX? Il y a dans la pièce un assez beau portrait de ce jeune et sauvage chasseur, qui eut le malheur de tourner au féroce :

J'ai mille jours entiers, au chaud, à la gelée,
Erré, la trompe au col, par mont et par vallée,
Ardent, impatient. . . . .

Dans d'autres stances pour le duc d'Anjou allant assiéger La Rochelle (1572), on entend des accents plus doux; le guerrier élégiaque se lamente pour la demoiselle de Châteauneuf, la plus belle blonde de la cour, qu'il laissa bientôt pour la princesse de Condé, et à laquelle il revint après la mort de celle-ci. Le ton est tout différent pour les deux frères : Charles IX résistait et se cabrait contre l'amour ; le duc d'Anjou y cède et s'y abandonne languissamment.

La pièce qui suit, ou *Complainte pour M. le duc d'Anjou élu roi de Pologne* (1573), et l'autre *Complainte pour le même étant en Pologne* (1574), regardent la princesse de Condé[1], à ce que Du Radier assure. Nous assistons aux moyens et aux progrès de la faveur de Des Portes. Il accompagna le prince dans son royaume lointain, et, après neuf mois de séjour maudit, il quitta cette contrée pour lui trop barbare avec un *Adieu* de colère. Dans le siècle suivant, Marie de Gonzague appelait à elle en Pologne le poëte Saint-Amant, qui ne s'y tint pas davantage. Bernardin de Saint-Pierre, plus tard, a réparé ces injures, et, tout comblé d'une faveur charmante, il a laissé à ces forêts du Nord des adieux attendris.

Mais rien n'explique mieux le degré de familiarité et l'insinuation intime de Des Portes que deux élégies sur lesquelles Du Radier a fixé son attention, et dont nous lui devons la clef. L'*Aventure* première a pour sujet le premier rendez-vous heureux d'*Eurylas* (Henri III, encore duc d'Anjou) avec la belle *Olympe* (la princesse de Condé). Olympe était d'abord toute cruelle et rigoureuse, ignorant les effets de l'amour, et son amie la jeune

---

1. Marie de Clèves, fille du duc de Nevers, morte en couches le 30 octobre 1574.

Fleur-de-Lys (Marguerite de Valois) l'en reprenait et lui disait d'une voix flatteuse :

Que faites-vous, mon cœur? quelle erreur vous transporte
De fermer aux Amours de vos pensers la porte?
Quel plaisir aurez-vous vivant toujours ainsi?
Amour rend de nos jours le malheur adouci;
Il nous élève au ciel, il chasse nos tristesses,
Et, au lieu de servir, nous fait être maîtresses.
L'air, la terre et les eaux révèrent son pouvoir;
Il sait, comme il lui plaît, les étoiles mouvoir;
Tout le reconnaît Dieu. Que pensez-vous donc faire
D'irriter contre vous un si fort adversaire?
Par lui votre jeunesse en honneur fleurira;
Sans lui cette beauté rien ne vous servira,
Non plus que le trésor qu'un usurier enserre,
Ou qu'un beau diamant caché dessous la terre.
On ne doit sans Amour une Dame estimer;
Car nous naissons ici seulement pour aimer[1]*!*

A ces doux propos, pareils à ceux d'Anna à sa sœur Didon, la sévère Olympe résiste encore; mais son heure a sonné; elle a vu le bel et indifférent Eurylas; leurs yeux se rencontrent,

. . . . *Et, sans savoir comment,*
Leurs deux cœurs sont navrés par un trait seulement.

Le mari jaloux s'en mêle et enferme Olympe : l'imprudent! rien ne mûrit une ardeur amoureuse

---

1. Des Portes a du Quinault. Et encore ce vers :
Douce est la mort qui vient en bien aimant.

comme de se sentir sous les verrous. Olympe ne
pense plus à autre chose qu'à en sortir et qu'à
oser. Le sommeil et Vénus en songe lui viennent
en aide. Au fond du vieux palais (de Fontainebleau peut-être) est un lieu propice, un sanctuaire
réservé aux amants fortunés : Vénus le lui indique dans le songe, en y joignant l'heure de midi
et tous les renseignements désirables :

Vénus, ce lui sembloit, à ces mots l'a baisée,
Laissant d'un chaud désir sa poitrine embrasée,
Puis disparut légère. Ainsi qu'elle partoit,
Le Ciel tout réjoui ses louanges chantoit;
Les Vents à son regard tenoient leurs bouches closes,
Et les petits Amours faisoient pleuvoir des roses.

Olympe s'éveille et n'a plus qu'à obéir. Vénus lui
a également permis de conduire avec elle Camille,
sa compagne, qui doit combler les vœux d'un
certain Floridant; mais Olympe va plus loin, elle
songe, de son propre conseil, à mettre la jeune
Fleur-de-Lys de la partie, et sans le lui dire; car
Fleur-de-Lys est éprise du gracieux *Nirée*, et
Olympe, en ce jour de fête, veut faire le bonheur
de son amie comme le sien.

Tout se passe à ravir, et au gré de la déesse;
les couples heureux se rencontrent; mais seule la
jeune *Fleur-de-Lys* s'étonne et résiste; elle blâme
la téméraire Olympe, laquelle sait bien alors lui
rappeler les anciens conseils, et lui rendre malicieusement la leçon à son tour :

Hé quoi, lui disoit-elle, où est votre assurance ?
Où sont tous ces propos si pleins de véhémence
Que vous me souliez dire afin de m'enflammer,
Avant que deux beaux yeux m'eussent forcé d'aimer ?
. . . .
Comme un soldat craintif, qui, bien loin du danger,
Ne bruit que de combats, de forcer, d'assiéger,
Parle haut des couards, leur lâcheté reproche,
Puis fuit honteusement quand l'ennemi s'approche;
Vous fuyez tout ainsi, d'un cœur lâche et peureux,
Bien que votre ennemi ne soit pas rigoureux.

Si l'on n'était en matière si profane, j'allais dire que c'est en petit la situation de Polyeucte et de Néarque, quand celui-ci, après avoir poussé son ami, recule. Mais la sage *Fleur-de-Lys* tient bon jusqu'à la fin. On se demande, à voir cette discrétion extrême et ce demi-voile jeté sur un coin du tableau, quel peut être ce gracieux et timide *Nirée*, compagnon d'Eurylas. Est-ce le duc de Guise ? se dit Du Radier; est-ce Du Guast? est-ce Chanvallon? Et moi je demande bien bas : Ne serait-ce pas Des Portes lui-même, le discret poëte, qui fait ici le modeste et n'a garde de trahir l'honneur de sa dame ?

Cette élégie finit par quelques traits charmants pour peindre les délices mutuelles dans cette rencontre :

O jeune enfant, Amour, le seul dieu des liesses,
Toi seul pourrois conter leurs mignardes caresses....;

et après une énumération assez vive :

Tu les peux bien conter, car tu y fus toujours!

Il me semble que l'on comprend mieux maintenant le talent, le rôle amolli et la grâce chatouilleuse de Des Portes[1].

La seconde élégie ou *Aventure*, intitulée *Cléophon*, nous fait pénétrer encore plus curieusement dans ces mœurs d'alors et dans cette fonction aussi séduisante que peu grandiose du poëte. Il s'agit en cette pièce de déplorer l'issue funeste du duel qui eut lieu le 27 avril 1578, près de la Bastille (là où est aujourd'hui la place Royale), entre Quelus, Maugiron et Livarot d'une part, d'Antragues, Riberac et Schomberg de l'autre. Des six combattants quatre finalement périrent, dont surtout les deux mignons d'Henri III, Quelus et Maugiron. Celui-ci fut tué sur la place ; Quelus,

---

[1]. Il y a une sotte histoire sur son compte, et qui le ferait poëte beaucoup plus naïf vraiment qu'il n'était; nous en savons déjà assez pour la démentir. On raconte qu'il parut un jour en habit négligé devant Henri III, tant, ajoute-t-on, il était *homme d'étude et adonné à sa poésie!* et Henri III lui aurait dit : « J'augmente votre pension de tant, pour que vous vous présentiez désormais devant moi avec un habit plus propre. » De telles distractions seraient bonnes chez La Fontaine ; mais Des Portes avait à la cour l'esprit un peu plus présent. S'il parut un jour en tel négligé, après quelque élégie, ce ne fut de la part du galant rimeur qu'une manière adroite et muette de postuler un bénéfice de plus.

auteur de la querelle, ne mourut de ses blessures que trente-trois jours après. Le poëte raconte donc le malheur, le dévouement des deux amis, *Damon* (Quelus) et *Lycidas* (Maugiron), et l'inconsolable douleur de l'autre ami *Cléophon*, c'est-à-dire d'Henri III, qui ne quitte pas le chevet du survivant tant qu'il respire,

Et de sa blanche main le fait boire et manger.

Les souvenirs de Nisus et d'Euryale animent et épurent assez heureusement cette complainte. On y retrouve un écho de ces accents étrangement sensibles que Théocrite a presque consacrés dans l'idylle intitulée *Aïtès*; et le poëte français ne fait guère que retourner et paraphraser en tous sens ces vers de Bion : « Heureux ceux qui aiment, quand ils sont payés d'un égal amour! Heureux était Thésée dans la présence de Pirithoüs, même quand il fut descendu dans l'affreux Ténare! Heureux était Oreste parmi les durs Axéniens, puisque Pylade avait entrepris le voyage de moitié avec lui! Bienheureux était l'Éacide Achille tant que son compagnon Patrocle vivait! heureux il était en mourant, parce qu'il avait vengé sa mort[1]! »

---

1. Il faudrait ici, en contraste immédiat et pour représailles sanglantes, opposer des passages de D'Aubigné en ses *Tragiques* : style sauvage, inculte, hérissé, indignation morale qui ne se contient plus, injure ardente, continuelle, forcenée, rien n'y manque comme châtiment de l'élégie; mais, la plupart du temps aussi, cette trop

Nous sommes tout préparés maintenant à bien admettre la faveur de Des Portes, le crédit immense dont il disposa, et sa part active dans les affaires. Prenons-le donc de ce côté et voyons-le à l'œuvre.

Il ne faut plus que savoir encore que notre abbé, si chargé de bénéfices et de titres ecclésiastiques, n'en omettait pourtant pas tout à fait les fonctions. On lit dans le *Journal d'Henri III*, à

---

grossière éloquence ne se saurait citer, et, des deux poëtes, le moins moral est encore le plus facile à transcrire. Dans la satire intitulée *les Princes*, on sent à tout moment l'allusion à Des Portes :

> *Des ordures des grands le poëte se rend sale,*
> *Quand il peint en César un ord Sardanapale...*
> *. . . . . Leurs poëtes volages*
> *Nous chantent ces douceurs comme amoureuses rages...*
> *Qu'ils recherchent le los des affétés poëtes..., etc.*

— On jugera que les invectives de D'Aubigné n'ont rien d'exagéré, si le hasard fait rencontrer dans l'un des nombreux volumes de la collection *Dupuy*, aux manuscrits de la Bibliothèque du Roi, quelques pages qui semblent le résultat de conversations de Peiresc avec Du Vair. Celui-ci dévoilait en causant les horreurs secrètes de cette cour finissante des Valois, des choses sans nom, dont on n'a qu'un aperçu dans L'Estoile ; et, après les plus grosses de ces énormités, on lit : « Monsieur Des Portes, qui en avoit été l'instrument d'une bonne partie, en avoit écrit la vie en *chiffre*, mais la brûla aux Barricades. »

la date de 1585, et parmi les anecdotes burlesques de ces années de puérilité et de scandale : « Le dernier jour du mois (octobre), le Roi s'en alla à Vincennes pour passer les fêtes de la Toussaint et faire les pénitences et prières accoutumées avec ses confrères les Hiéronimites, auxquels, ledit jour du mois de septembre précédent, il avoit fait lui-même, et de sa bouche, le prêche ou exhortation ; et, quelques jours auparavant, il leur avoit fait faire pareille exhortation par Philippe Des Portes, abbé de Tiron, de Josaphat et d'Aurillac[1], son bien-aimé et favori poëte. » Ainsi tour à tour, ce roi à bilboquets et à chapelets employait le bel-esprit accommodant à prêcher ses confrères, comme à pleurer ses mignons[2].

---

1. Des Portes eut bien encore d'autres titres et qualités : il fut chanoine de la Sainte-Chapelle, abbé de Bonport, de Vaux-de-Cernai ; cette dernière abbaye ne lui vint pourtant qu'en échange de celle d'Aurillac, qu'il permuta. Le *Gallia christiana* est tout marqué, à chaque volume, de son nom et de ses louanges. Nous lui découvrirons en avançant d'autres abbayes encore ; ç'a été sa vocation d'être le mieux *crossé* des élégiaques.
2. D'Aubigné y pensait évidemment quand il s'écriait :

Si, depuis quelque temps, vos rimeurs hypocrites,
Déguisés, ont changé tant de phrases écrites
Aux profanes amours, et de mêmes couleurs
Dont ils servoient Satan, infâmes bateleurs,
S'ils colorent encor leurs pompeuses prières
De fleurs des vieux païens et fables mensongères,
Ces écoliers d'erreur n'ont pas le style appris,

Si bien qu'il se sentît de longue main auprès d'Henri III, Des Portes avait cru devoir s'attacher très-immédiatement au duc de Joyeuse, le plus brillant et le plus actif des favoris d'alors ; il était son conseil en tout et comme son premier ministre. On en a un piquant exemple raconté par De Thou en ses *Mémoires*. Celui-ci, âgé de trente-trois ans, n'était encore que maître des requêtes ; il avait passé sa jeunesse aux voyages. Le président de Thou, son oncle, le voulait pourvoir de sa survivance, et il se plaignait de la négligence de son neveu à s'y pousser. Il en parlait un jour sur ce ton à François Choesne, lieutenant général de Chartres, qui courut raconter à l'autre De Thou les regrets du vieil oncle, et le presser de se mettre en mesure. Mais le futur historien allégua que le moment n'était pas venu, que les sollicitations n'allaient pas à son humeur, qu'il en faudrait d'infinies dans l'affaire en question ; enfin toutes sortes de défaites et d'excuses comme en sait trouver le mérite indépendant et peu ambitieux. Mais Choesne l'arrêta court : « Rien de plus simple, lui dit-il ; si vous croyez votre dignité intéressée, abstenez-vous : laissez-moi faire ; je me charge de tout. Vous connaissez Philippe Des Portes, et vous n'ignorez pas qu'il est de mes parents et de mes amis. Il peut tout près du duc de Joyeuse, lequel

---

Que l'Esprit de lumière apprend à nos esprits.
De quelle oreille Dieu prend les phrases flatresses
Desquelles ces pipeurs fléchissoient leurs maîtresses ?
                    (*Satire des Princes.*)

fait tout près du roi. Ce sera, j'en réponds, leur faire plaisir, à Des Portes et au duc, que de les employer pour vous. »

Et tout d'un trait, Choesne court chez Des Portes, qu'il trouve près de sortir et le *portefeuille* sous le bras, un portefeuille rouge de ministre : oui, en vérité, notre gracieux poëte en était là. Des Portes allait chez le duc de Joyeuse *travailler*, comme on dit. En deux mots Choesne le met au fait ; c'était le matin : « Revenez dîner aujourd'hui, lui dit Des Portes, et je vous rendrai bon compte[1]. » A l'heure du dîner, Choesne trouve l'affaire faite et De Thou président à mortier en survivance ; il court l'annoncer à celui-ci qui, tout surpris d'une telle facilité et d'une telle diligence, est confondu de se voir si en retard de civilité, et qui se rend lui-même au plus vite chez Des Portes, entamant dès l'entrée toutes sortes d'excuses. Mais Des Portes ne souffrit pas qu'il lui en dît davantage, et lui répondit noblement : « Je sais que vous êtes de ceux à qui il convient mieux de témoigner leur reconnaissance des bons offices, que de prendre la peine de les solliciter. Quand vous m'avez employé pour vous auprès du duc de Joyeuse, comptez que vous nous avez obli-

---

[1]. A propos de dîner, ceux de Des Portes étaient célèbres et lui faisaient grand honneur : « *Nullus enim eum vel hospitalis mensæ liberalibus epulis,... vel omni denique civilis vitæ splendore superavit* », a dit Scévole de Sainte-Marthe.

gés l'un et l'autre ; c'est en pareille occasion qu'on peut dire qu'on se fait honneur quand on rend service à un homme de mérite. »

Certes Des Portes, on le sait trop, n'avait pas un sentiment moral très-profond ni très-rigide ; ce qu'on appelle dignité de conscience et principes ne doit guère se chercher en lui ; mais, tout l'atteste, il avait une certaine libéralité et générosité de cœur, un charme et une séduction sociale qui font beaucoup pardonner[1], un tour, une représentation aisée, pleine de magnificence et d'honneur, enfin ce qu'on peut appeler du moins des parties de l'honnête homme.

De Thou reconnaissant le priait de l'introduire sur-le-champ chez le duc de Joyeuse pour offrir ses remercîments confus. Mais Des Portes, qui savait combien les grands sont légers et peu soucieux, même de la reconnaissance pour le bien qu'ils ont fait sans y songer autrement, éluda cette louable effusion, et lui dit qu'ils ne trouveraient pas le duc à cette heure ; qu'un remercîment si précipité le pourrait même importuner dans l'embarras d'affaires où l'on était, et qu'il se chargeait du compliment et des excuses. Cependant Joyeuse partit pour son commandement de Normandie ; la visite fut remise au retour. Quelque temps après.(1587), survint la défaite de Coutras, où périt ce jeune seigneur, et le long enchaînement des calamités civiles recommença.

---

1. *Ingenii morumque suavitas*, répète-t-on de lui à l'envi dans tous les éloges du temps.

Ce fut un coup affreux pour Des Portes, et qui semblait briser sa fortune au moment où elle touchait au faîte. L'affection pourtant, on aime à le penser, eut une grande part en ses regrets. Dans l'accablement où il tomba à la première nouvelle de cette mort, fuyant la société des hommes, il se retira chez Baïf, à Saint-Victor, en ce monastère même des muses que nous avons décrit précédemment. C'est de Thou encore qui nous apprend cela, et qui alla l'y voir pour le consoler.

La poésie dut alors lui revenir en aide ; tout en suivant l'ambition, il en avait maudit souvent les conditions et les gênes. Il aimait la nature, il la sentait avec une sorte de vivacité tendre ; il put, durant ces quelques mois de retraite, se reprendre avec regret aux beaux jours envolés, et se redire ce sonnet de lui, déjà ancien, qu'il adressait au vieux Dorat :

Quel destin favorable, ennuyé de mes peines,
Rompra les forts liens dont mon col est pressé ?
Par quel vent reviendrai-je au port que j'ai laissé,
Suivant trop follement des espérances vaines ?

Verrai-je plus le temps qu'au doux bruit des fontaines,
Dans un bocage épais mollement tapissé,
Nous récitions nos vers, moi d'amour offensé,
Toi bruyant de nos Rois les victoires hautaines ?

Si j'échappe d'ici, Dorat, je te promets
Qu'Apollon et Cypris je suivrai désormais,
Sans que l'ambition mon repos importune.

Les venteuses faveurs ne me pourront tenter,
Et de peu je saurai mes désirs contenter,
Prenant congé de vous, Espérance et Fortune 1.

C'était également, si l'on s'en souvient, le vœu final de Gil Blas, mais qui, plus sage, paraît s'y être réellement tenu.

Convient-il de placer déjà à ce moment plusieurs des retours chrétiens de Des Portes, de ces sonnets spirituels et de ces prières qui, dans une âme mobile, ne semblent pas avoir été sans émotion et sans sincérité? Les *Psaumes* ne vinrent que plus tard, et furent l'œuvre de sa vieillesse. Mais, dès l'époque où nous sommes, il avait composé des pièces contrites, dont plusieurs datent certainement d'une grande maladie qu'il avait faite en 1570. On a souvent cité ce sonnet, assez pathétique, qui paraît bien avoir été l'original dont s'est inspiré Des Barreaux pour le sien devenu fameux :

Hélas! si tu prends garde aux erreurs que j'ai faites,
Je l'avoue, ô Seigneur! mon martyre est bien doux;
Mais, si le sang de Christ a satisfait pour nous,
Tu décoches sur moi trop d'ardentes sagettes.

Que me demandes-tu? mes œuvres imparfaites,
Au lieu de l'adoucir, aigriront ton courroux;
Sois-moi donc pitoyable, ô Dieu! père de tous;
Car où pourrai-je aller, si plus tu me rejettes?

---

1. Imité d'une épigramme d'Owen.

D'esprit triste et confus, de misère accablé,
En horreur à moi-même, angoisseux et troublé,
Je me jette à tes pieds, sois-moi doux et propice !

Ne tourne point les yeux sur mes actes pervers,
Ou, si tu les veux voir, vois-les teints et couverts
Du beau sang de ton Fils, ma grâce et ma justice [1].

Il est probable que, durant les semaines d'affliction, ces pensées graves lui repassèrent au moins par l'esprit, de même que plus tard, après la Ligue, et vieillissant, il fut peut-être plus sincèrement repentant par accès qu'on ne l'a cru. Ces natures sensibles, même raffinées, sont ainsi.

Dans tous les cas, cette variation, pour le moment, dura peu, et l'ambition le reprit de plus belle. Henri III mort (ce qu'il faut noter pour sa décharge), on retrouve Des Portes ligueur, bien que *sentant un peu le fagot*, et attaché à l'amiral de Villars, cousin de Joyeuse : il l'avait proba-

---

1. C'est vraisemblablement de ce sonnet que le grand Arnauld voulait parler dans une lettre du 10 mars 1657 : « Je vous prie de dire à l'abbé que le sonnet de Des Portes me semble fort beau, et qu'il ne seroit pas mauvais de le faire imprimer. » — Le dernier tercet a été ainsi reproduit et agrandi par Des Barreaux :

J'adore en périssant la raison qui l'aigrit :
Mais dessus quel endroit tombera ton tonnerre,
Qui ne soit tout couvert du sang de Jésus-Christ ?

Dans les dernières éditions de Des Portes, au lieu du *beau sang de ton Fils*, on lit du *clair sang*, que j'aime moins. Ce qui dénote, à coup sûr, que Des Barreaux

blement connu dans cette maison. Du Havre-de-Grâce, où l'avait placé Joyeuse, Villars s'était jeté dans Rouen et y concentrait en lui tous les pouvoirs. C'était un caractère violent et fougueux, un capitaine plein d'ambition et d'ailleurs capable. Des Portes s'est insinué près de lui ; il le conduit et le domine ; il se fait l'âme de son conseil et le bras droit de ses négociations ; il devient le véritable premier ministre, enfin, de ce *roi d'Yvetot* : la *Satyre Ménippée* appelle ainsi Villars, qui était mieux que cela, et une espèce de roi en effet dans cette anarchie de la France. Quant à Des Portes, *le poëte ingrat de l'Amirauté*, comme la *Ménippée* dit encore, sa fortune en ces années désastreuses (1591-1594) se trouve autant réparée qu'elle peut l'être ; ses bénéfices sont saisis, il est vrai ; mais il a en main de quoi se les faire rendre, et avec usure. Dans toutes les négociations où il figure, il ne s'oublie pas.

---

connaissait le sonnet de Des Portes, c'est moins la ressemblance du sentiment, et même du dernier trait, que quelques mots insignifiants, comme *propice, aigrir*, qui se trouvent avoir passé dans son sonnet. Du Radier fut le premier, dans l'article du *Conservateur*, à dénoncer cette imitation, et il en revendique la *découverte* avec une certaine vivacité, au tome Ier de ses *Récréations historiques et critiques*. Dans l'intervalle, en effet, un M. de La Blaquière avait écrit de Verdun une lettre à Fréron (*Année littéraire*, mars 1758), pour annoncer la même trouvaille. On pourrait soutenir également que Des Portes a inspiré à Racan sa belle pièce de *la Retraite*; il l'y a du moins aidé.

Palma Cayet raconte que, dans le temps même où Villars se cantonnait à Rouen et préparait son indépendance, ce capitaine, très-prudent et avisé à travers ses fougues, négociait secrètement avec le cardinal de Bourbon, qui présidait alors le Conseil du roi, tantôt à Chartres, tantôt à Mantes, « et ce par le moyen de Des Portes, et qu'en furent les paroles si avant qu'il fut parlé audit Conseil de donner main levée des abbayes et bénéfices dudit sieur Des Portes occupés par les royaux ». L'affaire rompit par le refus des détenteurs, et le poëte-diplomate se vengea, montrant bientôt *ce que peut un homme de conseil quand il rencontre un homme d'exécution*[1].

Mais Sully, en ses *Économies royales*, est celui qui nous en apprend le plus sur la situation et l'importance du conseiller de Villars. Après des pourparlers préliminaires et des tentatives avortées qui avaient eu lieu durant le siége même de Rouen, le principal serviteur d'Henri IV y revient en titre, muni de pleins pouvoirs pour traiter (1594). Les affaires de la Ligue allaient fort mal; Paris était à la veille de se rendre à son roi; mais Rouen tenait bon, et c'était un embarras considérable. Sully, à peine arrivé dans la ville rebelle, y trouve La Font, son ancien maître

---

[1]. Et notez comme Des Portes sait bien choisir ceux à qui il s'attache : d'abord, c'était Joyeuse, le plus politique des favoris, et qui tendait même à se substituer à Guise en tête de la Ligue; aujourd'hui, c'est Villars, le plus valeureux et le plus capable du parti.

d'hôtel, et qui l'était de M. de Villars; ce La Font servait d'entremetteur secondaire. Dès le premier moment, Sully envoie Du Perat, un de ses officiers, visiter de sa part M. de Villars, Mme de Simiers et M. de Tiron, les trois grands personnages. Qu'était-ce que Mme de Simiers? Demandez à Tallemant : Mme de Simiers (Mlle de Vitry), ancienne fille d'honneur de Catherine de Médicis, avait passé comme maîtresse de Des Portes à Villars, et dans ce moment elle s'arrangeait comme elle l'entendait entre tous deux[1]. M. de Tiron et elle font aussitôt répondre à Sully, qui leur demandait comment il avait à se conduire, de se reposer ce jour-là, et que le lendemain matin ils lui feraient savoir de leurs nouvelles. Mais M. de Tiron ne s'en tient pas à ce message, et, dès que la nuit est venue, il arrive en personne; c'est ici que toute sa diplomatie se déploie.

Après les compliments ordinaires et extraordinaires, il commence par regretter le retard de l'arrivée de M. de Rosny; il explique au long, en les exagérant peut-être, quelques incidents qui ont

---

1. « Madame de Simiers prioit souvent Des Portes de lui rimer des élégies qu'elle avoit faites en prose : elle appeloit cela *envoyer ses pensées au rimeur.* » (Costar, suite de la Défense de M. de Voiture). — Le poëte La Roque, en ses *Mélanges*, adresse un sonnet à madame de Simiers, non loin d'un autre sonnet à Des Portes ; il parle du bel-esprit de cette dame : *Votre beauté des Muses le séjour.* Elle avait dû être de l'Académie d'Henri III.

passé à la traverse, et les changements d'humeur de *l'homme* (M. de Villars). Deux envoyés en effet, l'un, don Simon Antoine, de la part du roi d'Espagne, l'autre, La Chapelle-Marteau, de la part de la Ligue, venaient d'apporter des propositions au gouverneur. Des Portes développe tout cela ; il étale les difficultés : il n'est pas fâché de se rendre nécessaire. Plusieurs catholiques des principaux de la cour du roi avaient, de plus, écrit à M. de Villars de se méfier, de ne pas trop accorder sa confiance à un négociateur hérétique comme M. de Rosny. Des Portes a eu soin de se munir de ces lettres, mais il ne les montre qu'avec discrétion. Puis il montre sans aucune réserve trois autres lettres d'un ton différent : l'une du cardinal de Bourbon à M. de Villars pour l'enhardir à traiter ; l'autre de M. de Vitry à Mme de Simiers, sa sœur, dans le même sens ; et la troisième enfin de l'évêque d'Évreux, Du Perron, à Des Portes lui-même. Celle-ci nous est très-curieuse en ce qu'elle témoigne du singulier respect et de la déférence avec laquelle ce prélat éminent s'adresse à son ancien patron, se dit son obligé, et confesse ne devoir qu'à lui d'avoir pu connaître la cour. Après avoir communiqué ces pièces, Des portes donna son avis sur la marche à suivre, sur les écueils à tourner ; il promet son assistance : « Mais qu'on laisse seulement passer à M. de Villars toutes ses fougues... Et peu à peu nous le rangerons, dit-il, à ce qui sera juste et raisonnable. » Sully, bien qu'il jugeât qu'*il pouvait bien y avoir de l'artifice en tout ce langage*, ne laissa pas d'en demeurer d'accord, et, sur cette première conversation, on se donna le bonsoir.

Je ne dirai pas la suite avec détail; on peut recourir à Sully lui-même; il suffit qu'on ait le ton. Dans les conditions *sine qua non* que posait Villars, et à côté de l'*amirauté* exigée pour lui, il se trouvait les abbayes de Jumiéges, Tiron, Bonport, Vallasse et Saint-Taurin, stipulées comme appartenant *à de ses serviteurs*. Nous savons quel serviteur, du moins le principal : il ne se perd pas de vue[1]. L'abbé de Tiron d'ailleurs aida bien réellement et efficacement à la solution; il s'employa avec toute sa finesse à adoucir Villars et à le déterminer. Il faisait son pont à lui-même près d'Henri IV, et ce prince pouvait répondre à ceux des fidèles et *ultra* qui auraient trouvé à redire ensuite sur l'abbé ligueur : « *M. de Tiron a rendu des services*[2]. »

---

1. Toutes ces abbayes furent-elles stipulées pour lui seul? Ce serait plus qu'on ne lui en connaît. Quand on regarde le ciel par une belle nuit, on y découvre étoiles sur étoiles; plus on regarde dans la vie de Des Portes, et plus on y découvre d'abbayes.

2. A propos de cette reddition de Rouen, D'Aubigné (*Histoire universelle*, livre IV, chap. IV) dit de Villars : « Il fut récompensé de l'État d'Amiral de France; et encore, *par la menée de Philippe Des Portes*, on lui remit entre les mains Fécamp, que Bois-Croizé (ou Bois-Rozé) qui l'avoit pris, comme nous l'avons dit, quitta à son grand regret avec d'étranges remontrances et mécontentements. » Ainsi Des Portes obtient à son maître les

Ceci obtenu, Des Portes n'eut plus qu'à vieillir riche et honoré. Il traduisit les Psaumes, sans doute pour réparer un peu et satisfaire enfin aux convenances de sa situation ecclésiastique. Le succès, à le bien voir, fut contesté (1603); Malherbe lui en dit grossièrement en face ce que Du Perron pensait et disait plus bas. Mais ces sortes de vérités se voilent toujours d'assez d'éloges aux oreilles des vivants puissants, et Des Portes put se faire illusion sur sa décadence[1]. Il se continuait avec harmonie par Bertaut; il rajeunissait surtout avec éclat et bonheur dans son neveu, l'illustre Mathurin Regnier. Tout comblé de biens d'église qu'il était, ayant refusé vers la fin l'archevêché de Bordeaux, il sut encore passer pour modeste, et son épitaphe en l'abbaye de Bonport célébra son désintéressement. C'est dans cette dernière abbaye qu'il coula le plus volontiers ses dernières années, au sein d'une magnifique bibliothèque dont il faisait les honneurs aux curieux avec une obligeance infinie, et qu'après lui son fils naturel

---

meilleures conditions en même temps que de très-bonnes pour lui, et du même train aussi qu'il a l'air de rendre service au roi : rien n'y manque.

1. Ses *Psaumes* survécurent même, dans la circulation, à ses *Premières Œuvres*, lesquelles ne passent guère en réimpression l'année 1611. Dom Liron (*Bibliothèque chartraine*) nous apprend que Thibaut Des Portes, sieur de Bevilliers, frère du nôtre, fit faire, en 1624, une très-belle édition de ces *Psaumes* avec des chants de musique.

laissa presque dilapider[1]. On parle aussi d'une belle maison de lui à Vanves, où il allait recueillir ses rêves, et dont le poëte La Roque a célébré la fontaine. Il mourut à Bonport en octobre 1606, âgé d'environ soixante et un ans. L'Estoile lui a prêté d'être mort assez impénitent et de n'avoir cru au *purgatoire* non plus que M. de Bourges (Renaud de Beaune); on allègue comme preuve qu'il aurait enjoint expressément, à sa fin, de chanter seulement les deux Psaumes : *O quam dilecta tabernacula*, et *Lætatus sum*. Peu avant de mourir, il aurait dit en soupirant : « J'ai trente mille livres de rente, et je meurs! »

Mais tout cela m'a l'air de propos sans conséquence, et tels qu'il en dut circuler : on a prêté à Rabelais le rieur d'être mort en riant; on a supposé que le riche abbé de Tiron ne pouvait faire autrement que de regretter ses richesses[2].

Ce qu'il faut redire, après les contemporains, à la louange de Des Portes, c'est qu'il n'eut pas d'ennemis, et que, dans sa haute fortune, il fit constamment le plus de bien qu'il put aux per-

---

1. Une portion fut sauvée pourtant, et passa, on ne dit pas comment, aux Jésuites de la rue Saint-Jacques (voir le Père Jacob, *Traité des plus belles Bibliothèques*, page 524).

2. On cite encore de lui ce mot assez vif et plus vraisemblable, quand il refusa l'archevêché de Bordeaux, ne voulant pas, disait-il, avoir charge d'âmes : « Mais vos moines? lui répondit-on. — Oh! bien, eux, ils n'en ont pas. »

sonnes[1]. D'Aubigné seul paraît l'avoir détesté dans ses écrits, et *la Confession de Sancy* est envenimée d'injures à ce nom de Tiron. Mais les auteurs de la *Ménippée* eux-mêmes ne gardèrent pas rancune à Des Portes, ni lui à eux ; Passerat, Gillot, Rapin, on les retrouve tout à fait réconciliés, et ce dernier a célébré la mort de son ami dans une pompeuse et affectueuse élégie latine.

Malherbe, à sa manière, fut cruel ; on sait l'exemplaire de Des Portes annoté par lui. M. Chasles en a rendu un compte judicieux et piquant[2] ; moi-même j'y ai appelé l'attention autrefois, et j'en ai signalé les chicanes. Il y a de ces hommes prépondérants qui ont de singuliers priviléges : ils prennent le droit de se faire injustes ou du moins justes à l'excès envers les autres, et ils imposent leurs rigueurs, tandis qu'avec eux, quoi qu'ils fassent, on reste juste et déférent : ainsi de Malherbe. Censeur impitoyable et brutal pour Ronsard, pour Des Portes, il se maintient lui-même respecté : dans quelques jours, il paraîtra une édition de lui annotée par André Chénier et qui est tout à sa gloire[3].

---

1. A chaque pas qu'on fait dans la lecture des livres du temps, on découvre de nouveaux bons offices de Des Portes : c'est à lui encore que Vauquelin de La Fresnaie avait dû la bienveillance de Joyeuse, et par suite la lieutenance générale de Caen (voir la dernière satire, livre I, de Vauquelin).

2. *Revue de Paris*, 20 décembre 1840.

3. Dans la Bibliothèque-Charpentier, et par les bons

Je ne voulais ici que développer l'existence sociale de Des Portes, son influence prolongée et cette singularité de fortune qui en a fait alors le plus grand seigneur et comme le d'Epernon des poëtes. Il serait fastidieux d'en venir, après tant de pages, à apprécier des œuvres et un talent suffisamment jugés. Un mot seulement, avant de clore, sur sa célèbre chanson : *O nuit! jalouse nuit!* qui se chantait encore sous la minorité de Louis XIV. Elle est imitée de l'Arioste, du *Capitolo VII* des poésies diverses : *O ne' miei danni...* Dans le *Capitolo* précédent, l'aimable poëte adressait un hymne de félicitation à la nuit et à tout ce qu'elle lui avait amené de furtif et d'enivré[1] ; ici, au contraire, il lui lance l'invective pour sa malencontreuse lumière. Il faut dire à l'honneur de Des Portes que plusieurs des traits les plus heureux de sa chanson ne se rencontrent pas dans l'italien, et que, s'il n'est pas original, il est peut-être plus délicat :

Je ne crains pas pour moi, j'ouvrirois une armée
Pour entrer au séjour qui recèle mon bien,

---

soins de M. Antoine de La Tour, dont le père possède l'exemplaire original. — André Chénier naturellement, ce semble, aurait dû s'appliquer de préférence à Regnier, ou même à Ronsard, non pas à Malherbe : c'est ainsi que les prévisions et les analogies sont en défaut.

1. C'est d'après ce *Capitolo VI* qu'Olivier de Magny, en ses *Odes* (1559), a fait sa *Description d'une nuit amoureuse;* et Gilles Durant, ses stances : *O nuit, heureuse nuit!...*

n'appartient qu'à lui, aussi bien que ce délicieux vers :

Les beaux yeux d'un berger de long sommeil touchés.

Cette jolie chanson de Des Portes rappelle aussi une invocation antique attribuée à Bion, et qu'un amoureux adresse à l'étoile du soir, à Vesper. Je m'étais donné le plaisir de la traduire, lorsque je me suis aperçu qu'elle était traduite déjà ou imitée par nos vieux poëtes, par Ronsard, au IVe livre de ses *Odes,* et surtout par le bon Baïf en ses *Amours.* Voici la charmante version de celui-ci, je n'y ai changé qu'un petit mot :

De l'aimable Cypris ô lumière dorée !
Hesper, de la nuit noire ô la gloire sacrée,
Qui excelles d'autant sur les astres des cieux
Que moindre que la lune est ton feu radieux,
Je te salue, Ami. Conduis-moi par la brune
Droit où sont mes amours, au défaut de la lune
Qui cache sa clarté. Je ne vas dérober,
Ni pour d'un pèlerin le voyage troubler ;
Mais je suis amoureux ! Vraiment c'est chose belle
Aider au doux désir d'un amoureux fidèle.

Oserai-je ajouter à côté ma propre imitation comme variante ?

Chère Étoile du soir, belle lumière d'or
De l'aimable Aphrodite, ornement et trésor
Du noir manteau des nuits, et qui, dans ses longs voiles
Luis moins que le croissant et plus que les étoiles,

O cher Astre, salut! Et comme, de ce pas,
Je vais chanter ma plainte au balcon de là-bas.
Prête-moi ton rayon; car la lune nouvelle
S'est trop vite couchée. Ah! lorsque je t'appelle,
Ce n'est pas en larron, pour guetter méchamment;
Mais j'aime, et c'est honneur d'être en aide à l'amant!

Et dans des vers à cette même étoile, un poëte moderne, M. Alfred de Musset, a dit, comme s'il eût mêlé au pur ressouvenir de Bion un sentiment ému de Byron :

Pâle Étoile du soir, messagère lointaine,
Dont le front sort brillant des voiles du couchant,
De ton palais d'azur, au sein du firmament,
   Que regardes-tu dans la plaine?
La tempête s'éloigne, et les vents sont calmés...

et dans tout ce qui suit, une teinte d'Ossian continue de voiler légèrement la sérénité antique :

Tu fuis en souriant, mélancolique amie...
Triste larme d'argent du manteau de la nuit...

Ce n'est plus simplement l'astre d'or ; et le dernier trait enfin, le dernier cri s'élance et se prolonge dans l'infini comme une plainte du cœur :

Étoile de l'amour, ne descends pas des cieux!

Je renvoie au volume, que chacun a lu ; mais j'avais besoin, en terminant, de ramener un parfum de vraie poésie après ces anecdotes des Valois et cette vie diplomatique du plus courtisan et du plus abbé des poëtes.

Mars 1842.

— La réputation de Des Portes s'est conservée très-tard, surtout à l'étranger. En plein XVIIIe siècle, le cardinal Passionei, s'entretenant avec Grosley sur le mérite de nos poëtes français, avouait qu'il ne distinguait pas la poésie de Voltaire d'avec celle de Des Portes (*Œuvres inédites* de Grosley, 1818, tome II, page 393) : il voulait dire par là qu'il trouvait la poésie de ce dernier aussi polie et aussi élégante. Dans l'*Histoire d'un Voyage littéraire fait en 1733*, Jordan de Berlin, à propos de la belle édition de Des Portes (Patisson, 1600) qu'il vient à rencontrer, ajoute : « Je ne parlerai point de ce *charmant* poëte, il est trop connu. » Enfin, dans *le Nouveau Mercure* de mai 1721, un anonyme a inséré, sous le titre de *Sentiment sur Villon et sur Des Portes*, un article où celui-ci est nettement qualifié de *grand poëte* : « Je vous dirois bien à l'oreille l'inclination que j'ai pour ce poëte, et je vous apprendrois qu'il a frayé le chemin que Malherbe a tenu, qu'il a trouvé le premier le moule des beaux vers, Villon, Marot et Saint-Gelais qui l'avoient précédé n'en ayant fait que de jolis, et que la langue lui a plus d'obligation qu'on ne pense...; mais vous en parleriez dans le monde, et cela me brouilleroit avec les partisans de Malherbe : j'ajouterai pourtant, quoi qu'il en puisse arriver, que Des Portes *est presque aussi français que lui dans bien de ses ouvrages, et qu'il est partout plus ingénieux*, et souvent plus raisonnable; qu'il est non-seulement versificateur, mais qu'il mérite encore le nom de poëte; qu'il est *varié, délicat, doux, facile et tendre*, quoiqu'il dise un peu de mal des femmes, et qu'il a beaucoup de sentiment et d'élévation; mais ce que j'en aime le mieux, il ne se loue jamais, et tous ses écrits sont marqués au coin de l'honnête homme. Aussi l'étoit-il... » L'éloge, on le voit, est complet, et il reste juste pour nous sur bien des points.

ANACRÉON

AU XVIᵉ SIÈCLE

A première édition d'Anacréon, donnée à Paris par Henri Estienne, est de 1554. Le grand mouvement d'innovation poétique de l'école de la Pléiade datait de 1550, c'est-à-dire était en plein développement, quand ce recueil de jolies odes parut Henri Estienne, très-jeune, appartenait, par le zèle, par les études, par tous les genres de fraternité, à la génération qui se levait et qui se proclamait elle-même *gallo-grecque* : il s'en distingua avec quelque originalité en avançant et sut être plus particulièrement *gréco-gaulois*. Il n'était pas poëte français ; mais on peut dire qu'en publiant les chansons de Téos, il contribua, pour sa part, autant que personne, au trésor que les nouveaux venus trouvèrent sous leur main et qu'ils ne réussirent qu'incomplétement à ravir. Il leur en fournit

même la portion la plus transportable, pour ainsi parler, et comme la monnaie la mieux courante. Presque tout ce qu'ils prirent de ce côté, ils l'emportèrent plus aisément et le gardèrent.

Les premiers essais de 1550 à 1555 sont extrêmement incultes, incorrects, et sentent l'effort à travers leur fierté. L'Anacréon est venu à point comme pour amollir et adoucir la verve férocement pindarique de Ronsard et consorts, pour les ramener au ton de la grâce. Dans le dithyrambe pour la fête du ouc, célébrée en l'honneur de Jodelle, après le succès de sa *Cléopâtre* (1553), Baïf et tous les autres à tue-tête répétaient en chœur ce refrain de chanson à Bacchus; je copie textuellement :

*Iach iach ia ha
Evoe iach ia ha!*

L'Anacréon d'Henri Estienne rompit un peu ce chorus bizarre, et, comme un doux chant dans un festin, tempéra l'ivresse.

Je n'ai pas à discuter ici la question de l'authenticité des poésies de l'Anacréon grec, et j'y serais parfaitement insuffisant. On était allé d'abord jusqu'à soupçonner Henri Estienne de les avoir fabriquées. Depuis qu'on a retrouvé d'autres manuscrits que ceux auxquels il avait eu recours et qu'il n'avait jamais produits, cette supposition excessive est tombée. Il restait à examiner toujours si ces poésies remontent bien réellement au lyrique de Téos, au contemporain de Cambyse et de Polycrate, à l'antique Ionien qui, sous sa couronne flottante, prêta les plus aimables accents à l'orgie sacrée. L'opinion de la critique paraît être aujourd'hui fixée sur ce point, et les érudits, m'assure-t-on, s'accordent en général à ne considérer les pièces du recueil publié par Henri Estienne (à deux ou trois exceptions près) que comme étant très-postérieures au père du genre, comme de simples imitations, et seulement *anacréontiques* au même sens que tant d'autres jolies pièces légères de nos littératures modernes. Qui donc les a pu faire, ces charmantes odes pleines d'élégance et de délicatesse, et auxquelles tant de gens de goût ont cru avant que la critique et la grammaire y eussent appliqué leur loupe sévère? Y a-t-il eu là aussi, à l'endroit d'Anacréon, des Macpherson et des Surville de l'Antiquité? Je me figure très-bien que, même sans fraude, et d'imitation en imitation, les choses se soient ainsi transformées et transmises, que des contemporains de Bion et de Moschus aient commencé à raffiner le genre, que tant d'auteurs agréables de l'*Anthologie,* tels qu'un Méléagre, y aient contribué, et que, sous les empereurs et même auparavant, les riches voluptueux, à la fin des banquets, aient dit aux Grecs chanteurs : *Faites-nous de l'Anacréon!* Cicéron nous parle de ce Grec d'Asie, épicurien et poëte, ami de Pison, et qui tournait si élégamment l'épigramme, qui célébrait si délicatement les orgies et les festins de son disciple débauché. On a une invitation à dîner qu'il lui adresse. Certes, si ce Philodème (c'était son nom) a voulu faire de l'anacréontique, il n'a tenu qu'à lui d'y réussir[1].

Le goût pourtant, une fois averti par la science, se rend compte à son tour de la différence de ton entre les imitations et l'original, même quand ce dernier terme de comparaison manque ; et il arrive ici précisément ce qui s'est vu pour plusieurs morceaux très-admirés de la statuaire antique : on les avait pris au premier coup d'œil, et sous la séduction de la découverte, pour les chefs-d'œuvre de l'art, dont ils n'étaient que la perfection déjà déclinante et amollie. Quelques bas-reliefs augustes, quelques magnifiques torses retrouvés, sont venus replacer le grand art sur ses bases divines.

Ainsi on se représente que, même dans sa grâce, le premier et véritable Anacréon devait avoir une largeur et un grandiose de ton, un désordre sublime et hardi, quelque chose, si j'ose le dire, de ce qu'a notre Rabelais dans sa grossièreté, mais que revêtait amplement en cette Ionie la pourpre et la rose, un libre *faire* en un mot, que le *dix-huitième siècle* de la Grèce, si élégant et si prolongé qu'il fût, n'a plus été capable d'atteindre et qu'il n'a su que polir. L'Anacréon primitif avait l'*enthousiasme* proprement dit. Bien des pièces au contraire de l'Anacréon qu'on lit, de cet Anacréon qui semble refait souvent à l'instar de

---

1. Voir la dissertation à son sujet, tome I, page 195, des *Mélanges de Critique et de Philologie*, par Chardon de La Rochette.

l'épigramme de Platon sur *l'Amour endormi,* ne sont guère que le pendant de ces petites figurines d'ivoire, de ces petits joyaux précieux qu'au temps de l'empire les belles dames romaines ou les patriciens à la mode avaient sur leurs tables : *l'Amour prisonnier, l'Amour mouillé, l'Amour noyé, l'Amour oiseau, l'Amour laboureur, l'Amour voleur de miel,* toute la race enfin des Amours roses et des Cupidons de l'Antiquité. Henri Estienne, en sa préface d'éditeur, ne sortait pas de cet ordre de comparaisons, quand il rappelait par rapport à son sujet ce joujou délicat de la sculpture antique, ce petit navire d'ivoire que recouvraient tout entier les ailes d'une abeille.

Mais cette circonstance même d'être d'une date postérieure et de l'époque du joli plutôt que du beau ne faisait que rendre ces légers poëmes plus propres à l'imitation et mieux assortis au goût du moment. L'agréable et le fin se gagnent encore plus aisément que le grand; on commence surtout très-volontiers par le mignard et le subtil. *Le Sanglier pénitent* de Théocrite (si une telle pièce est de Théocrite) agréera bien mieux tout d'emblée que ces admirables pièces des *Thalysies* ou de la *Pharmaceutrie.* On s'en prendra d'abord à Bembe, et non à Dante. Les littératures étrangères s'inoculent plutôt par ces pointes.

L'Anacréon d'Estienne, s'il ne rentrait pas tout à fait dans la classe des grands et premiers modèles, était du moins le plus pur et le plus achevé des moindres (*minores*), et il arrivait à propos pour les corriger : intervenant entre Jean Second et Marulle, il remettait en idée l'exquis et le simple. Dans cette ferveur, dans cette avidité dévorante de l'érudition et de l'imitation, il n'y avait guère place au choix; on en était à la gloutonnerie première ; Anacréon commença à rapprendre la friandise. Il eut à la fois pour effet de tempérer, je l'ai dit, le pindarique, et de clarifier le Rabelais. Au milieu de la jeune bande en plein départ, et par la plus belle matinée d'avril, que fit Henri Estienne? Il jeta brusquement un essaim et comme une poignée d'abeilles, d'abeilles blondes et dorées dans le rayon, et plus d'un en fut heureusement piqué; il s'en attacha presque à chacun du moins une ou deux, qu'ils emportèrent dans leurs habits et qui se retrouvent dans leurs vers.

Ce que je dis là d'Anacréon se doit un peu appliquer aussi, je le sais, à l'*Anthologie* tout entière, publiée à Paris en 1531, et dont Henri Estienne donna une édition à son tour; mais Anacréon, qui forme comme la partie la plus développée et le bouquet le mieux assemblé de l'*Anthologie,* qui en est en quelque sorte le grand poëte et l'Homère (un Homère aviné), Anacréon, par la justesse de son entrée et la fraîcheur de son chant, eut le principal effet et mérita l'honneur.

Quand les *Analecta* de Brunck parurent en 1776, ils vinrent précisément offrir à l'adolescence d'André Chénier sa nourriture la plus appropriée et la plus maternelle : ainsi, pour nos vieux poëtes, l'ancienne *Anthologie* de Planudes, et surtout l'Anacréon d'Estienne : il fut un contemporain exact de leur jeunesse.

Du jour où il se verse dans la poésie du seizième siècle, on y peut suivre à la trace sa veine d'argent. A partir du second livre, les *Odes* de Ronsard en sont toutes traversées et embellies ; et chez la plupart des autres, on marquerait également l'influence. L'esprit français se trouvait assez naturellement prédisposé à cette grâce insouciante et légère; l'Anacréon, chez nous, était comme préexistant; Villon dans sa ballade des *Neiges d'antan,* Mellin de Saint-Gelais dans une quantité de madrigaux raffinés, avaient prévenu le genre : Voltaire, au défaut d'Anacréon lui-même, l'aurait retrouvé[1].

La veine anacréontique, directement introduite en 1554, et qui se prononce dès les seconds essais lyriques de Ronsard, de Du Bellay et des autres, fit véritablement transition entre la vigueur assez rude des débuts et la douceur un peu mignarde et

---

1. [Nous rapportons à cet endroit un projet de note manuscrite et interfoliée de l'un des deux exemplaires préparés pour la réimpression.]

Le Midi a encore des vers, dignes d'une Anthologie anacréontique ; voici une épigramme-épitaphe d'un ivrogne de Montpellier par un de ses compatriotes (c'est en vers patois) :

« Passant, ne t'étonne pas si ça sent le marc de vin : car le corps de B... est ici qui repose. »

polie des seconds disciples, Des Portes et Bertaut ; cette veine servit comme de canal entre les deux. Mais ce n'est pas ici de l'anatomie que je prétends faire, et, une fois la ligne principale indiquée, je courrai plus librement.

Remi Belleau, épris de cette *naïveté* toute neuve et de cette *mignardise* (c'était alors un éloge), s'empressa de traduire le charmant modèle en vers français. Sa traduction, qui parut en 1556, ne sembla peut-être pas aux contemporains eux-mêmes tout à fait suffisante :

> *Tu es un trop sec biberon*
> *Pour un tourneur d'Anacréon,*
> *Belleau,* . . . .

lui disait Ronsard. *Belleau*, comme qui dirait *Boileau*, par opposition au chantre du vin, ce n'est qu'un jeu de mots ; mais, à la manière dont Ronsard refit plus d'une de ces petites traductions, on peut croire qu'il ne jugeait pas celles de son ami définitives[1]. Deux ou trois morceaux pourtant ont bien réussi au bon Belleau, et Saint-

---

1. Au contraire Scevole de Sainte-Marthe, dans une épigramme latine, disait à Belleau : « Puisque tu traduis si bien Anacréon étant sobre, que serait-ce donc si tu te mettais à boire comme lui ? »

> *Quod si desolito quid forte pudore remittas*
> *Musisque jungas liberum,*
> *Quam bene vinosus superares vina canentem,*
> *Qui sicans illum sic refers!*

Victor, dans sa traduction en vers d'Anacréon, a désigné avec goût deux agréables passages : l'un est dans le dialogue entre *la Colombe et le Passant;* la colombe dit qu'elle ne voudroit plus de sa liberté :

> *Que me vaudroit désormais*
> *De voler par les montagnes,*
> *Par les bois, par les campagnes,*
> *Et sans cesse me brancher*
> *Sur les arbres, pour chercher*
> *Je ne sais quoi de champêtre*
> *Pour sauvagement me paître,*
> *Vu que je mange du pain*
> *Becqueté dedans la main*
> *D'Anacréon, qui me donne*
> *Du même vin qu'il ordonne*
> *Pour sa bouche; et, quand j'ai bu*
> *Et mignonnement repu,*
> *Sur sa tête je sautelle;*
> *Puis de l'une et de l'autre aile*
> *Je le couvre, et sur les bords*
> *De sa lyre je m'endors!*

L'autre endroit est tiré de cette ode : *Qu'il se voudroit voir transformé en tout ce qui touche sa maîtresse :*

> *Ha! que plût aux Dieux que je fusse*
> *Ton miroir, afin que je pusse,*
> *Te mirant dedans moi, te voir;*
> *Ou robe, afin que me portasses;*

Ou l'onde en qui tu te lavasses,
Pour mieux tes beautés concevoir !

Ou le parfum et la civette
Pour emmusquer ta peau douillette,
Ou le voile de ton tetin,
Ou de ton col la perle fine
Qui pend sur ta blanche poitrine,
Ou bien, Maîtresse, ton patin [1] !

---

1. Rapprocher de cette pièce les vers suivants de Tennyson :

> It is the miller's daughter,
> And she is grown so dear, so dear,
> That I would be the jewel
> That trembles at her ear :
> For hid in singlets day and night
> I'd touch her neck so warm and white
>
> And I would be the girdle
> About her dainty, dainty waist,
> And her heart would beat against me
> In sorrow and in rest :
> And I should know if it beat right
> I'd clasp it round so close and tight !
>
> And I would be her necklace,
> And all day long to fall and rise
> Upon her balmy bosom
> With her laughter or her sighs,

Ce dernier vers, dans sa chaussure bourgeoise, a je ne sais quoi de court et d'imprévu, de tout à fait bien monté.

Mais il était plus facile, en général, aux vrais poëtes d'imiter Anacréon que de le traduire. Belleau gagna surtout, on peut le croire, à ce commerce avec le plus délicat des Anciens d'emporter quelque chose de ce léger esprit de la muse grecque qui se retrouva ensuite dans l'une au moins de ses propres poésies. Il est douteux pour moi qu'il eût jamais fait son adorable pièce d'*Avril* tant de fois citée, sans cette gracieuse familiarité avec son premier modèle; car, si quelque chose ressemble en français pour le pur souffle, pour le *léger poétique désintéressé*, à la *Cigale* d'Anacréon[1], c'est

---

*And I would lie so light, so light
I scarce should be unclasped at night.*

C'est gai, vif, tendre, caressant, sautillant, et en même temps d'une inspiration légère et pure :

*C'est la fille du meunier,
Et elle m'est devenue si chère, si chère,
Que je voudrais être la boucle
Qui tremble à son oreille... etc., etc.*

N'est-ce pas joli? Le rhythme s'accorde si bien avec l'idée gracieuse et simple.

1. Le fond du plaisir qu'on éprouve à la lecture de la *Cigale* d'Anacréon (si on le cherche à la manière d'Aristote, de Longin ou d'Eustathe), c'est de voir exprimé dans le style le plus léger et le plus vif ce bonheur qui consiste à se passer des choses communes, à ne sentir que les plus nobles instincts, les jouissances les plus dé-

l'*Avril* de Belleau. Il arriva ici à nos poëtes ce qu'un anonyme ancien a si bien exprimé dans une ode que nous a conservée l'un des manuscrits de l'*Anthologie*; je n'en puis offrir qu'une imitation :

> *Je dormais : voilà qu'en songe*
> *(Et ce n'était point mensonge),*
> *Un vieillard me vit passer,*
> *Beau vieillard sortant de table;*
> *Il m'appelle, ô voix aimable!*
> *Et moi je cours l'embrasser.*
>
> *Anacréon, c'est lui-même,*
> *Front brillant, sans rien de blême :*
> *Sa lèvre sentait le vin;*
> *Et dans sa marche sacrée,*
> *Légèrement égarée,*
> *Amour lui tenait la main.*
>
> *Faisant glisser de sa tête*
> *Lis et roses de la fête,*
> *Sa couronne de renom,*
> *Il se l'ôte et me la donne :*
> *Je la prends, et la couronne*
> *Sentait son Anacréon.*

licates et les plus éthérées, la poésie, le chant; à en avoir sans cesse à sa disposition et en soi-même la source courante : ce qui caractérise proprement la félicité des Dieux.

Le cadeau riant m'invite,
Et sans songer à la suite,
Joyeux de m'en parfumer,
Dans mes cheveux je l'enlace :
Depuis lors, quoi que je fasse,
Je n'ai plus cessé d'aimer.

Eh bien! ce que le poëte grec dit là pour les amours était un peu vrai pour la poésie; nos amis de la Pléiade, après avoir embrassé le vieillard et avoir essayé un moment sur leur tête cette couronne qui *sentait son Anacréon*, en gardèrent quelque bon parfum, et depuis ce temps il leur arriva quelquefois *d'anacréontiser* sans trop y songer.

Belleau, pour son compte, n'a guère eu ce hasard heureux que dans son *Avril* ; d'autres petites inventions qui semblaient prêter à pareille grâce, telles que *le Papillon*, lui ont moins réussi[1].

---

1. Au défaut du *Papillon* de Belleau, j'en citerai ici un autre, une des plus jolies chansons de ce gai patois du Midi, et qui montre combien vraiment l'esprit poétique et anacréontique court le monde et sait éclore sous le soleil partout où il y a des abeilles, des cigales et des papillons. Le refrain est celui-ci :

Picho couquin de parpayoun,
Voulo, voulo, te prendraï proun !...

« Petit coquin de papillon, vole, vole, je te prendrai bien ! — De poudre d'or sur ses ailettes, de mille couleurs bigarré, un papillon sur la violette, et puis sur la

Celui de tous assurément qui se ressentit et profita le mieux de la couronne odorante est Ronsard. Ce que j'ai pu conjecturer de l'*Avril,* ne peut-on pas aussi le penser sans trop d'invraisemblance de ces délicieux couplets : *Mignonne, allons voir si la rose...,* où une fraîcheur matinale respire? Après deux ou trois journées d'Anacréon, cela doit venir tout naturellement, ce semble, au réveil. On composerait le plus irréprochable bouquet avec ces imitations anacréontiques (et je n'en sépare pas ici Bion ni Moschus), avec un choix de ces pièces qui ont occupé tour à tour nos vieux rimeurs et notre jeune Chénier. Ne pouvant tout citer, et l'ayant fait très-fréquemment ailleurs, j'en présenterai du moins un petit tableau pour les curieux qui se plaisent à ces collections ; eux-mêmes compléteront le cadre :

---

marguerite, voltigeait dans un pré. Un enfant joli comme un ange, joue ronde comme une orange, demi-nu, volait après lui. Et pan! il le manquait, et puis la bise qui soufflait dans sa chemise faisait voir son petit *dos (soun picho cuieou).* — Petit coquin de papillon, vole, vole, je te prendrai bien ! — Enfin le papillon s'arrête sur un bouton d'or printanier, et le bel enfant, par derrière, vient doucement, bien doucement, et puis, leste ! dans sa main, il le fait prisonnier. Vite alors, vite à sa cabanette il le porte avec mille baisers ; mais las ! quand il rouvre la prison, ne trouve plus dans sa menotte que la poudre d'or de ses ailes..., petit coquin de papillon ! »
— On me dit que cette jolie pièce est de M. Dupuy de Carpentras, maître de pension à Nyons, — et député de la Drôme à l'Assemblée nationale de 1871.

L'Amour endormi, de Platon, a été traduit par André ;

L'Amour oiseau, de Bion, l'a été par Baïf (*Passe-tems,* liv. II) ;

L'Amour mouillé, d'Anacréon, par La Fontaine, qui ne fait pas tout à fait oublier Ronsard (*Odes,* liv. II, 19) ;

L'Amour laboureur, de Moschus, par André encore ;

L'Amour prisonnier des Muses, d'Anacréon, et *l'Amour écolier,* de Bion, par Ronsard (*Odes,* liv. IV, 23, et liv. V, 21) ;

L'Amour voleur de miel, d'Anacréon à la fois et de Théocrite, après avoir été traduit assez séchement par Baïf (*Passe-tems,* liv. I), et prolixement imité par Olivier de Magny (*Odes,* liv. IV), a été ensuite reproduit avec tant de supériorité par Ronsard (toujours lui, ne vous en déplaise), que je mettrai ici le morceau, ne fût-ce que pour couper la nomenclature :

> *Le petit enfant Amour*
> *Cueilloit des fleurs à l'entour*
> *D'une ruche, où les avettes*
> *Font leurs petites logettes.*
>
> *Comme il les alloit cueillant,*
> *Une avette sommeillant*
> *Dans le fond d'une fleurette*
> *Lui piqua la main douillette.*
>
> *Si tot que piqué se vit,*
> *Ah ! je suis perdu (ce dit) ;*

Et s'en-courant vers sa mère
Lui montra sa playe amère :

Ma mère, voyez ma main,
Ce disoit Amour tout plein
De pleurs, voyez quelle enflure
M'a fait une égratignure !

Alors Vénus se sourit,
Et en le baisant le prit,
Puis sa main lui a soufflée
Pour guarir sa playe enflée :

Qui t'a, dis-moy, faux garçon,
Blessé de telle façon ?
Sont-ce mes Graces riantes
De leurs aiguilles poignantes ?

— Nenni, c'est un serpenteau,
Qui vole au printemps nouveau
Avecque deux ailerettes
Çà et là sur les fleurettes.

— Ah ! vraiment je le cognois
(Dit Vénus); les villageois
De la montagne d'Hymette
Le surnomment Melissette.

Si donques un animal
Si petit fait tant de mal,
Quand son alène époinçonne
La main de quelque personne,

Combien fais-tu de douleur
Au prix de lui, dans le cœur

*De celui en qui tu jettes
Tes venimeuses sagettes ?*

Ce sont là de ces imitations à la manière de La Fontaine ; une sorte de naïveté gauloise y rachète ce qu'on perd d'ailleurs en précision et en simplicité de contour. Vénus, comme une bonne mère, *souffle* sur la main de son méchant *garçon* pour le guérir ; elle lui demande qui l'a ainsi blessé, et si ce ne sont pas ses Grâces riantes avec leurs *aiguilles*. Arrêtée à temps, cette façon familière est un agrément de plus[1]. Bien souvent, toutefois, ce côté bourgeois se prolonge, et tranche avec l'élégance, avec la sensibilité épicurienne. On se retrouve accoudé parmi les *pots;* on fourre les *marrons* sous la cendre ; Bacchus, l'été, boit *en chemise* sous les treilles : heureux le lecteur quand

---

1. En cette imitation, Ronsard a combiné ingénieusement quelques traits de la scène de Vénus blessée par Diomède (*Iliade,* chant V). Vénus, piquée d'un coup de lance à l'extrémité de la *paume,* vers la naissance du poignet, s'enfuit, remonte au ciel, et se jette en criant aux pieds de Dionée sa mère, qui la caresse de la main pour l'apaiser. Et Minerve dit malicieusement à Jupiter que c'est en voulant sans doute engager quelque femme grecque à suivre les Troyens qu'elle aime tant, et en la flattant à dessein, que Vénus s'est déchiré sa main douillette à l'agrafe d'or de la tunique. Ronsard a mis quelque chose de cette plaisanterie dans la bouche de la mère :

*Sont-ce mes Graces riantes
De leurs aiguilles poignantes ?*

d'autres mots plus crus et des images désobligeantes n'arrivent pas. La nappe enfin, quand nappe il y a, est fréquemment salie, par places, de grosses gouttes de cette vieille lie rabelaisienne.

Mieux vaudrait, mieux vaut alors que tout déborde, que le jus fermente : l'image bachique a aussi sa grandeur. Ronsard, en je ne sais plus quel endroit, s'écrie :

Comme on voit en septembre, aux tonneaux angevins,
Bouillir en écumant la jeunesse des vins...

Cela est chaud, cela est poétique, et nous rend Anacréon encore, lequel, en sa *Vendange*, a parlé du *jeune Bacchus bouillonnant et cher aux tonneaux.*

Mais, d'ordinaire, on reconnaît bien plutôt le coin d'Anacréon en eux à quelque chose de léger, à je ne sais quel *petit signe,* comme celui auquel il dit qu'on reconnaît les amants[1].

Baïf, l'un des plus inégaux parmi les imitateurs des Anciens, et qui a outrageusement gâté *l'Oa-*

---

1. Voici l'endroit et la pièce entière ; mais comment réussir à calquer des lignes si fines, une touche si simple ?

Le fier coursier porte à sa croupe
Du fer brûlant le noir affront;
Le Parthe orgueilleux, dans un groupe,
Se détache, thiare au front;
Et moi, je sais d'abord celui qu'Amour enflamme :
Il porte un petit signe au dedans de son ame.

ristys et *la Pharmaceutrie*[1], a eu de singuliers éclairs de talent, et, si l'on ne peut dire précisément que c'est à Anacréon qu'il les doit, puisque c'est plutôt avec Théocrite et Bion qu'il les rencontre, il se ressent du moins alors du voisinage et ne sort pas de l'anacréontique. On sait les gracieux vers de son *Amour vangeur;* l'amant malheureux, près de se tuer, y parle à l'inhumaine :

> *Je vas mourir : par la mort désirée,*
> *Ma bouche ira bientôt être serrée;*
> *Mais ce pendant qu'encor je puis parler,*
> *Je te dirai devant que m'en aller :*
> *La rose est belle, et soudain elle passe;*
> *Le lis est blanc et dure peu d'espace;*
> *La violette est bien belle au printemps;*
> *Et se vieillit en un petit de temps;*
> *La neige est blanche, et d'une douce pluie*
> *En un moment s'écoule évanouie,*
> *Et ta beauté, belle parfaitement,*
> *Ne pourra pas te durer longuement.*

Des Portes, qui n'allait plus emprunter si loin ses modèles et s'en tenait habituellement aux Italiens, a ressaisi et continué le plus fin du genre au sonnet suivant :

> *Vénus cherche son fils, Vénus tout en colère*
> *Cherche l'aveugle Amour par le monde égaré ;*
> *Mais ta recherche est vaine, ô dolente Cythère!*
> *Il s'est couvertement dans mon cœur retiré.*

---

1. Dans *les Jeux* de Baïf, les églogues XVI et XVIII.

Que sera-ce de moi? que me faudra-t-il faire?
Je me vois d'un des deux le courroux préparé;
Égale obéissance à tous deux j'ai juré :
Le fils est dangereux, dangereuse est la mère.

Si je recèle Amour, son feu brûle mon cœur;
Si je décèle Amour, il est plein de rigueur,
Et trouvera pour moi quelque peine nouvelle.

Amour, demeure donc en mon cœur sûrement;
Mais fais que ton ardeur ne soit pas si cruelle,
Et je te cacherai beaucoup plus aisément[1].

On ne peut faire un pas dans ces poëtes sans retrouver la trace et comme l'infusion d'Anacréon. Jacques Tahureau, qui en était digne, n'a pas assez vécu pour en profiter. Olivier de Magny, en ses derniers recueils, y a puisé plusieurs de ses meilleures inspirations. En voici une qui n'est qu'une imitation lointaine, mais qui me paraît d'un tour franc, et non sans une certaine saveur de terroir qui en fait l'originalité. Le poëte s'adresse à un de ses amis appelé Jean Castin, et déplore la condition précaire des hommes :

Mon Castin, quand j'aperçois
Ces grands arbres dans ces bois,

---

1. Voir, pour le début, celui de *l'Amour fugitif* de Moschus, puis l'ode d'Anacréon, dans laquelle l'amour, après avoir épuisé contre lui tous ses traits, se lance lui-même en guise de flèche dans son cœur, et, une fois logé là, n'en sort plus.

Dépouillés de leur parure,
Je ravasse à la verdure
Qui ne dure que six mois.

Puis je pense à notre vie
Si malement asservie,
Qu'el' n'a presque le loisir
De choisir quelque plaisir,
Qu'elle ne nous soit ravie.

Nous semblons à l'arbre verd
Qui demeure un temps couvert
De mainte feuille naïve,
Puis, dès que l'hiver arrive,
Toutes ses feuilles il perd.

Ce pendant que la jeunesse
Nous répand de sa richesse,
Toujours gais nous florissons ;
Mais soudain nous flétrissons
Assaillis de la vieillesse.

Car ce vieil faucheur, ce Tems,
Qui dévore ses enfans,
Ayant ailé nos années,
Les fait voler empennées
Plus tôt que les mêmes vents [1].

Doncques tandis que nous sommes,
Mon Castin, entre les hommes,
N'ayons que notre aise cher,

---

1. Plus vite que les vents mêmes.

*Sans aller là-haut chercher
Tant de feux et tant d'atomes.*

*Quelquefois il faut mourir,
Et, si quelqu'un peut guérir
Quelquefois de quelque peine,
Enfin son attente vaine
Ne sait plus où recourir.*

*L'espérance est trop mauvaise.
Allons doncques sous la braise
Cacher ces marrons si beaux,
Et de ces bons vins nouveaux
Appaisons notre mésaise.*

*Visant ainsi notre cœur,
Le petit Archer vainqueur
Nous viendra dans la mémoire;
Car, sans le manger et boire,
Son trait n'a point de vigueur.*

*Puis avecq' nos nymphes gayes
Nous irons guérir les playes
Qu'il nous fit dedans le flanc,
Lorsqu'au bord de cet étang
Nous dansions en ces saulayes*[1].

Je n'aurais qu'à ouvrir les recueils poétiques de Jean Passerat et de Nicolas Rapin pour y ramasser à plaisir de nouveaux exemples. Gilles Durant,

---

1. Au troisième ivre des *Odes* d'Olivier de Magny (1559).

surtout, foisonne en cas raffinés : *Amour pris au las, Amour jouant aux échecs* ; Jean Dorat, dans ses imitations grecques, avait déjà fait, d'un goût tout pareil, *Amour se soleillant*[1]. Mais j'aime mieux citer de Durant quelques stances, où un ton de sentiment rachète la manière :

Serein je voudrois être, et sous un vert plumage,
  Çà et là voletant,
Solitaire, passer mes ans dans ce bocage,
  Ma sereine chantant.

Oiseau, je volerois à toute heure autour d'elle ;
  Puis sur ses beaux cheveux
J'arrêterois mon vol, et brûlerois mon aile
  Aux rayons de ses yeux.

Et après avoir continué quelque temps, et avec vivacité, sur ce genre d'ébats :

Parfois époinçonné d'une plus belle envie,
  Je voudrois becqueter
Sur ses lèvres le miel et la douce ambroisie
  Dont se paît Jupiter.

Sous mon plumage vert, à ces beaux exercices
  Je passerois le jour,

---

1. Aux Grands-Jours de Poitiers de l'an 1579, à propos de cette puce célèbre qu'Étienne Pasquier aperçut et dénonça sur le sein de mademoiselle Des Roches, on ne manqua pas de chanter *l'Amour puce*, et l'avocat Claude Binet, parodiant *l'Amour piqué* par une abeille, imagina de le faire piquer par cette puce.

Tout confit en douceurs, tout confit en délices,
Tout confit en amour.

Puis, le soir arrivé, je ferois ma retraite
Dans ce bois entassé,
Racontant à la Nuit, mère d'amour secrète,
Tout le plaisir passé.

Toujours le même sujet, on le voit, ce même fond renaissant qui présente, a dit Moncrif, *certaines délicatesses, certaines simplicités, certaines contradictions*, dont le cœur humain abonde. Le détail seul, à y regarder de très-près, diffère, et l'ingénieux s'y retrouve pour qui s'y complaît[1].

---

1. Olivier de Magny, que nous citions tout à l'heure, avait dit déjà assez gentiment, dans une ode *à s'amie*, selon une idée analogue de métamorphose amoureuse :

> *Quand je te vois au matin*
> *Amasser en ce jardin*
> *Les fleurs que l'aube nous donne,*
> *Pour t'en faire une couronne,*
> *Je désire aussi soudain*
> *Être, en forme d'une abeille,*
> *Dans quelque rose vermeille*
> *Qui doit choir dedans ta main.*
>
> *Car tout coi je me tiendrois*
> *(Alors que tu t'en viendrois*
> *La cueillir sur les épines)*
> *Entre ses feuilles pourprines,*
> *Sans murmurer nullement,*
> *Ne battre l'une ou l'autre l'aile,*

Vauquelin de La Fresnaie, en plus d'une épigramme ou d'une idylle, contribuerait aussi pour sa part au léger butin, si on le voulait complet[1]. C'est lui qui donne cette exacte et jolie définition de l'idylle, telle que les Anciens l'entendaient : « Ce nom d'*Idillie* m'a semblé se rapporter mieux à mes desseins, d'autant qu'il ne signifie et ne représente que diverses petites *images* et gravures en la semblance de celles qu'on grave aux lapis,

---

De peur qu'une emprise telle
Finit au commencement.

Puis, quand je me sentirois
En ta main, je sortirois,
Et m'en irois prendre place,
Sans te poindre, sur ta face;
Et li, baisant mille fleurs
Qui sont autour de ta bouche,
Imiterois cette mouche
Y suçant mille senteurs.

Et si lors tu te fâchois,
Me chassant de tes beaux doigts,
Je m'en irois aussi vite
Pour ne te voir plus dépite;
Mais premier, autour de toi,
Je dirois, d'un doux murmure,
Ce que pour t'aimer j'endure
Et de peines et d'émoi.

1. Les *Mémoires* de la Société académique de Falaise (1841) contiennent une bonne notice sur Vauquelin, par M. Victor Choisy : recommandable exemple pour chaque ville ou chaque province d'étudier ainsi son vieux poëte.

aux gemmes et calcédoines, pour servir quelquefois de cachet. Les miennes en la sorte, pleines d'amour enfantine, ne sont qu'imagettes et petites tablettes de fantaisies d'Amour. » Une idylle, une *odelette* anacréontique ou une pierre gravée, c'est bien cela ; et, à la grâce précise de sa définition, le bon Vauquelin montre assez qu'il a dû souvent atteindre dans le détail à la justifier. Son volume de poésies est peut-être celui d'où l'on tirerait le plus de traits dans le goût de ceux que nous cherchons :

> *Amour, tais-toi! mais prends ton arc,*
> *Car ma biche belle et sauvage,*
> *Soir et matin sortant du parc,*
> *Passe toujours par ce passage.*
>
> *Voici sa piste : oh! la voilà!*
> *Droit à son cœur dresse ta vire*[1],
> *Et ne faux point ce beau coup-là,*
> *Afin qu'elle n'en puisse rire.*
>
> *Hélas! qu'aveugle tu es bien!*
> *Cruel, tu m'as frappé pour elle :*
> *Libre, elle fuit, elle n'a rien ;*
> *Mais las! ma blessure est mortelle.*

Mais il faut craindre pourtant d'entasser par trop ces riens agréables et d'affadir à force de sucreries. Je n'ai voulu ici que dégager un dernier point de vue en cette poésie du XVIe siècle et

---

1. *Vire*, espèce de trait d'arbalète, lequel, lorsqu'on le tire, vole comme en tournant (Ménage).

diriger un aperçu dont l'idée est plus souriante que le détail prolongé n'en serait piquant. L'Anacréon, chez nous, ne cessa de vivre et de courir sous toutes les formes durant le siècle suivant et depuis jusqu'à nos jours. L'abbé de Rancé, âgé de douze ans, en donnait une très-bonne édition grecque; La Fontaine le pratiquait à la gauloise toute sa vie. Chaulieu, plus qu'aucun, se peut dire notre Anacréon véritable, et c'est dommage que sa poésie, trop négligemment jetée, ne nous rende pas tout son feu naturel et son génie. Moncrif, avec bien moins de largeur, et plusieurs du XVIIIe siècle après lui, ont eu des parties, des traits aiguisés du genre. Voltaire, en quelques pièces légères, l'a saisi et comme fixé à ce point parfait de bel-esprit, de sensibilité et de goût, qui sied à notre nation. André Chénier n'a eu que peu d'anacréontique, à proprement parler, dans le sens final; il est remonté plus haut, et si j'écris quelque jour sur Théocrite, comme j'en ai le désir, je marquerai avec soin ces différences. Le plus vraiment anacréontique des modernes a peut-être été le Sicilien Meli. Béranger pourrait sembler tel encore, mais par quelques imitations habiles et de savantes gaietés, plutôt que par l'humeur et le fond : lui aussi, je le qualifierai un poëte de l'art. Quoi qu'il en soit, c'est bien certainement au XVIe siècle et au début que l'imitation immédiate et naïve d'Anacréon se fait le mieux sentir. Le second temps, le second pas des essais de la Pléiade en demeure tout marqué. Ayant insisté précédemment sur l'issue et les phases dernières de cette école, sur ce que j'ai appelé son détroit de sortie, j'ai tenu à bien fixer aussi les divers points du détroit d'entrée ; c'est entre les deux qu'elle a eu comme son lac fermé et sa mer intérieure. En 1550, irruption brusque, rivage inégal ; en 1554, continuation plus ornée, plus polie, jusqu'à ce qu'en 1572 on arrive tout en plein au golfe de mollesse. A partir de 1554, la colline, la tour d'Anacréon est signalée : la flottille des poëtes prend le vieillard à bord, et il devient comme l'un des leurs.

Et maintenant, de ma part, c'est pour longtemps : c'en est fait, une bonne fois, de venir parler de ces poëtes du xvie siècle et de leurs fleurettes : j'ai donné le fond du panier.

Avril 1842.

DE
L'ESPRIT DE MALICE
AU BON VIEUX TEMPS

LA MONNOIE. — GROSLEY

I

OURQUOI pas aujourd'hui une de ces petites dissertations comme on n'en fait plus, comme Addison les esquissa en morale, comme d'Israëli les crayonna en littérature, qui ne soient ni des traités ni des odes, et ne prétendent qu'à être de simples essais? Essayons.

On se demande souvent, lorsqu'on lit des livres du vieux temps et qu'on les trouve à la fois assaisonnés d'une certaine malice et de beaucoup de naïveté, ce qu'il faut croire de leurs auteurs et de l'esprit qui les a inspirés. C'est surtout lorsqu'on les voit se jouer autour des objets de leur vénération et de leur culte, y porter toutes sortes de familiarités et même des hardiesses, puis reprendre tout aussitôt ou paraître n'avoir pas quitté le ton révérencieux, c'est alors qu'on s'étonne et qu'on cherche à faire la double part dans ce mélange, la part d'une bonhomie qui serait pourtant bien excessive, et celle d'une ruse qu'on ne peut admettre non plus si raffinée.

Nos anciens *Mystères* ou représentations dramatiques de choses saintes sont le genre qui provoque le plus naturellement ces questions. Nos bons aïeux n'y éludaient aucun des côtés scabreux du sujet; bien loin de là, ils étalaient au long ces endroits en les paraphrasant avec complaisance[1]. Qu'il s'agisse, par exemple, de Conception immaculée et d'Incarnation, ils vont tout déduire par le menu, mettre tout en scène, les tenants et abou-

---

1. La première partie de ce volume étant déjà imprimée, je profite d'une dernière occasion pour mentionner une publication très-importante sur les anciens mystères que donne en ce moment (1843) M. Louis Paris, bibliothécaire de Reims. Il y traite plus particulièrement du mystère de la *Passion,* et cela en vue des *Toiles peintes* de l'Hôtel-Dieu de Reims, qui en sont comme une mise en scène illustrée et une commémoration. M. L. Paris, en voulant bien citer et contredire avec toute sorte de courtoisie gracieuse notre opinion peu favorable à ce vieux théâtre, fait appel à notre goût mieux informé. Il nous signale et nous recommande, entre autres, une scène de quelque intérêt, lorsque Judas découvre, comme Œdipe, qu'il a tué son père et épousé sa mère (tome I, page 58); on trouve là en effet la matière, sinon la forme, de l'hor-

tissants. Joachim et Anne, les parents de la Vierge, et qui ne l'eurent qu'après vingt ans de ménage, commencent par se plaindre longuement de leur stérilité. Joachim surtout, dont l'offrande a été refusée au temple, ne peut digérer son affront :

> *Quand j'ay bien en mon cas regard,*
> *Je suis réputé pour infâme ;*
> *Tient-il à moy ou à ma femme*
> *Que ne pouvons enfans avoir,*
> *Ou se le divin présçavoir*
> *De Dieu l'a ordonné ainsi ?*
> *J'en suis en si très grant soucy*
> *Que je ne sçay quel part aller.*

Et il s'en va aux champs parmi ses bergers qui ne peuvent lui arracher que des demi-mots et ne parviennent pas à le distraire :

---

reur tragique. Nous distinguerions plus volontiers, et comme s'acheminant vers le pathétique, le dialogue entre Jésus et sa sainte mère (tome I, page 317), lorsque celle-ci, à la veille de la Passion, le supplie en vain d'être un peu clément envers lui-même. Ces situations naturelles avaient encore de quoi émouvoir indépendamment de ce qu'on appelle talent, et il semblerait en vérité qu'ici vers la fin de cette dernière scène il y ait eu un éclair de talent. Mais ce que nous pouvons dire en toute assurance, c'est que des publications comme celle de M. L. Paris, en déroulant les pièces avec ampleur et fidélité, aident beaucoup au règlement définitif de la question.

Citer aussi le *Drame d'Adam* du XIIe siècle publié par M. Victor Luzarche (Tours, 1854).

ACHIN, l'un des bergers.
Passez le temps avecques nous
Pour vous oster de ceste peine.

JOACHIM.
Je vueil aller sur ceste plaine
Contempler ung petit mon cas.

Enfin Dieu prend pitié d'eux, et un Ange est envoyé à sainte Anne pour lui annoncer qu'elle sera mère. Marie, aussitôt née, croît chaque jour en piété et en sagesse ; dès lors nul détail n'est épargné : son vœu de virginité, celui de Joseph, leur embarras à tous deux quand on les marie, et l'aveu mutuel qu'ils se font, les doutes de Joseph ensuite, quand il voit ce qu'il ne peut croire, et la façon dont il les exprime, tout cela est exposé, développé bout à bout avec une naïveté incontestable, avec une naïveté telle qu'il est presque impossible aujourd'hui d'extraire seulement les passages et de les isoler de leur lieu sans avoir l'air déjà de narguer et de profaner. Or, un tel effet ne se peut admettre à la date où ces représentations eurent plein crédit. Force est donc de se rejeter sur la naïveté profonde des auteurs et des spectateurs. Et pourtant je me pose tout à côté la question que voici : Quelques-unes de ces scènes singulièrement familières n'ont-elles pas excité assez vite, chez un bon nombre des acteurs et spectateurs, quelque chose de ce sourire et de ces plaisanteries sans conséquence qui circulent ou qui, du moins, naguère circulaient volontiers parmi les bons chrétiens de campagne, les soirs où l'on chantait certains gais noëls?

Les *Noëls* bourguignons de La Monnoie peuvent nous être comme une limite extrême à cet égard. On ne saurait nier qu'il ne s'y soit glissé, avec intention de l'auteur, une assez sensible dose de raillerie et de malice; pourtant la gaieté surtout domine et fait les frais. Je ne dis pas qu'on soit très-édifié en les chantant, mais je ne crois pas non plus qu'on en ait été très-scandalisé là où d'emblée ils circulèrent, chez les bourgeois et les vignerons. La Monnoie semble avoir voulu faire après coup comme les chœurs lyriques de ces vieux mystères de la Nativité et de la Conception qui étaient fort de sa connaissance, et il les a faits avec un talent et un sel dont il n'y a pas vestige dans les anciennes pièces[1]. Pourtant je n'aperçois pas de solution de continuité ni de rupture entre l'esprit premier qui se réjouissait aux scènes naïves et celui qui accueillit ses fins couplets. On est avec lui à l'extrême limite, j'en conviens; mais en deçà on trouve place pour bien des degrés de cette plaisanterie indécise et de cette malice peu définie qui me paraît précisément un ingrédient essentiel dans la naïveté de nos bons aïeux, et que je voudrais caractériser. Cet esprit du vieux temps, tel que je le conçois et tel qu'on

---

[1]. Voir, si l'on veut, l'exemple cité à la suite du *Predicatoriana* (page 338) de M. Gabriel Peignot, lequel est lui-même le dernier de cette vieille race dijonnaise. J'aime à rapprocher ces noms de famille.

l'aime, avant toutes les philosophies et les réformes, était quelque chose de très-franc, de très-naturel et aussi d'assez compliqué. On se tromperait fort si on le croyait toujours aussi simple qu'il le paraît, et de même si on l'estimait toujours aussi malin qu'à la rigueur il pourrait être. L'esprit du bon vieux temps, avant qu'on l'eût éveillé et gâté, avant qu'on lui eût appris tout ce qu'il recélait, et qu'on lui eût donné, suivant le langage des philosophes, *conscience* et clef de lui-même, cet esprit allait son train sans tant de façons, se conduisant comme un brave manant chez lui : il doute, il gausse, il croit, tout cela se mêle [1]. Mais c'est parce que la foi, ce qu'on appelle la *foi du charbonnier*, s'y trouve avant et après tout, c'est pour cela que le reste a si bien ses coudées franches. Le xviii° siècle, ne l'oublions pas, et déjà la Réforme en son temps, sont venus tout changer ; ils sont venus donner un sens grave et presque rétroactif à bien des choses qui se passaient en famille à l'amiable : pures espiègleries et gaietés que se permettaient les aînés de la maison entre soi. Ces peccadilles, une fois dénoncées, et quand on a su ce qu'on faisait, ont pris une importance énorme. Pour se les expliquer chez nos dignes aïeux, et pour en absoudre leur religion, on a pris le parti de les faire en masse plus naïfs encore qu'ils n'étaient, c'est-à-dire trop

---

1. M. Saint-Marc Girardin a parlé quelque part du « moyen âge vivant, animé, moqueur, *croyant de bonne foi, et médisant de bon cœur.* »

bêtes. Non pas. Notre indulgence plénière à leur égard n'est qu'une vanité de plus. Nos aïeux soupçonnaient plus d'une chose, ils en riaient, ils s'en tenaient là. Les filles avaient la beauté du diable ; chacun avait, je l'ai dit, la foi du charbonnier ; et plus d'un laissait percer le bon sens du maraud : le gros du monde roulait ainsi, sans aller plus mal. L'esprit du bon vieux temps en soi n'eût jamais fait de révolution, n'eût jamais passé à l'état de xviiie siècle : il a fallu à certains moments deux ou trois hommes ou démons, les Luther et les Voltaire, pour le tirer chacun en leur sens et pour jeter le pont. Mais le propre du vieil esprit, même gaillard et narquois, était de ne pas franchir un certain cercle, de ne point passer le pont : il joue devant la maison et y rentre à peu près à l'heure ; il tape aux vitres, mais sans les casser. Il a le dos rond[1]. L'esprit que j'appelle de xviiie siècle au contraire a pour caractère le prosélytisme, le dogmatisme, beaucoup de morgue ; il pousse au Naigeon et au Dulaure. Il n'y en a pas l'ombre chez nos bons aïeux, en leurs plus libres moments ; rien de cet esprit prédicant, agressif, qui tire parti de tout ; ils n'en tiraient que plaisir.

On a remarqué dès longtemps cette gaieté particulière aux pays catholiques ; ce sont des enfants qui sur le giron de leur mère lui font toutes sortes de niches et prennent leurs aises. Le catholicisme chez lui permet bien des choses, quand on ne

---

[1]. C'est la différence de Piron à Voltaire.

l'attaque pas de front. N'avez-vous jamais remarqué dans la foule, un jour de fête, ces bons grands chevaux de gardes municipaux entre les jambes desquels se pressent les passants, filles et garçons, et qui ne mettent le sabot sur personne? Tels sont les bons chevaux des gardes du pape en pays catholiques[1]. Chez nous, le gallicanisme compliqua un peu : il permit d'être plus logique, il empêcha aussi de l'être trop. La gaieté se trempa davantage d'un certain bon sens pratique, sans toutefois passer outre. Il y eut toujours la paroisse et le curé. Entre deux Pâques pourtant, l'espace était long, la marge était large, et le malin, sans avoir l'air d'y songer, s'accordait bien des choses.

La race de ces esprits du vieux temps, très-secouée et un peu modifiée par le XVIe siècle, mais encore fidèle, a survécu jusque dans le XVIIIe, et il est curieux de la retrouver là plus distincte

---

[1]. On lit dans les *Œuvres choisies* de La Monnoie (tome II, page 221) : « Le Pogge vivoit dans un siècle de bonne foi et d'ingénuité où il étoit permis à la bouche d'exprimer ce que le cœur pensoit. Lui, avec quelques-uns de ses confrères et autres galans hommes de ce temps-là, s'assembloient à certains jours en une chambre secrète du palais du Pape, et là se divertissoient à faire ces jolis Contes, dont nous avons encore le recueil, traduit en toutes sortes de langues... C'est ainsi qu'on en usoit alors en Italie, et ce ne fut guère qu'après le concile de Trente qu'on devint plus réservé. Avec quelle liberté n'ont pas écrit les Bernin, les Mauro, les Molza, sans qu'on leur ait fait d'affaire? » Voir le petit *Pogge* de l'abbé Noël (1798), qui est dédié *aux mânes de La Monnoie*.

dans quelques individus à part, dans quelques échantillons tranchés. Nous verrons tout à l'heure jusqu'à quel point La Monnoie en était. Quelqu'un aussi qui certainement en tenait fort, l'un de ces derniers Gaulois, c'était Grosley, l'illustre Troyen. Il raconte en sa *Vie* (écrite par lui-même) une historiette qui revient droit à mon propos. Tout enfant, les soirs, il lisait beaucoup ; il lisait les figures de la Bible, les vies des saints, et adressait, chemin faisant, toutes sortes de questions auxquelles le plus souvent répondait d'autorité la bonne vieille servante installée dans la famille depuis trois générations, et qu'on appelait simplement *Marie Grosley* : « Là, là, disait celle-ci, il n'y a que les prêtres qui sachent cela, et encore les prêtres eux-mêmes doivent y croire sans y aller voir ; ça ne regarde que les médecins. » Telles étaient les réponses que l'enfant obtenait d'ordinaire sur les questions relatives à la religion, à la physique ; et à ces solutions de la servante-gouvernante, sa bonne et vénérable aïeule, d'une voix plus douce, ajoutait quelquefois : « Va, va, mon enfant, quand tu seras grand, tu verras qu'il y a bien des choses dans un *chosier.* » Et Grosley nous dit qu'en avançant dans la vie il eut maintes fois occasion de renvoyer bien des choses et des pensées au *chosier* de sa grand'mère.

Et bien ! même en ces vieux âges d'auparavant, à maint spectacle, à maint prône, en mainte occasion profane ou sacrée, il y avait (en doutez-vous ?) plus d'une servante Marie, plus d'une aïeule de Grosley, plus d'un Grosley enfant qui faisait des questions ; il naissait plus d'une pensée, et cette pensée trouvait son mot, et les honnêtes paroissiens souriaient en se signant ; puis on renvoyait, ou mieux on laisait finalement retomber le tout au grand *chosier* d'à côté ; c'était question close ; au moindre rappel, au premier coup de cloche, tout au plus tard au second, on baissait la tête, on pliait les deux genoux devant la croyance subsistante et vénérée ; on faisait acte sincère de cette humilité et de cette reconnaissance du néant humain, qui n'est pas la moindre fin de toute sagesse.

Entre l'esprit du pur bon vieux temps, tel que j'essaie ici de le saisir, non pas à telle ou telle époque déterminée (car il nous fuirait peut-être), mais dans son ensemble et comme dans son émanation même, entre cet esprit et celui du XVIIIe siècle que nous connaissons de près, il y eut pourtant un intermédiaire, un conducteur un peu ambigu et couvert, que j'appellerai tout de suite par son nom, l'Érasme, le Bayle, le Montaigne, le Fontenelle. Ici l'auteur sait ce qu'il fait, mais il le dissimule autant qu'il le veut. Le lecteur est partout chatouillé d'une pointe discrète qui vient on ne sait d'où, et s'arrête à fleur de peau ; il ne tient guère qu'à lui de se l'enfoncer davantage ou de se l'épargner. Mais ces ménagements et ces calculs n'ont qu'un temps. Au XVIe siècle, l'esprit protestant fit à sa manière ce qu'a fait plus tard l'esprit philosophique au XVIIIe siècle. Il attaqua brutalement les choses dans une fin chrétienne, et démasqua les habiles. Le xviii⁰ siècle les tira à lui et les salua ses complices. En eux dès lors la pointe parut à nu et devint aiguillon.

Malgré tout, même depuis Érasme, même durant Montaigne, même à travers Bayle, quelque chose de cet esprit d'autrefois, mi-parti de malice et de soumission sincère, s'est conservé chez quelques individus de marque, la malice dominant, il est vrai, mais la soumission aussi retrouvant son jour. Parmi nos poëtes, jusque parmi les plus émancipés, la race se suit très-distincte. Je laisse bien vite Rabelais de côté; c'est un trop gros morceau pour que je m'en incommode. Mais Passerat, mais Regnier, qui pourtant ont passé par lui, retrouvent des conversions *sincères* (j'insiste sur le mot), de vraies larmes. Le bon Gringoire, auteur de railleuses soties et le type de ce vieux genre, finit pieusement et mérite d'être enterré à Notre-Dame. La Fontaine, Piron lui-même, sont de grands exemples. Chez tous ces hommes, qu'y avait-il eu à leurs plus vifs moments et à leurs heures les plus buissonnières? Écoutons Grosley encore nous parlant d'un de ses amis, le joyeux abbé Courtois : « Il m'admettoit, dit-il, à partager ses plaisirs, dont la gaieté, *qui lui étoit commune avec toutes les belles âmes,* faisoit le fonds et formoit l'assaisonnement. » Voilà bien le vrai fonds antique de nos pères, fonds de gaieté sans malignité et sans fiel, ou bien gaieté aiguisée de malice, mais sans rien d'ambitieux, d'orgueilleux et de subversif. Ces derniers points nous reviennent en propre et à tous les vrais modernes.

II

Ceci posé, et par manière de libre éclaircissement, je m'étendrai un peu sur deux échantillons du vieux genre, et d'abord sur La Monnoie, qu'une nouvelle édition de ses *Noëls* a remis récemment sur le tapis [1]. Un écrivain estimable, M. Viardot, en a parlé à son tour assez au long et avec connaissance de cause, étant, je crois, du pays; pourtant, comme il lui est arrivé d'en parler dans un Recueil qui, en se proclamant *indépendant*, es plus qu'aucun assujetti à de certains systèmes, le critique trop docile a mêlé à son analyse d'étranges préoccupations, et dans le choix que le bon La Monnoie avait fait, cette fois, du patois natal, il a plu à son admirateur de découvrir je ne sais quelles perspectives toutes merveilleuses : « On peut dire, écrit-il de La Monnoie, *qu'il sentait le besoin de tourner le dos au passé au lieu de le regarder toujours en face, de se laisser aller au courant des siècles*, au lieu d'en remonter la pente, et *d'avancer sur le flot du présent vers les mers inconnues de l'avenir*. Il avait entrevu, comme Charles Perrault, *la loi du progrès, ou, si l'on veut, de la progression qui régit la vie de l'humanité*; il était *du parti de Perrault*[2]!... » Assez

---

1 *Les Noëls Bourguignons* de Bernard de La Monnoie (*Gui-Barozai*), publiés, avec une traduction littérale en regard, par M. Fertiault. (Paris, Ch. Gosselin.)

2. *Revue indépendante*, juillet 1842.

d'apocalypse; je m'arrête. On se demande comment des esprits honnêtes et dont, en d'autres moments et en d'autres matières, le caractère serait plutôt le bon sens, se peuvent laisser aller à de tels *dadas*, que le philosophe du logis[1] leur fournit tout bridés. Je suis fâché pour ce philosophe s'il ne lui arrive jamais de rire, à part lui, de ce qu'il inspire; je commence vraiment à craindre qu'il ne garde tout son sérieux. Notre point de vue sur le bon vieux temps ne serait pas assez complet si nous n'avions à lui opposer de tels vis-à-vis. Il y a d'ailleurs dans le travail de M. Viardot des parties mieux vues et dont il faut savoir gré à l'auteur : il lui eût suffi peut-être de les indiquer du doigt; cédant à l'esprit de système, il y a mis le pouce. Mais d'autres tout à côté y auraient employé le poing.

Revenons à nos moutons et à La Monnoie qui en tient fort. Il était de la race directe du vieux temps ; mais le xvie siècle y avait passé, c'est-à-dire Rabelais et Montaigne, c'est-à-dire encore tous les Grecs et les Latins. Né à Dijon en 1641, élevé au collége des jésuites de cette ville, il marqua de bonne heure sa vocation pour le bon mot, pour l'épigramme, pour l'agréable rien; Martial surtout était son fait. Après des études de droit à Orléans, il s'en retourna vivre dans son pays, au sein de la société fort agréable et lettrée qu'offrait cet illustre parlement de Bourgogne. Remarquez pourtant que ce séjour prolongé loin de Paris où il ne vint habiter qu'en 1707,

---

1. Pierre Leroux.

âgé de plus de soixante ans, le fit toujours un peu moins contemporain de son siècle qu'il ne devrait l'être, au moins pour la littérature française[1]. Il a du rapport avec Bayle sur ce point comme sur plusieurs autres. Malgré ses prix coup sur coup à l'Académie française, La Monnoie est très-peu un poëte du siècle de Louis XIV. Boileau devait juger de tels vers détestables et comme non avenus; mais la *moyenne* des académiciens du temps y trouvait une expression prosaïque châtiée et suffisamment élégante, qui lui rappelait la manière des bons vers Louis XIII ou Mazarin; la moyenne de l'Académie était sujette alors à retarder un peu. La Monnoie, avant 1671, année de son premier prix, avait bien plus cultivé la poésie latine que la française. Le madrigal, il nous l'a dit, était à sa portée ordinaire, et le sonnet son *nec plus ultra*. Il se dépensait en quatrains, en menus distiques, en hendécasyllabes latins, même en traductions du latin en grec[2]; il retournait et remâchait, en s'amusant, son plat de dessert et de

---

[1]. Lorsqu'il fut reçu à l'Académie en place de l'abbé Regnier des Marais en décembre 1713, La Monnoie cita dans son discours de réception, tout d'un trait et comme *ex æquo*, les *Voiture*, les *Du Ryer*, les *Godeau*, les *Pellisson*, les RACINE, les *Segrais*, les *Charpentier*, les *Fléchier*, les DESPRÉAUX, pour avoir également réussi dans la prose et les vers! (Voir l'Éloge de La Monnoie par d'Alembert.)

[2]. Selon l'abbé d'Olivet, La Monnoie n'avait guère moins de quarante ans lorsqu'il se mit au grec, où cependant il fit d'étonnants progrès.

quatre-mendiants du xvie siècle. Plus d'une fois il lui arriva de pousser la gaudriole jusqu'à la priapée[1]. Ses soi-disant *poëmes* couronnés n'interrompent qu'à peine ce train d'habitude ; le *Ménagiana* nous donne tout à fait sa mesure. Lorsque La Monnoie mourut très-âgé, à quatre-vingt-sept ans (1728), au milieu du concert d'éloges qui s'éleva de toutes parts, il échappa à un journaliste de dire que M. de La Monnoie *n'était que médiocrement versé dans la moderne littérature française.* Plus d'un biographe s'est récrié sur ce jugement, et l'abbé Papillon[2] déclare avoir peine à le comprendre. Rien de plus facile toutefois, si l'on entend par littérature moderne Racine dans *Athalie,* par exemple, Fénelon, La Bruyère, déjà Montesquieu naissant[3]. Le siècle de Louis XIV a modifié pour nous et entièrement renouvelé le fonds classique moderne. En quoi consistait ce fonds auparavant ? On avait les Italiens, quelques Espagnols, toute la littérature latine, et si délaissée aujourd'hui, du xvie et même du xviie siècle. C'est là ou vivait d'habitude et où

---

1. Voir, en cas de doute, le recueil de l'abbé Noël (1798).

2. *Bibliothèque des Auteurs de Bourgogne.*

3. M. Viardot a cru voir une preuve très-irrécusable du caractère tout *moderne* de La Monnoie dans un éloge qu'il fit de l'*Œdipe* de Voltaire, lequel éloge est en *distiques latins;* belle manière de se montrer moderne ! Ce qu'il serait vrai de dire, c'est que, tout en possédant et admirant les Anciens, La Monnoie les jugeait avec liberté d'esprit.

correspondait La Monnoie. A travers la gloire de son époque, gloire qui se ramasse à nos yeux dans une sorte de nuage éblouissant, il savait distinguer et même préférer, pour son usage propre, une foule d'illustres antérieurs ou contemporains à la veille d'être ignorés, et auxquels il trouvait je ne sais quel sel qui le ragoûtait dans quelque recoin du cornet. Mais surtout il puisait sans cesse à nos vieilles sources gauloises ; il savait nos francs aïeux à dater de la fin du XVe siècle, et tirait de leurs écrits un suc qui commençait à devenir chose rare autour de lui. La dose de malice et de finesse *salée* qu'il leur demandait était sans doute pour le moins égale à celle qu'ils y avaient mise. En sectateur de Martial, il sentait fort son Mellin de Saint-Gelais. Pourtant une modestie naturelle[1], cette espèce de candeur si compatible, nous l'avons vu, avec une gaieté native, et l'absence de

---

1. Brossette, qui le visita à Paris dans l'été de 1713, raconte ceci (manuscrit de la collection de M. Feuillet) : « Il m'a dit avec modestie qu'il n'était point savant et qu'il ne pouvoit se piquer que d'une grande envie de savoir : à propos de quoi il a récité cette épigramme délicate et jolie de Joannes Secundus dans son livre intitulé *Basia* :

*Non hoc suaviolum dare, Lux mea, sed dare tantum
Est desiderium flebile suavioli.*

(Joann. Secundus, basium 3). »

On peut dire de La Monnoie en effet qu'il avait de l'érudition ce qui affriande.

toute arrière-pensée, le remettait aisément au niveau des Brodeau, des Marot et autres fins naïfs qu'il savourait sans cesse, qu'il commentait avec délices, et qu'il allait à sa manière reproduire et égaler. C'est du mélange, en effet, et comme du croisement exact de son érudition gauloise et de son art *classique* que naquirent un jour ses *Noëls bourguignons*.

Les noëls n'avaient jamais cessé en Bourgogne ; c'était un débris de mystère, une ou deux scènes de la Nativité qui avaient continué de se jouer et de se chanter au réveillon, mais en devenant de plus en plus profanes en même temps que populaires. Souvent même le refrain de *Noël* n'était plus qu'un prétexte et un cadre où s'interposaient les événements du jour ; le chanteur courait et s'ébattait à sa guise, sauf à revenir toucher barre au divin berceau. Les gens d'esprit du crû se mêlaient volontiers à ces jeux en patois, et payaient leur écot à ce qu'on peut appeler les *atellanes* de la Crèche. Le bonhomme Aimé Piron, père du célèbre Alexis, et apothicaire de son état, avait fait nombre de ces petites pièces qui couraient la province. Un jour qu'il en récitait une à La Monnoie, celui-ci lui dit : « C'est plein d'esprit, mais c'est négligé ; vous faites cela trop vite. — *Vrà*, lui répond l'apothicaire en le regardant ironiquement du coin de l'œil. — *Vrà*, lui réplique La Monnoie en appuyant plus fort sur son mot. — *E bé!* répond l'autre en continuant de parler patois, *i voró bé t'i voi*. — *Parguienne*, reprend aussitôt le poëte dijonnais, *tu mi voirai*. » Et peu de temps après il tenait sa gageure et donnait ses premiers *Noëi*[1].

Les *Noëi* circulèrent plusieurs années, chantés çà et là et non imprimés ; ils ne se publièrent décidément qu'en 1700. Leur succès fut grand, et trop grand ; ils allèrent, dit-on, jusqu'à la cour. Une telle lumière mettait leurs plaisanteries trop à nu ; c'étaient des badineries de famille ; la rue du Tillot ou de la Roulotte leur convenait mieux. L'éveil une fois donné, un vicaire de Dijon prêcha contre, et l'affaire se grossit : la Sorbonne eut à juger de la culpabilité, et peu s'en fallut qu'elle ne condamnât. Les modernes biographes ont comparé cette quasi-condamnation aux procès de Béranger. On doit rappeler aussi que les anciens mystères avaient été, sous François Ier, déférés au parlement et interdits comme prêtant au scandale. On ne trouverait rien, en effet, dans les malins couplets de *Gui-Baroʒai*, de plus chatouilleux au dogme que ce qu'on lit dans ces vieux mystères de *la Conception*, écrits, je le crois, en toute simplesse, mais bientôt récités et entendus avec un demi-sourire[2].

Ainsi, une différence piquante entre ces mystères et les *Noëi*, c'est que pour les premiers l'au-

---

1. *Notice* de M. Fertiault.

2. Si l'on me pressait, j'en saurais donner trop de preuves. Mais ces citations ainsi détachées acquièrent une gravité que les passages n'ont pas sur place. J'y renvoie ceux qui savent. (Voir pourtant, au précédent *Tableau*, chapitre du *Théâtre français*.)

teur était plus simple, plus contrit, plus humblement dévot, que ne le furent bientôt acteurs et auditeurs, et qu'au contraire ici, pour les cantiques bourguignons, *Barozai* avait certes le nez plus fin que le joyeux public qui en fit tout d'abord son régal sans songer au péché.

Mais bien d'autres différences s'y marquent, dont la principale, à mon gré, consiste dans la façon et dans le talent. La Monnoie s'y prit avec ce patois comme avec une langue encore flottante, qui n'avait pas eu jusque-là ses auteurs classiques, et dont il s'agissait, en quelque sorte, de trouver la distinction et de déterminer l'atticisme. Cet atticisme existait plus ou moins sensible pour les francs Bourguignons, et au xvie siècle déjà Tabourot avait dit du jargon dijonnais que c'était *le Tuscan de Bourgogne*, donnant à entendre par là que le bourguignon le plus fin se parlait à Dijon, de même que l'italien réputé le plus fin était celui de Toscane. Pour nous qui, par rapport à cet attique bourguignon, ne sommes pas même des Béotiens, mais des Scythes, nous nous hasarderons toutefois à le deviner, à le déguster chez La Monnoie, comme précédemment nous avons fait ailleurs pour les vers du poëte Jasmin : les procédés, de part et d'autre, ne sont pas très-différents et demeurent classiques. Ceux qui parlent tant de poésie populaire devraient bien s'apercevoir un peu de cela, dans les admirations confuses qu'ils prodiguent et dans les mauvais vers qu'ils vont provoquer. La Monnoie appliqua là en petit la méthode d'Horace, lorsque celui-ci voulut créer le genre et la langue lyrique chez les Latins; ou bien, pour prendre un exemple plus proportionné, il fit ce que plus tard M. de Surville essaya de réaliser pour la langue du xve siècle. Mais ce que M. de Surville recherchait après coup et artificiellement, La Monnoie l'appliqua à quelque chose de vivant et de réel[1]. D'ailleurs, son soin dut être le même; il n'avait pas reproché pour rien à Aimé Piron d'aller trop vite et d'être négligé; lui, il sut, sans le paraître, se rendre châtié, scrupuleux, concis; il fut le Malherbe pratique du genre,

D'un mot mis en sa place enseigna le pouvoir!

de sorte que, par une singularité très-curieuse, il se trouve être du siècle de Louis XIV en patois, et en patois seulement; car là, vrai disciple de Boileau, il corrige, il resserre, il choisit, tandis que, dans ses vers français, il n'a que prosaïsme et langueur. Le *Glossaire* qu'il a joint à ses *Noëls* constitue, à bâtons rompus, toute une poétique raffinée et charmante, où chaque mot a son histoire et ses autorités. Dans un joli apologue latin, il se compare à Ennius, lequel, un jour, se serait amusé à exprimer en langage *osque* l'enfance de Jupiter et le berceau de Crète; les flamines se

---

1. Il dut bien aussi songer, érudit comme il était, aux gracieuses poésies que lui offrait la littérature italienne dans la *lingua contadinesca*, et dont Laurent de Médicis donna le premier des modèles exquis.

fâchèrent et firent tapage ; mais Jupiter, qui voulut en juger par lui-même, se mit à pouffer de rire dès le second couplet. *Ennius* ici est de la modestie ; pour que la corrélation littéraire fût exacte, il faudrait Varron, ou même quelque docte Italiote, contemporain d'Horace et de Virgile. On épuiserait ces comparaisons qui éclaircissent la pensée, en disant encore que pour cette habileté à introduire, à insinuer l'art dans le dicton populaire, La Monnoie fut le Béranger du genre, ou un Paul-Louis Courier, mais qui ne laissa point du tout percer le bout de l'oreille. *Barozai* était bien, des deux, le vrai *vigneron*.

Heureuse rencontre ! sans cette idée d'écrire en son patois, La Monnoie ne léguait aucune preuve de son très-franc talent de poëte. En français, c'était un versificateur académique, dénué d'imagination et de vigueur ; dans les petites pièces, il se montrait un pur bel-esprit ; en latin, il ne faisait que retourner les anciens, le Catulle et le Martial, et sans chance d'avenir, il le savait bien[1]. Mais voilà que le patois lui sourit, et, du coup, son étincelle poétique, qui allait se perdre sans emploi, trouve où se loger ; elle prend forme et figure ; elle anime un petit corps d'insecte ailé

---

1. Voir au tome II, page 276, des *Œuvres choisies* de La Monnoie (édit. in-4º), ce qu'il dit de la poésie latine moderne et de Santeuil. Ces fragments de critique, qui paraissent tirés le plus souvent des lettres de La Monnoie, sont en général pleins de vivacité et de sens : on y retrouve l'homme familier et causant.

et bourdonnant, qu'elle a comme saisi au passage. Là trouvent place, tout à point, son esprit naïf et son trait; il y décèle aussi son imagination, ou plutôt le patois de lui-même la fournit à son goût, et, en quelque sorte, la défraie : deux ou trois de ces jolis mots, sveltes, chantants, intraduisibles, dans une petite pièce, cela fait les ailes de l'abeille.

La Monnoie avait un grain de sel, ou, pour parler le langage du crû, un grain de *moutarde*. Ce grain n'était pas assez, quand il le dépaysait, pour assaisonner ou mieux (que la chimie me le permette) pour faire lever cette pâte toujours un peu froide et blanche de la noble langue française, surtout allongée et alignée en alexandrins. En opérant de près, au contraire, sur des mots du pays, et dans toutes les conditions d'affinité, le grain fit merveille.

L'humeur qui domine dans les *Noëi* est libre et sent légèrement la parodie. Mais il est une parodie naturelle et presque inévitable qui naît du travestissement même de la Nativité en bourguignon et de ce rapprochement de *Lubine, Robine et Bénigne* avec les Rois-Mages. C'est comme dans un tableau de la Nativité, de l'ancienne école flamande, où la Vierge se trouve, de toute nécessité, coiffée à l'anversoise. Nous en sourions, mais les Flamands plutôt s'en édifiaient. La Monnoie s'est très-bien rendu compte de cet effet; à propos des traductions ou imitations que Marot faisait de Martial, on lit : « Il y a encore une remarque à faire sur la manière de traduire de

Marot, c'est qu'il ajuste à la mode de son temps la plupart des sujets de son auteur; M. de Bussy en use à peu près de même, ce qui donne à la traduction un air d'original qui ne déplaît point. C'est une espèce de parodie d'une langue à une autre...[1] » Ainsi fit-il en ses Noëls, et ses figures y prennent un air de connaissance et de voisinage qui récrée la scène. Le bonhomme Joseph a la mine *ébahie* durant l'accouchement et regarde sans parler sa compagne transie; l'archange Gabriel, *en robe cramoisie*, descend au secours; les bœufs et les ânes de la crèche sont en joie et font leur partie sur toutes sortes de tons, en personnes bien apprises. A entendre cette mélodie étrange, à laquelle ils sont peu faits, les Mages, effrayés, ont pensé *gâter la cérémonie*; ces Rois-Mages, surtout le noir, étaient un continuel sujet de gaieté :

> *Joseph, plein de respect,*
> *Dit : Messieurs, je vous prie,*
> *Excusez, s'il vous plaît,*
> *C'est un âne qui crie.*

On a là comme le premier fond de plaisanterie obligée. L'ingénieux auteur n'a pas manqué d'y ajouter sa dose, et ne s'est pas épargné les licences du gai bon sens. On est sous une minorité, avec

---

[1]. *Œuvres choisies*, tome II, page 374. En matière sacrée, l'exemple de Menot et de Maillard, ces parodistes naïfs, et qu'il savait sur le bout de ses doigts, dut lui revenir aussi et lui fournir plus d'un trait.

le divin Enfant et la Vierge-mère toute clémente ;
on se permet le mot pour rire, sans prétendre le
moins du monde secouer le joug ; trop heureux
d'adorer, on payera, on paye à l'avance son tribut en alleluias et en chansons. Que si le sens
humain trouve par moments que ce mystère,
cette rédemption tant attendue, est le chemin le
plus long, *le chemin de l'école*, et que le maître
a pris le grand tour pour nous sauver, n'est-ce
pas aussi qu'il nous montre mieux par là tout
son amour ? Et puis le plus sûr est de baisser la
tête, car, en définitive, on a affaire, tout francs
vignerons qu'on est, au *Maître du pressoir*. Les
libertés de ce genre sont fréquentes chez La Monnoie. Le *Franklin*, c'est-à-dire le bon sens malin, a eu sa réclame de tout temps. Ici on assiste
tant soit peu, je l'ai déjà dit, aux *atellanes*, ou,
si l'on veut, aux *saturnales* de la Crèche. Quand
les soldats romains accompagnaient, un jour de
triomphe, le char de leur *Imperator*, ils chantaient
des vers fescennins ; et nous-même nous avons
pu entendre les grognements des fidèles sur *le
petit Caporal*, qui certes était bien leur Dieu.
L'essentiel est de savoir s'il y a esprit de révolte
ou non ; et cet esprit ne paraît pas dans les *Noëi*.
Nous y voyons le grain de plaisanterie s'appliquer même à de plus chatouilleux que le divin
Enfant, je veux dire à un petit-fils de Louis XIV.
Dans une chanson en dialogue sur le passage du
duc de Bourgogne à Dijon, après toutes sortes de
descriptions de la fête et du festin, il est dit
(j'use de la traduction de M. Fertiault) :

Au reste, une chose étrange,
   Le Prince Bourbon,
Tout comme nous, quand il mange,
   Branle le menton,
Branle le menton, Brunette,
   Branle le menton.

Il but non pas des rasades,
   Mais des jolis coups,
Et tant qu'il but je pris garde
   Qu'il ne disait mot,
Qu'il ne disait mot, Brunette,
   Qu'il ne disait mot.

Est-ce là une bêtise de paysan à la *La Palisse*[1]? Est-ce un rappel indirect que le héros, l'enfant des Dieux est pourtant un homme? Prenez-le comme vous voudrez.

La plus jolie pièce à choisir, si l'on voulait citer, serait sans doute le XIVe des *Noëls de la Roulotte*, sur la conversion de *Blaizotte* et de *Gui*, son ami, c'est-à-dire de Mme de La Monnoie et de l'auteur lui-même. On retrouve ici encore une de ces modes du vieux temps. La femme restait plus dévote que le mari, qui faisait le brave et le rieur durant deux ou trois saisons, mais elle finissait doucement par le ramener. Vers un certain noël donc, Blaizotte, jadis si jolie, se sent prise, un peu tard, *d'un saint désir de rejeter*

---

1. La Monnoie se trouve être l'auteur de cette fameuse chanson de *La Palisse*, qui a eu une si singulière fortune.

toute amour en arrière, et de renoncer à la bagatelle. Elle en fait part à son ami Gui, au cœur tendre et encore attaché. Le bon Gui d'abord se laisse un bout de temps tirer l'oreille; mais, voyant qu'il le faut et que l'heure a sonné, il finit à son tour par faire de nécessité vertu et par suivre son modèle chéri. Il règne dans cette chanson, à demi railleuse et à demi émue, un reste de parfum de l'âge d'or, un accent de *Philémon et Baucis*, du *bon Damète* et de la *belle Amarante* :

Ils s'aiment jusqu'au bout, malgré l'effort des ans.

On lit à ce propos, dans les *Œuvres choisies*[1], une agréable anecdote qui fait comme le commentaire de la chanson : « Mardi dernier, jour de sainte Geneviève, patrone de Paris, ma femme, dit La Monnoie, s'étant levée plus matin qu'à l'ordinaire, mit son bel habit de satin à fleurs, et me vint dire en confidence qu'elle s'alloit mettre sous la protection de la sainte... » Et il raconte alors comment, dans la chapelle souterraine où elle s'agenouille en toute ferveur, quelqu'un ou quelqu'une trouve moyen de lui couper, sans qu'elle le sente, la queue de son manteau. De là une plaisante aventure qui émoustille le ménage, et il fait à la dame un petit dizain de consolation, dans cette idée que, loin que ce soit fripon ou friponne, qui ait donné ce coup de

---

1. Tome II, page 278.

ciseau, ce doit être assurément quelque honnête personne qui, à voir tant de ferveur, se sera dit tout bas :

> . . . . *Vraiment c'est une sainte,*
> *Je veux avoir un bout de son manteau.*

Je ne donnerai pas ici de plus ample échantillon des *Noëi*; j'aime mieux, pour toutes sortes de raisons, renvoyer les curieux à l'édition très-accessible de M. Fertiault[1]. M. Viardot, qui a d'ail-

---

1. Amateur des Anciens comme il était, La Monnoie me pardonnera de préférer à une citation de lui, toujours scabreuse en présence des *grandes dames* et des *beaux messieurs*, la traduction suivante d'une des plus jolies pièces des Anciens, qui avaient aussi leur manière de *noëls*. A une certaine époque de l'année, chez les Rhodiens surtout, les enfants allaient faire *la quête de l'hirondelle;* ils chantaient aux portes : « Elle est venue, elle est venue, l'hirondelle, amenant les belles saisons et la belle année; blanche sur le ventre, et sur le dos noire. Ne tireras-tu pas hors de ta grasse maison un panier de figues, et un gobelet de vin, et une éclisse de fromage, et du froment? L'hirondelle ne refuse pas même un petit gâteau. Est-ce que nous nous en irons? ou bien aurons-nous quelque chose? Si tu nous donnes, nous nous en irons; sinon, nous ne laisserons pas la place; ou nous emporterons la porte, ou le dessus de la porte, ou bien la femme qui est assise là dedans. Elle est petite, la femme, et nous l'emporterons aisément. Allons, donne; si peu que tu nous donnes, ce sera beaucoup. Ouvre, ouvre la porte à l'hirondelle, car nous ne sommes pas des vieillards, nous sommes de petits enfants. » Ainsi, même dans ces chants et ces plaisanteries populaires, la Grèce

leurs fort bien traité ce chapitre des extraits, a beaucoup insisté sur les rapprochements avec Voltaire et Béranger, rapprochements qui nous frappent surtout aujourd'hui, mais qu'il ne faudrait pas rendre trop exclusifs. La Monnoie peut paraître à quelques égards un précurseur de Voltaire, mais en ce sens que Voltaire est un successeur de Villon ; il a l'air de jeter à la cantonade plus d'une réplique à Béranger, mais à condition que Béranger et lui se soient rencontrés auparavant dans quelque corridor de l'abbaye de Thélème.

Pour conclusion dernière de tout ceci : nos contes et fabliaux du moyen âge, qui avaient eu tant de développement et de richesse originale, aboutissent à La Fontaine, lequel couronne admirablement le genre ; nos miracles et mystères, qui n'avaient eu que bien peu d'œuvres qu'on puisse citer (si même il en est de telles), ont un ricochet bizarre, et viennent aboutir et se relever, par une parodie graduée et insensible, dans les *Noëls* de La Monnoie.

Celui-ci, enfin, qui courait grand risque de se perdre dans le cortége nombreux des érudits ou des faiseurs de madrigaux, aura laissé du moins deux choses qui resteront, le *Ménagiana* et les

---

savait mettre de la discrétion et une touche gracieuse de légèreté ; nos bons Bourguignons, que La Monnoie dut contenter, y voulaient d'abord plus de lardons et de langue salée. M. Rossignol, nous le savons, a recueilli beaucoup de détails érudits sur ces jolis chants et ces *noëls* de l'Antiquité ; il rendrait service en les publiant.

Noëi, c'est-à-dire un plat de noisettes pour le dessert des doctes, et un bouquet de muguet et de violettes à embaumer le jambon du milieu dans le souper du Bourguignon.

III

Quant à Grosley, second échantillon d'autrefois que j'ai promis et auquel il me tarde de venir, il n'avait rien de poétique ; il goûtait peu le madrigal, et, bien loin de là, il est allé un jour jusqu'à écrire tout brutalement : « Les recueils que chaque année nous donne sous les titres d'*Étrennes d'Apollon, des Muses,* etc., etc., peuvent être comparés à ces cornets de *vermine* qu'au Pérou les gueux payoient pour impôt. » Voilà de ces crudités un peu fortes, du Caton l'ancien tout pur. Grosley avait d'autres parties plus avenantes ; il tenait de la bonne vieille roche et prose antique. Né à Troyes le 18 novembre 1718, et ainsi égaré en plein xviiie siècle, il nous a laissé sur lui, sur son enfance et sa jeunesse, une portion de volume malheureusement inachevée, mais empreinte d'une saveur qui sent son fruit. Cette *Vie* incomplète est tombée, par un second accident, aux mains d'un éditeur et continuateur des moins capables de l'entendre. Grosley a eu son Brossette, et dix fois pis, dans l'abbé Maydieu. Cet abbé était, autant qu'on le peut juger à l'œuvre, un maître sot qui a entouré à plaisir les jolies pages de son auteur d'un fatras d'apostrophes et d'ampoules, en un mot de tout ce qui leur ressemble le moins. Elles n'en ressortent que mieux [1]. Ce quart de volume est un de ces livres comme je les aime, comme on devrait, ce me semble, en avoir toujours un sur sa table pour se débarbouiller du grand style. Quand j'ai lu quelque chose de bien lyrique, que j'ai ouï et applaudi quelque chose de bien académique, quand j'ai assisté à l'un de ces triomphes parlementaires où l'orateur factieux a mis la main sur son cœur, où le politique intéressé et versatile a prodigué les mots de loyauté et de patrie, où chacun est venu tirer tour à tour sa magnifique révérence aux hautes lumières de l'époque et à la conscience du genre humain, j'ouvre, en rentrant, mon Grosley ou quelque livre de ce coin-là, mon *Journal de Collé*, ma *Margrave de Bareith*, et, après quelques pages lues, je retrouve pied dans le terre-à-terre de notre humble nature, en disant tout bas à l'honorable, à l'éloquent, à l'illustre : *Tu mens*.

On a vu, par une citation précédente, comment Grosley dut ses premières leçons de philosophie à sa vénérable aïeule et à sa vieille servante Marie. On ne se bornait pas toutefois à le faire taire, quand il questionnait trop, et à le renvoyer au *chosier* : « Chaque soir, écrit-il, à la commémoration du saint du lendemain se joignoit celle des parents

---

[1]. Les exigences de la censure se sont jointes aux scrupules de l'abbé Maydieu pour supprimer ou affaiblir plus d'un endroit. Quelques personnes à Troyes possèdent des copies de ces morceaux retranchés ; j'en dois une à l'obligeance de M. Harmand, bibliothécaire de la ville.

et amis. Il y aura demain dix, vingt, quarante ans qu'est mort un tel ou une telle, disoit Marie, dont la mémoire étoit inépuisable, et à qui ces événements étoient d'autant plus présents que, depuis soixante ans, tous les gens de la famille ou du voisinage avoient rendu l'ame entre ses mains. Si un chef de famille ou quelque proche parent étoit l'objet de la commémoration, après lui avoir renouvelé le tribut de larmes, on s'étendoit sur son mérite, sur les bonnes qualités qui l'avoient principalement distingué, sur sa dernière maladie et sur sa mort. S'il s'agissoit d'un moindre parent, d'un ami, d'un voisin, qui se fût mal comporté, sa conduite étoit examinée, presque toujours excusée par mon aïeule et caractérisée dans la bouche de la vieille Marie par quelque trait malin, qui débutoit presque toujours par *là, là*. L'éloge ou le blâme, à l'égard de la conduite d'autrui, avoient pour base les principes suivants : qu'il faut savoir vivre de peu, désirer peu, ne rien devoir, ne faire tort, dans aucun genre, à qui que ce soit, ne se point faire tort à soi-même, soit en décousant ou négligeant ses affaires, soit par des excès ruineux pour la santé. La mort de tous ceux qui avoient vécu conformément à ces principes avoit été douce, paisible, tranquille; celle des gens qui s'en étoient éloignés avoit été comme leur vie. Imbu dans l'enfance de ces leçons en action, elles ont, pour ainsi dire, passé dans mon tempérament, et beaucoup influé sur le système de vie que j'ai suivi imperturbablement et sans regrets. Dans la suite de mes études, elles se trouvèrent fortifiées par celles d'Horace, de Plutarque et de Montaigne. J'étois d'autant plus disposé à prendre ces dernières à la lettre, qu'elles n'étoient que la répétition de celles de mon aïeule et de Marie. »

L'exemple vivant de son père aida puissamment aussi à former le jeune enfant : avocat instruit et intègre, homme antique et modeste, usant de toutes les ressources que lui permettait une condition quelque peu étroite et gênée, il nous offre, sous la plume de son fils qui le perdit trop tôt et qui le regretta toujours, une physionomie à la fois grave et attendrissante. Amoureux de l'étude, avec un sentiment naturel pour les productions des arts et un esprit curieux des pays étrangers, il n'avait pu se livrer à cette diversité de vocation ; son fils en hérita et fut plus heureux : « Ce goût, dit-il, que je me suis trouvé à portée de satisfaire, étoit une continuité du sien; *c'étoit un vœu que j'acquittois*. A la vue de toutes les belles choses que m'ont offertes les pays étrangers, ma première réflexion se portoit sur le plaisir qu'auroit eu mon père en la partageant. » C'est ainsi que dans ces mœurs sévères et sous cette écorce peu polie, la délicatesse, et la plus précieuse de toutes, celle du moral se retrouve[1].

---

1. Ajoutez que, pour la gaieté également, Grosley trouvait en son père de qui tenir. Ce digne père avait un goût si décidé pour Aristophane, que, ne sachant pas le grec, il passa les loisirs de ses dernières années à lire et à commenter le grand comique sur une traduction latine.

Il ne faudrait pas croire pourtant que les études surchargeassent outre mesure cette première et libre enfance de Grosley. Son devoir fait, il jouissait d'une grande latitude, et il nous décrit avec complaisance ses assiduités aux exercices, même aux tracasseries de la paroisse, surtout auprès d'un vieux sacristain goutteux qui le chassait quelquefois, et ne manquait jamais de dire, lorsqu'il rencontrait son père : « Monsieur Grosley, je vous avertis que vous avez un garçon qui sera un grand musard. » Prenant ce mot de *musard* au sens que lui donne La Mothe-Le-Vayer, par opposition à celui de guerrier ou *soudard*, Grosley s'en félicite, et trouve que la prophétie en lui s'est vérifiée ; car *c'est le propre des muses de nous amuser inutilement*, et de nous payer avec leur seule douceur : « Mon père, dit-il, *musard* lui-même en ce sens, ne devoit ni ne pouvoit improuver des musarderies qui, entretenant le jeune âge dans la niaiserie qui est son apanage, laissent à l'ame la souplesse qui est le premier principe de la douceur du caractère et de la disposition à la gaieté ; principe que détruit nécessairement la morgue qu'établit une éducation pédantesque et continuellement soignée. » J'aime à citer ces pensées saines, même dans leur expression négligée. La phrase de Grosley est longue ; il profita peu du goût moderne ; il pensait, comme Bayle, « que le style coupé est, contre l'apparence, plus prolixe que le style lié ; que, par exemple, Sénèque est un verbiageur, et que ce qu'il redouble en six phrases, Cicéron l'auroit dit en une. » Il est vrai qu'avec lui on n'a souvent affaire qu'à un reste de façon d'écrire provenant du xvi͏ᵉ siècle, et qu'en renonçant au Sénèque, on ne retrouve pas le Cicéron.

Élevé dans sa ville natale au collége de l'Oratoire, en un temps où les passions jansénistes y régnaient et où le fanatisme des convulsions bouleversait bien des têtes, il resta dégagé de toute influence, jugeant et moqueur, *ingeniosus, sed dolos meditans*, disait la note du maître. Cette franchise gaie et caustique, qui fait le fond de son humeur, se décelait déjà par mainte espièglerie, et il n'agréa les hypocrites *à cols tors* d'aucun côté. Témoin d'un charivari en toute forme que les violents et *ultra* du parti donnèrent au vénérable abbé Du Guet, retiré alors à Troyes, et qui venait de se déclarer contre les convulsionnaires, il en put conclure que les fous et les méchants sont de tous les partis. Dans les années qu'il passa ensuite à Paris en clerc de procureur, pour y suivre ses cours de droit, il vit beaucoup et familièrement le savant et excellent Père Tournemine, et apprit à y goûter les honnêtes gens de tous bords, même jésuites, ce qui ne laissait pas de lui demander un petit effort; car il était et demeura toujours à cet endroit dans ce qu'il appelle *la religion de MM. Pithou*.

Peu tenté d'un grand théâtre, s'étant dit de bonne heure en vertu de sa morale première : *Paix et peu, c'est ma devise*; décidé, malgré toutes les sollicitations, à revenir se fixer dans sa patrie et à rester un franc *Troyen*, il s'accorda pourtant les voyages. Celui d'Italie, qu'il fit une première fois en 1745 et 1746, bien moins en caissier qu'en amateur, au sein de l'état-major du maréchal de Maillebois, lui ouvrit de plus en plus le monde et mit en saillie ses heureux dons spirituels, alors adoucis et rendus aimables par la jeunesse. Il refit plus tard, et tout littérairement, un second voyage d'Italie, aussi bien qu'un autre en Angleterre et un aussi en Hollande ; il visita même Voltaire aux *Délices*. Ces déplacements multipliés, les estimables ou piquants écrits qu'il publiait dans l'intervalle sur divers points de droit, d'histoire, ou sur ses voyages mêmes, mirent Grosley en relation et le maintinrent en correspondance avec les gens de lettres et les savants de son temps, surtout les étrangers, desquels il était fort apprécié[1] ; il se fonda de la sorte une vie d'érudit de province, pas trop cantonné, et tout à fait dans le genre du XVIe siècle. Au retour de chaque voyage, il se ressaisissait de son gîte natal et de la tranquillité du *chez soi* avec un nouveau bonheur : « Cette tranquillité recouvrée, dit-il[2], est pour le voyageur qui la sait goûter ce qu'est la terre pour les marins fatigués d'une longue navigation, l'ombre et la fraîcheur pour des moissonneurs qui ont porté le poids du jour, la coudraie sous laquelle le compère Étienne.

---

1. Voir sur Grosley les passages des Lettres du cardinal Passionei dans les *Souvenirs d'un citoyen* de Formey. T. II, p. 329, 349, 352.
2. *Voyage en Hollande.*

*A retrouvé Tiennette plus jolie
Qu'elle ne fut onc en jour de sa vie.* »

Et il ajoute aussitôt d'un ton plus sérieux : « Je joindrois à cet avantage la lumière, l'intérêt et l'espèce de vie que jette sur les faits historiques la vue des lieux où ces faits se sont passés : cette lumière est à la géographie, qu'elle semble animer, ce que la géographie elle-même est à l'histoire. »

Les ouvrages de Grosley ont peu de lecteurs aujourd'hui; en y regardant bien, on trouverait dans presque tous, si je ne me trompe, quelque chose de particulier, d'original, de non vulgaire pour l'idée et à la fois de populaire de ton et de tour[1]; mais pourtant il faut convenir qu'en pro-

---

1. Ayant été reçu, en 1754, associé de l'Académie de Châlons en Champagne, il y lut, par exemple, pour sa bienvenue, une spirituelle dissertation historique et critique sur la fameuse *Conjuration de Venise*. Il y met en question l'authenticité du récit consacré, et, après nombre d'inductions sagaces, il conclut, en disant agréablement « que cette manœuvre, bien considérée sous toutes ses faces, n'est sans doute autre chose qu'un coup de maître qui termine une partie d'échecs entre le Frère Paul Sarpi et le marquis de Bedemar. » Il ajoute qu'on la doit reléguer *dans le magasin des décorations dont la politique s'est servie de tout temps pour cacher au peuple les ressorts des machines qu'elle fait jouer.* Ainsi, nouveauté de vue et mordant d'expression, c'est là le coin qui marque le Grosley aux bons endroits. Dans le cas présent d'ailleurs, les découvertes et conjectures subséquentes sont venues plutôt vérifier son aperçu. (Daru, *Histoire de Venise,* livre XXXI).

longeant le Bayle au delà des limites possibles, en s'abandonnant à tout propos au *sans-gêne* de la note, de la digression et de la rapsodie locale, en ne tenant nul compte enfin des façons littéraires exigées par le goût d'alentour, Grosley, vieillissant, s'est de plus en plus perdu dans le *farrago*. On ne cite plus guère de lui et on ne recherche désormais que deux productions d'un genre bien différent : son ouvrage sérieux et solide, la *Vie de Pierre Pithou*, et son premier essai tout badin et burlesque, les *Mémoires de l'Académie de Troyes*.

Si La Monnoie, dans ses *Noëi,* n'a fait autre chose que ressaisir et publier la plus fine poésie *posthume* du seizième siècle, Grosley, à son tour, nous en a rendu la prose très-verte et parfois très-crue dans ses *Mémoires* de ladite Académie. On ne pourrait indiquer convenablement ici les titres exacts de toutes les dissertations qui en font partie, et pour lesquelles la bonne servante Marie, tandis qu'on les préparait à la ronde autour de son feu de cuisine, suggéra au passage plus d'un joyeux trait. La plus citée de ces dissertations est celle qui traite de *l'usage de battre sa maîtresse*. L'auteur y démontre, par toutes sortes d'exemples historiques tirés des Grecs et des Romains, l'antiquité, la légitimité et la bienséance de cet usage, lequel, inconnu, dit-il, des barbares, n'a jamais eu cours que chez les nations et dans les époques polies. Je remarque aussi une dissertation en faveur des idiomes provinciaux ou patois, question qui a été reprise depuis par de spirituels érudits, mais dont la première ébauche se trouve dans l'opuscule champenois[1].

Troyes était depuis longtemps célèbre par ses *Almanachs*, non moins que par sa *Bibliothèque bleue* : Grosley, en bon citoyen et *patriote*, comme on disait alors dans l'acception véridique du mot, essaya de rajeunir, de relever ce genre des almanachs et d'en faire un véhicule d'instruction locale et populaire. Il donna donc durant plusieurs années (1757-1768) ses *Éphémérides troyennes*, assaisonnées chaque fois de mémoires historiques sur le pays, de biographies des compatriotes illustres; cette publication était conçue dans un esprit assez analogue à celui du *Bonhomme Richard* de Franklin. Mais Grosley avait compté sans ses hôtes; les inconvénients d'une

---

[1]. A en lire le début, on ne sait trop véritablement si Grosley plaisante, ou si en effet il regrette un peu : « Quand plusieurs provinces, dit-il, forment un même corps de nation, on doit réunir les divers idiomes qui y sont en usage pour en former une langue polie. C'est par ce moyen que les Grecs ont porté leur langue au plus haut point de perfection. Chez les nations modernes, quelques génies supérieurs ont suivi leur exemple avec succès, entre autres, le Tassoni chez les Italiens, et parmi nous Ronsard et Rabelais. Pourquoi donc Vaugelas restreint-il le bon usage de la langue françoise à la manière de parler des meilleurs écrivains et des personnes polies de la ville et de la cour ? Comment la capitale a-t-elle adopté ce principe injurieux pour les provinces ? et comment celles-ci l'ont-elles souffert sans réclamation ? »

petite ville et des petites passions qui y pullulent se firent bientôt sentir à lui par mille tracasseries et misères. Jeune, du temps qu'il habitait Paris, quand il y avait rencontré dans la chambre du Père Tournemine, Voltaire, Piron, Le Franc, tous ensemble, et qu'il avait vu poindre entre eux les rivalités et les colères, il s'était dit d'éviter ce pavé brûlant, théâtre des *entremangeries* littéraires. La province toutefois le lui rendit, et il trouva dans sa rue même plus d'un caillou. On n'élude jamais l'expérience humaine. « J'ai vécu dans le monde, écrit-il, jusqu'à trente-cinq ans, m'imaginant que tout ce qu'Ovide et les poëtes disent de l'envie étoit pure fiction. J'ai découvert depuis que l'envie est un des principaux mobiles des actions et des jugements des hommes. » J'ai assez répété que Grosley était peu de son siècle; il s'en montra pourtant sur un point, et mal lui en prit. Un héritage imprévu l'ayant mis en fonds, il s'imagina trop solennellement, et à la *Jean-Jacques*, d'aller faire cadeau à la ville de huit bustes en marbre représentant les plus illustres compatriotes (Pithou, Passerat, Mignard, Girardon, etc.): Vassé, sculpteur du roi, fut chargé de l'exécution. Une telle munificence de la part d'un bourgeois et d'un voisin fit bien jaser; on débita mille sottises; ce fut bien pis lorsqu'une banqueroute dont il se trouva victime obligea Grosley de laisser sa donation incomplète et d'en rester à cinq bustes, plus le piédestal nu du sixième. Les quolibets s'en mêlèrent : on prétendit que ce piédestal d'attente n'était pas destiné dans sa pensée à un autre que lui. La ville, pour compléter, ayant acheté chez un marbrier de Paris un buste de pacotille qu'on baptisa du nom de *chancelier Boucherat*, Grosley eut la faiblesse de se piquer et de se plaindre dans le *Journal encyclopédique*. Une autre fois, ce fut à propos d'un concert donné à l'hôtel de ville, et où les bustes se trouvaient perdus jusqu'au cou dans une estrade, qu'il écrivit non moins vivement pour réclamer contre ce qu'il appelait une *avanie*. Ces malheureux bustes eurent toutes sortes de mésaventures. Un jour qu'on reblanchissait la salle, les ouvriers crurent que les marbres étaient compris dans le badigeonnage, et ils les barbouillèrent si bien que, malgré tout ce qu'on put faire, la teinte leur en resta, semblable à des *langes d'enfants mal blanchis*. On peut dire que cette bizarre donation des bustes, par toutes ses conséquences, aigrit et gâta la vie de Grosley; elle lui créa comme un *tic*, multiplia sous sa plume les petites notes et parenthèses caustiques, et lui inculqua toute la misanthropie dont cette franche et gaie nature était susceptible.

Aussi pourquoi se faisait-il du xviiie siècle ce jour-là? ou, si c'était chez lui une réminiscence encore du xvie, pourquoi le prenait-il cette fois par le côté sénatorial et romain, plutôt qu'à l'ordinaire par le côté champenois et gaulois?

Je préfère, pour mon compte, à l'emphase de ces bustes un autre usage généreux à la fois et malin que fit Grosley d'une part de cette succession dans laquelle il avait été avantagé. Liquidation faite, il mit en réserve quarante mille livres qu'il abandonna à sa sœur en présent par acte notarié, et, comme cette sœur et aussi son mari tenaient du vilain, il déclara dans l'acte authentique qu'il leur faisait cette galanterie *proprio motu*, et *uniquement pour lui-même, dispensant même de reconnoissance en tant que besoin seroit*. De pareils traits d'humeur et de caractère étaient décidément trop forts pour la routine du quartier, et l'excellent Grosley avait fini par passer dans le Bourg-Neuf pour un emporte-pièce et un homme à redouter. Il fait énergiquement justice de ces bas propos dans ce petit apologue : « Six mâtins, dit-il, accroupis autour d'une ch... (il a la manie antique de nommer toutes choses par leur nom) s'en gorgeoient depuis trois heures. Un aigle passe, s'abat et en enlève une becquée. Les mâtins rassasiés s'entretiennent de l'aigle, de sa voracité, de sa méchanceté. C'est là le tableau des sots dont l'univers est rempli. Après avoir grossièrement déchiré le prochain, si quelqu'un jette une plaisanterie à la finesse de laquelle ils ne peuvent atteindre : *Oh! le méchant!* s'écrient-ils en chœur. »

Grosley, jeune, eut des amours; il n'en eut qu'une fois dans le vrai sens et à l'état de passion; ce fut à l'âge de vingt-six ans, durant de rieuses vendanges, et pour une mademoiselle Louison qu'on peut voir d'ici, « grande, longue, avec un corps de baleine qui l'allongeoit encore, et réunissant toute la nigauderie de la Champagne à celle du couvent qu'elle quittoit. » Il avait à choisir entre elle et une sœur charmante, et encore une mademoiselle Navarre, éblouissante de beauté et d'esprit, qu'avait distinguée déjà le maréchal de Saxe; la nature, à première vue, se déclara pour mademoiselle Louison. Cela fait une des plus jolies et des plus ironiques pages des Mémoires, une page digne de La Fontaine, un peu trop irrévérente toutefois pour être citée; nous n'osons plus, depuis *Werther*, plaisanter de la sorte du sentiment. « L'amour, Dieu merci, ne m'a tenu que cette seule fois, conclut Grosley, en manière de maladie. » Au retour de son premier voyage d'Italie, il forma une espèce de liaison tendre qui dura douze ans et qui se brisa par l'intervention assez imprévue d'un rival; mais il ne paraît pas qu'elle lui ait laissé de bien émouvants souvenirs. Le roman n'était pas son fait. Assez de ce jeu-là, se dit-il ; il est trop glissant. La gaieté, la curiosité, qui lui avaient d'abord servi d'antidote, devinrent plus que jamais le dédommagement. Il vieillit ainsi, acoquiné aux vieilles mœurs, le dernier et le mieux conservé des malins anciens, allant chaque jour en robe de chambre et en bonnet de nuit faire son tour de ville et causer au soleil avec les tisserands de sa chère rue du Bois, tirant d'eux ou leur faisant à plaisir quelque bon conte, comme au meilleur temps des *écraignes* et des coteries. Un peu de temps avant sa mort, lui toujours si amusable, il ressentit comme une espèce de dégoût qui lui semblait indiquer que cette facétie de la sottise humaine n'avait plus rien de nouveau à lui offrir : « Le dégoût, écrivait-il, angmentant à mesure que l'on approche du but, on fait comme le pilote qui, en vue du port, resserre et abaisse les voiles : *portui propinquans, contraho vela*. Heureux ceux qui, en cet état, peuvent encore aller à la rame, c'est-à-dire à qui il reste quelque ressource, ou en eux-mêmes, ou dans des goûts indépendants des secours d'autrui! » Il mourut le 4 novembre 1785.

Son testament exprima cette diversité d'humeur, de qualités et de défauts, et, si j'ose le dire, ses malices, sa prud'homie et ses rides. Ses legs furent à la fois humains et caustiques, ironiques et généreux. Il s'occupait de l'avenir de ses *deux chats ses commensaux*, et il léguait une somme pour contribuer à l'érection d'un monument *en l'honneur du grand Arnauld*, soit à Paris, soit à Bruxelles. « L'étude suivie, disait-il, que j'ai faite de ses écrits m'a offert un homme, au milieu d'une persécution continue, supérieur aux deux grands mobiles des déterminations humaines, la crainte et l'espérance; un homme détaché, comme le plus parfait anachorète, de toutes vues d'intérêt, d'ambition, de bien-être, de sensualité, qui dans tous les temps ont formé les recrues des partis. Ses écrits sont l'expression de l'éloquence du cœur, qui n'appartient qu'aux âmes fortes et libres. Il n'a pas joui de son triomphe. Clément XIII lui en eût procuré les honneurs, en faisant déposer sur son tombeau les clés du *Grand-Jésus*, comme celles du Château-Neuf de Randon furent déposées sur le cercueil de Du Guesclin. » Voilà bien,

certes, de la grandeur ; Grosley, à ce moment, se
ressouvenait du testament de Pithou.

De tels accents soudains nous montrent combien
ces natures d'autrefois savaient concilier de choses,
en allier presque de contraires, et je le prouverai
par un dernier trait, tiré de Grosley encore, purement bizarre, mais qui se rattache plus directement
à notre premier sujet. Il avait un oncle prieur qui
mourut. Un autre de ses oncles, frère du mort,
est prévenu du décès à l'instant même, et arrive
dans la chambre mortuaire. Il se fait ouvrir ar-
moires et coffres, et ne trouve rien ; il soupçonne
la servante, maîtresse du logis, d'avoir tout pris.
Aux premiers mots énergiques qu'il profère, celle-ci
s'enfuit dans un cabinet et s'y barricade. L'oncle
Barolet (c'était son nom) tire l'épée, la passe par
les fentes et le dessous de la porte, et fait tant
qu'après bien des cris la fille capitule et rend environ
deux cents louis *en or bien trébuchant*. Cependant
les cris avaient jeté l'alarme dans le cloître ; on
avait couru au syndic, lequel arrive enfin pour
mettre le holà et pour imposer au violent héritier
par sa mine magistrale et ses représentations :
mais que trouve-t-il en entrant? il le voit à genoux dans la ruelle du lit où gisait le corps, pleurant à chaudes larmes et récitant, avec les lunettes
sur le nez et les louis dans sa poche, les sept
Psaumes pour le repos de la pauvre âme. Le premier instant l'avait rendu à l'épanchement de sa
douleur. Ainsi sur les ames franches, dit Grosley,
la nature conserve et exerce ses droits.

Le bon vieux temps était comme cet oncle Barolet : l'instant d'auparavant en gaieté ou en colère, l'instant d'après en prière, et le tout sincèrement.

Mais qu'ai-je fait? Je ne voulais qu'esquisser une légère dissertation, et voilà un développement en forme, deux portraits avec théorie, et, chemin faisant, des accrocs à la majesté contemporaine, des irrévérences de droite et de gauche, presque de la polémique. Allons, on est toujours de son temps.

Octobre 1842.

CLOTILDE DE SURVILLE

RAYNOUARD ayant à parler, dans le *Journal des Savants* de juillet 1824, de la publication des *Poëtes Français depuis le XIIe siècle jusqu'à Malherbe*, par M. Auguis, reprochait à l'éditeur d'avoir rangé dans sa collection Clotilde de Surville, sans avertir expressément que, si on l'admettait, ce ne pouvait être à titre de poëte du XVe siècle. Le juge si compétent n'hésitait pas à déclarer l'ingénieuse fraude, quelque temps protégée du nom de Vanderbourg, comme tout à fait décélée par sa perfection même, et il croyait peine perdue de s'arrêter à la discuter. « Ces poésies, disait-il, méritent sans doute d'obtenir un rang dans notre histoire littéraire ; mais il n'est plus permis aujourd'hui de les donner pour authentiques. Leur qualité reconnue de pseudonymes n'empêchera pas de les rechercher comme on recueille ces fausses médailles que les curieux s'empressent de mettre à côté des véritables, et dont le rapprochement est utile à l'étude même de l'art. »

Et il citait l'exemple fameux de Chatterton, fabriquant, sous le nom du vieux Rowley, des poésies remarquables, qui, par le suranné de la diction et du tour, purent faire illusion un moment. Comme exemple plus récent encore de pareille supercherie assez piquante, il rappelait les *Poésies occitaniques*, publiées vers le même temps que Clotilde, et que Fabre d'Olivet donna comme traduites de l'ancienne langue des troubadours. Elles étaient, en grande partie, de sa propre composition; mais, en insérant dans ses notes des fragments prétendus originaux, Fabre avait eu l'artifice d'y entremêler quelques fragments véritables, dont il avait légèrement fondu le ton avec celui de ses pastiches; de sorte que la confusion devenait plus facile et que l'écheveau était mieux brouillé.

Si donc Clotilde de Surville, au jugement des philologues connaisseurs, n'est évidemment pas un poëte du quinzième siècle, ce ne peut être qu'un poëte de la fin du dix-huitième, qui a paru au commencement du nôtre. Nous avons affaire en elle, sous son déguisement, à un recueil proche parent d'André Chénier, et nous le revendiquons.

M. Villemain, dans ses charmantes leçons, avec cette aisance de bon goût qui touchait à tant de choses, ne s'y est pas trompé, et il nous a tracé notre programme. « Encore une remarque, disait-il après quelques citations et quelques observations grammaticales et littéraires. M. de Surville était un fidèle serviteur de la cause royale. Il s'est plu, je crois, dans la solitude et l'exil, à cacher ses douleurs sous ce vieux langage. Quelques vers de ce morceau sur les malheurs du règne de Charles VII sont des allusions visibles aux troubles de la France à la fin du dix-huitième siècle. C'est encore une explication du grand succès de ces poésies. Elles répondaient à de touchants souvenirs ; comme l'ouvrage le plus célèbre du temps, *le Génie du Christianisme,* elles réveillaient la pitié et flattaient l'opposition[1]. »

Mais, avant de chercher à s'expliquer d'un peu près comment M. de Surville a pu être amené à concevoir et à exécuter son poétique dessein, on rencontre l'opinion de ceux qui font honneur de l'invention, dans sa meilleure part du moins, à l'éditeur lui-même, à l'estimable Vanderbourg. Cette idée se produit assez ouvertement dans l'Éloge de cet académicien, prononcé en août 1839 par M. Daunou, et je la lis résumée en trois lignes dans une lettre que le vénérable maître, interrogé à ce sujet, me répondit : « Il me paraît impossible que les poésies de Clotilde soient du quinzième siècle, et j'ai peine à croire qu'Étienne de Surville *ait été capable* de les composer au dix-huitième. Vanderbourg doit y avoir eu la principale part en 1803. »

Sans nier que Vanderbourg n'ait eu une très-heureuse coopération dans le recueil dont il s'est fait le parrain, sans lui refuser d'y avoir mis son cadeau, d'y avoir pu piquer, si j'ose dire, çà et là plus d'un point d'érudition ornée, peut-être même

---

1. *Tableau de Littérature au moyen âge,* tome II.

en lui accordant, à lui qui a le goût des traductions, celle de l'ode de Sapho qu'il prend soin de ne donner en effet que dans sa préface, comme la seule traduction qu'on connaisse de Clotilde, et avec l'aveu qu'il n'en a que sa propre copie, je ne puis toutefois aller plus loin, et, entrant dans l'idée particulière de son favorable biographe, lui rien attribuer du fonds général ni de la trame. Vanderbourg a laissé beaucoup de vers; il en a inséré notamment dans les dix-sept volumes des *Archives littéraires*, dont il était le principal rédacteur. Mais, sans sortir de sa traduction en vers des Odes d'Horace, qu'y trouvons-nous? J'ai lu cette traduction avec grand soin. Excellente pour les notes et les commentaires, combien d'ailleurs elle répond peu à l'idée du talent poétique que, tout plein de Clotilde encore, j'y épiais! Ce ne sont que vers prosaïques, abstraits, sans richesse et sans curiosité de forme; à peine quelques-uns de bons et coulants comme ceux-ci, que, détachés, on ne trouvera guère peut-être que passables. Dans l'ode à Posthumus (II, xiv), *linquenda tellus* :

La terre, et ta demeure, et l'épouse qui t'aime,
Il faudra quitter tout, possesseur passager !
Et des arbres chéris, cultivés par toi-même,
Le cyprès, sous la tombe, ira seul t'ombrager.

Et ceux-ci à Virgile: *Jam veris comites...* (IV, xii):

*Messagers du printemps, déjà les vents de Thrace
Sur les flots aplanis font voguer les vaisseaux;
La terre s'amollit, et des fleuves sans glace
  On n'entend plus gronder les eaux.*

Ou encore à Lydie (I, xxv):

*Bientôt, sous un portique à ton tour égarée,
Tu vas de ces amans essuyer les mépris,
Et voir les nuits sans lune aux fureurs de Borée
  Livrer tes cheveux gris!*

Mais ce mieux, ce *passable* poétique est rare, et j'ai pu à peine glaner ces deux ou trois strophes. Ainsi, jusqu'à nouvel ordre, et à moins que des vers originaux de Vanderbourg ne viennent démentir ceux de ses traductions, c'est bien lui qui, à titre de versificateur, me semble parfaitement *incapable* et innocent de Clotilde[1].

J'avais songé d'abord à découvrir dans les recueils du dix-huitième siècle quelques vers signés de Surville, avant qu'il se fût vieilli, à les mettre

---

1. Si on me demande comment j'accorde cette opinion avec l'idée que la traduction, très-admirée, de l'ode de Sapho pourrait bien être de lui, je réponds qu'il aurait été soutenu dans cet unique essai par l'original, par les souvenirs très-présents de Catulle et de Boileau, par les licences et les facilités que se donne le vieux langage, par la couleur enfin de Clotilde, dont il était tout imbu. Un homme de goût, longtemps en contact avec son poëte, peut rendre ainsi l'étincelle *une fois*, sans que cela tire à conséquence.

en parallèle, comme mérite de forme et comme manière, avec les vers que nous avons de Vanderbourg, et à instruire ainsi quant au fond le débat entre eux. Mais ma recherche a été vaine ; je n'ai pu rien trouver de M. de Surville, et il m'a fallu renoncer à ce petit parallèle qui m'avait souri.

En était-il sérieusement besoin ? Je ne me pose pas la question ; car, le dirai-je ? ce sont les préventions mêmes qui pouvaient s'élever dans l'esprit de M. Daunou, héritier surtout de l'école philosophique, contre le marquis de Surville émigré, un peu chouan et fusillé comme tel, ce sont ces impressions justement qui me paraissent devoir se tourner plutôt en sa faveur, et qui me le confirment comme le *trouvère* bien plus probable d'une poésie chevaleresque, monarchique, toute consacrée aux regrets, à l'honneur des dames et au culte de la courtoisie.

Sans donc plus m'embarrasser, au début, de cette double discussion que, chemin faisant, plus d'un détail éclaircira, je suppose et tiens pour résolu :

1º Que les poésies de Clotilde ne sont pas du quinzième siècle, mais qu'elles datent des dernières années du dix-huitième [1] ;

---

[1]. Pour ceux à qui les conclusions de M. Raynouard et la rapidité si juste de M. Villemain ne suffiraient pas, j'indiquerai une discussion à fond qui se rencontre dans un bon travail de M. Vaultier sur la poésie lyrique en France durant ces premiers siècles (*Mémoires de l'Académie de Caen*, 1840).

2º Que M. de Surville en est l'auteur, le rédacteur principal. Et si je parviens à montrer qu'il est tout naturel, en effet, qu'il ait conçu cette idée dans les conditions de société où il vivait, et à reproduire quelques-unes des mille circonstances qui, autour de lui, poussaient et concouraient à une inspiration pareille, la part exagérée qu'on serait tenté de faire à l'éditeur posthume se trouvera par là même évanouie.

Le marquis de Surville était né en 1755, selon Vanderbourg, ou seulement vers 1760, selon M. Du Petit-Thouars (*Biographie universelle*) qui l'a personnellement connu ; ce fut en 1782 qu'il découvrit, dit-on, les manuscrits de son aïeule, en fouillant dans des archives de famille pour de vieux titres ; ce fut du moins à dater de ce moment qu'il trouva sa veine et creusa sa mine. Il avait vingt-deux ou vingt-sept ans alors, très-peu d'années de plus qu'André Chénier. Or, quel était, en ce temps-là, l'état de bien des esprits distingués, de bien des imaginations vives, et leur disposition à l'égard de notre vieille littérature ?

On a parlé souvent de nos *trois siècles littéraires* ; cette division reste juste : la littérature française se tranche très-bien en deux moitiés de trois siècles, trois siècles et demi chacune. Celle qui est nôtre proprement, et qui commence au xvie siècle, ne cesse plus dès lors, et se poursuit sans interruption, et, à certains égards, de progrès en progrès, jusqu'à la fin du xviiie. Avant le xvie, c'est à une autre littérature véritablement, même à une autre langue, qu'on a affaire, à une langue

qui aspire à une espèce de formation dès le xii⁰
siècle, qui a ses variations, ses accidents perpétuels, et, sous un aspect, sa décadence jusqu'à la
fin du xv⁰. La nôtre se dégage péniblement à travers et de dessous. On cite en physiologie des
organes qui, très-considérables dans l'enfant, sont
destinés ensuite à disparaître: ainsi de cette littérature antérieure et comme provisoire. Telle
qu'elle est, elle a son ensemble, son esprit, ses
lois; elle demande à être étudiée dans son propre
centre; tant qu'on a voulu la prendre à reculons,
par bouts et fragments, par ses extrémités aux xv⁰
et xiv⁰ siècles, on y a peu compris.

On en était là encore avant ces dix dernières
années. Certes les notices, les extraits, les échantillons de toutes sortes, les matériaux en un mot,
ne manquaient pas ; mais on s'y perdait. Une seule
vue d'ensemble et de suite, l'ordre et la marche,
l'*organisation*, personne ne l'avait bien conçue.
L'abbé de La Rue et Méon, ces derniers de l'ancienne école, et si estimables comme *fouilleurs*,
ne pouvaient, je le crois, s'appeler des guides. Ce
n'est que depuis peu que, les publications se multipliant à l'infini, et la grammaire en même temps
s'étant déchiffrée, quelques esprits philosophiques
ont jeté le regard dans cette étude, et y ont porté
la vraie méthode. Tout cela a pris une tournure,
une certaine suite, et on peut se faire une idée
assez satisfaisante aujourd'hui de ces trois siècles
littéraires précurseurs, si on ose les qualifier
ainsi.

Dans l'incertitude des origines, le xvi⁰ siècle et

l'extrémité du xve restèrent longtemps le bout du monde pour la majorité même des littérateurs instruits. On n'avait jamais perdu de vue le xvie; l'école de Ronsard, il est vrai, s'était complétement éclipsée; mais, au delà, on voyait Marot, et on continuait de le lire, de l'imiter. Le genre marotique, chez Voiture, chez La Fontaine, chez J.-B. Rousseau, avait retrouvé des occasions de fleurir. Refaire après eux du Marot eût été chose commune. L'originalité de M. de Surville, c'est précisément d'avoir passé la frontière de Marot, et de s'être aventuré un peu au delà, à la lisière du moyen âge. De ce pays neuf alors, il rapporta la branche verte et le bouton d'or humide de rosée : dans la renaissance romantique moderne, voilà son fleuron.

Il se figura et transporta avant Marot cette élévation de ton, cette poésie ennoblie, qu'après Marot seulement, l'école de Ronsard s'était efforcée d'atteindre, et que Du Bellay, le premier, avait prêchée. Anachronisme piquant, qui mit son talent au défi, et d'où vint sa gloire !

Cette étude, pourtant, de notre moyen âge poétique avait commencé au moment juste où l'on s'en détachait, c'est-à-dire à Marot même. C'était presque en antiquaire déjà que celui-ci avait donné son édition de Villon qu'il n'entendait pas toujours bien, et celle du *Roman de la Rose* qu'il arrangeait un peu trop. Vers la seconde moitié du siècle, les *Bibliothèques* françaises d'Antoine Du Verdier et de La Croix Du Maine, surtout les doctes *Recherches* d'Étienne Pasquier, et les

Origines du président Fauchet qui précédèrent, établirent régulièrement cette branche de critique et d'érudition nationale, laquelle resta longtemps interrompue après eux, du moins quant à la partie poétique. Beaucoup de pêle-mêle dans les faits et dans les noms, des idées générales contestables lorsqu'il s'en présente, une singulière inexactitude matérielle dans la reproduction des textes, étonnent de la part de ces érudits, au milieu de la reconnaissance qu'on leur doit. Ceux qui étaient plus voisins des choses les embrassaient donc d'un moins juste coup d'œil, et même, pour le détail, ils les savaient moins que n'ont fait leurs descendants[1]. C'est qu'être plus voisin des choses et des hommes, une fois qu'on vient à plus de cinquante ans de distance, cela ne signifie trop rien, et que tout est également à rapprendre, à recommencer. Et puis il arrivait, au sortir du moyen âge, ce qu'on éprouve en redescendant des montagnes : d'abord on ne voit derrière soi à l'horizon que

---

1. En 1594, l'avocat Loisel fit imprimer le poëme *de la Mort*, attribué à Hélinand, qu'il dédia au président Fauchet, comme au *père et restaurateur* des anciens poëtes. Cette petite publication, une des premières et la première peut-être qui ait été tentée d'un très-vieux texte non rajeuni, est pleine de fautes, d'endroits corrompus et non compris. De Loisel à Méon inclusivement, quand on avait affaire même à de bons manuscrits, on paraissait croire que tous ces vieux poëtes écrivaient au hasard, et qu'il suffisait de les entendre en gros. Un tel à-peu-près, depuis quelques années seulement, n'est plus permis.

les dernières pentes qui vous cachent les autres ; ce n'est qu'en s'éloignant qu'on retrouve peu à peu les diverses cimes, et qu'elles s'échelonnent à mesure dans leur vraie proportion. Ainsi le xiiie siècle littéraire, dans sa chaîne principale, a été long à se bien détacher et à réapparaître.

Au xviie siècle, il se fait une grande lacune dans l'étude de notre ancienne poésie, j'entends celle qui précède le xvie. La préoccupation de l'éclat présent et de la gloire contemporaine remplit tout. De profonds érudits, des juristes, des feudistes, explorent sans doute dans tous les sens les sources de l'histoire ; mais la poésie n'a point de part à leurs recherches : ils en rougiraient. Un jour, Chapelain, homme instruit, sinon poëte, fut surpris par Ménage et Sarazin sur le roman de *Lancelot*, qu'il était en train de lire. Il n'eut pas le temps de le cacher, et Ménage, le classique érudit, lui en fit une belle querelle. Sarazin, qui avait trempé, comme Voiture, à ce vieux style, se montra plus accommodant. Il faut voir, dans un très-agréable récit de ce dialogue, que Chapelain adresse au cardinal de Retz, et qui vaut mieux que toute sa *Pucelle*, avec quelle précaution il cherche à justifier sa lecture, et à prouver à M. Ménage qu'après tout il ne sied pas d'être si dédaigneux, quand on s'occupe comme lui des origines de la langue[1]. — Un autre jour, en plein

---

1. *Continuation des Mémoires* de Sallengre, par le P. Desmolets, t. VI, seconde partie. — Chapelain montre très-bien le profit philologique qu'il y aurait, presque à

beau siècle, Louis XIV était indisposé et s'ennuyait ; il ordonna à Racine, qui lisait fort bien, de lui lire quelque chose. Celui-ci proposa les *Vies de Plutarque* par Amyot : « Mais c'est du gaulois », répondit le roi. Racine promit de substituer, en lisant, des mots plus modernes aux termes trop vieillis, et s'en tira couramment sans choquer l'oreille superbe. Cette petite anecdote est toute une image et donne la mesure. Il fallait dé-

---

chaque ligne, à tirer de ces vieilles lectures ; mais il se trompe étrangement lui-même quand il croit que son roman de *Lancelot* en prose (édition Vérard probablement), qui était pour la rédaction de la fin du xve siècle ou du xvie, remonte à *plus de quatre cents ans*, et va rejoindre le français de Villehardouin. Il est d'ailleurs aussi judicieux qu'ingénieux lorsque, sortant de la pure considération du langage et en venant au fond, il dit que, « comme les poésies d'Homère étoient les fables des Grecs et des Romains, nos vieux romans sont aussi les fables des François et des Anglois » ; et quand il ajoute par une vue assez profonde : « *Lancelot*, qui a été composé dans les ténèbres de notre antiquité moderne, et sans autre lecture que celle du livre du monde, est une relation fidèle, sinon de ce qui arrivoit entre les rois et les chevaliers de ce temps-là, au moins de ce qu'on étoit persuadé qui pouvoit arriver... Comme les médecins jugent de l'humeur peccante des malades par leurs songes, on peut par la même raison juger des mœurs et des actions de ce vieux siècle par les rêveries de ces écrits. » Le bonhomme Chapelain entendait donc déjà très-bien en quel sens la littérature, même la plus romanesque et la plus fantastique, peut être dite l'expression de la société. Allons ! nous n'avons pas tout inventé.

sormais que, dans cette langue polie, pas un vieux mot ne dépassât[1].

Fontenelle, qui est si peu de son siècle, et qui passa la première moitié de sa vie à le narguer et à attendre le suivant, marqua son opposition encore en publiant chez Barbin son Recueil des plus belles pièces des vieux poëtes depuis Villon; mais ce qui remontait au delà ne paraissait pas soupçonné.

L'Académie des Inscriptions, instituée d'abord, comme son nom l'indique, pour de simples médailles et inscriptions en l'honneur du roi, et qui ne reçut son véritable règlement qu'au commencement du XVIIIe siècle, ouvre une ère nouvelle à ces études à peine jusqu'alors ébauchées. Les vieux manuscrits français, surtout de poésies, avaient tenu fort peu de place dans les grandes collections et les cabinets des Pithou, Du Puy, Baluze, Huet. M. Foucault, dans son intendance de Normandie, en avait recueilli un plus grand nombre; Galland, le traducteur des Contes arabes, en donna le premier un extrait; mais avec quelle inexpérience! Il s'y joue moins à l'aise qu'aux *Mille et une Nuits*. L'histoire seule ramenait de force à ces investigations, pour lesquelles les éru-

---

[1]. « Pourquoi employer une autre langue que celle de son siècle ? » disait le sévère bon sens de Boileau à propos de la fable du *Bûcheron*, par La Fontaine. Mais La Fontaine, dans ce ton demi-gaulois, parle sa vraie langue; il n'a fait expressément du pastiche que dans ses stances de *Janot et Catin*. Madame Des Houlières et La Faré, s'il m'en souvient, en ont fait aussi en deux ou trois endroits.

dits eux-mêmes semblaient demander grâce. Sainte-Palaye, en commençant à rendre compte de l'*Histoire des trois Maries*, confesse ce dégoût et cet ennui qu'il ne tardera pas à secouer. Dans la série des nombreux mémoires qu'il lit à l'Académie, on peut saisir le progrès de sa propre inclination ; il entre dans l'amour de cette vieille poésie par Froissart qu'il apprécie à merveille comme esprit littéraire fleuri, d'une imagination à la fois mobile et fidèle. L'abbé Sallier lit, vers le même temps (1734), ses observations sur un recueil manuscrit des Poésies de Charles d'Orléans. Sans guère revenir au delà des idées de Boileau et de l'*Art poétique* qu'il cherche seulement à rectifier, et sans prétendre à plus qu'à transférer sur son prince poëte l'éloge décerné à Villon, le docte abbé insiste avec justesse sur le règne de Charles V, et sur tout ce qu'il a produit ; il fait de ce roi *sage*, c'est-à-dire savant, le précurseur de François Ier. L'époque de Charles V, en effet, après les longs désastres qui avaient tout compromis, s'offrait comme une restauration, même littéraire, une restauration méditée et voulue. En bien ressaisir le caractère et l'effort, c'était remonter avec précision et s'asseoir sur une des terrasses les mieux établies du moyen âge déclinant. Comme première étape, en quelque sorte, dans cette exploration rétrospective, il y avait là un résultat.

Charles d'Orléans et Froissart, ces deux fleurs de grâce et de courtoisie, appelaient déjà vers les vieux temps l'imagination et le sourire. Hors de l'Académie, dans l'érudition plus libre et dans le public, par un mouvement parallèle, le même courant d'études et le même retour de goût se prononçaient. La première tentative en faveur des poëtes d'avant Marot, et qui les remit en lumière, fut le joli recueil de Coustelier (1723), dirigé par La Monnoie, l'un des plus empressés rénovateurs. Les éditions de Marot par Lenglet-Dufresnoy (1731) divulguaient les sources où l'on pouvait retremper les rimes faciles et les envieillir. La réaction *chevaleresque* à proprement parler put dater des éditions du *petit Jehan de Saintré* (1724) et de *Gérard de Nevers* (1725), rendues dans le texte original par Guellette : Tressan ne fera que suivre et hâter la mode en les modernisant. On voit se créer dès-lors toute une école de chevalerie et de poésie moyen âge, de trouvères et de troubadours plus ou moins factices ; ils pavoisent la littérature courante par la quantité de leurs couleurs. Tandis qu'au sein de l'Académie les purs érudits continuaient leur lent sillon, ce qui s'en échappait au dehors éveillait les imaginations rapides. Le savant Lévesque de La Ravalière donnait, en 1742, son édition des Poésies de Thibaut de Champagne, roi de Navarre, une renommée romanesque encore et faite pour séduire. Sainte-Palaye en recueillant ses *Mémoires sur la Chevalerie*, le marquis de Paulmy en exécutant sa *Bibliothèque des Romans* et plus tard ses *Mélanges tirés d'une grande Bibliothèque*[1], jetaient comme

---

1. Il y fut fort aidé par Contant d'Orville et par M. Magnin, de Salins, père du nôtre.

un pont de l'érudition au public : Tressan, en maître de cérémonies, donnait à chacun la main pour y passer. L'avocat La Combe fournissait le Vocabulaire. Qu'on y veuille songer, entre Tressan rajeunissant le vieux style, et Surville envieillissant le moderne, il n'y a qu'un pas : ils se rejoignent.

Ce n'est pas tout, et l'on serre de plus près la trace. Par l'entremise de ces académiciens amateurs auxquels il faut adjoindre Caylus, il s'établit dans un certain public une notion provisoire sur le moyen âge, et un lieu commun qu'on se mit à orner. Moncrif arrange son *Choix* d'anciennes chansons, et rime, pour son compte, ses deux célèbres romances dans le ton du bon vieux temps, *les constantes Amours d'Alix et d'Alexis*, et *les Infortunes inouïes de la tant belle comtesse de Saulx*. Saint-Marc compose pour le mariage du comte de Provence (1771) son opéra d'*Adèle de Ponthieu*, dans lequel les fêtes de la chevalerie remplacent pour la première fois les ingrédients de la magie mythologique ; c'est un *Château d'Otrante* à la française ; la pièce obtient un prodigieux succès et l'honneur de deux musiques. On raffole de chevaliers courtois, de gentes dames et de donjons. Du Belloy évoque *Gabrielle de Vergy*, Sedaine (Grétry aidant) s'empare du fabliau d'*Aucassin et Nicolette*. Legrand d'Aussy s'empresse de rendre plus accessibles à tous lecteurs les Contes pur gaulois de Barbazan. Sautreau de Marsy avait lancé, en 1765, son *Almanach des Muses* ; plus tard, avec Imbert, il compile les *Annales poétiques*, par où nos anciens échantillons quelque peu blanchis s'en vont dans toutes les mains. Dans le premier de ces recueils, c'est-à-dire l'*Almanach*, les rondeaux, triolets et fabliaux à la moderne foisonnent ; le jargon puérilement vieillot gazouille ; les vers pastiches ne manquent pas: c'est l'exact pendant des fausses ruines d'alors dans les jardins. Dans l'un des volumes (1769), sous le titre de *Chanson rustique de Darinel*[1], je lis par exception une charmante petite pièce gauloise communiquée peut-être par Sainte-Palaye[2]. Enfin La Borde, éditeur des Chansons du châtelain de Coucy, ne ménage, pour reproduire nos vieilles romances avec musique, ni ses loisirs ni sa fortune, et il ne résiste pas non plus à un certain attrait d'imitation. On arrive ainsi tout droit à la romance drôlette du page dans *Figaro: Mon coursier hors d'haleine !*

Je n'ai point parlé encore d'un petit roman pastiche qui parut dans ces années (1765), et qui eut un instant de vogue, l'*Histoire amoureuse de Pierre Le Long et de Blanche Bazu*, par Sauvigny. Ce littérateur assez médiocre, mais spiri-

---

1. Elle est de Jacques Gohorry et tirée de l'*Amadis de Gaule*, dont Gohorry a traduit les 10e, 11e, 13e et 14e Livres. L'*Almanach des Muses* a gâté le texte en le voulant corriger.

2. M. Paul Lacroix, à qui je suis redevable de plus d'une indication en tout ceci, me signale encore d'Arnaud-Baculard comme un des auteurs les plus probables de vieux vers pastiches. En sujets fidèles, on prêtait surtout des chansons à nos rois.

tuel, d'abord militaire, et qui avait servi à la cour de Lunéville, où il avait certainement connu Tressan, composa, rédigea dans le même goût, et d'après quelque manuscrit peut-être, cette gracieuse nouvelle un peu simplette, où d'assez jolies chansonnettes mi-vieillies et mi-rajeunies sont entremêlées. Tout cela doit suffire, je le crois, pour constater l'espèce d'engouement et de fureur qui, durant plus de trente ans, et jusqu'en 89, s'attachait à la renaissance de notre vieille poésie sous sa forme naïve ou chevaleresque[1]. Rien ne manquait dans l'air, en quelque sorte, pour susciter ici ou là un Surville.

Ce que tant d'autres essayaient au hasard, sans suite, sans études, il le fit, lui, avec art, avec concentration et passion. Ce qui n'était qu'une boutade, un symptôme de chétive littérature qui s'évertuait, il le fixa dans l'ordre sévère. La source indiquée, mais vague, s'éparpillait en mille filets; il en resserra le jet, et y dressa, y consacra sa fontaine.

---

[1]. On lit dans *la Russie en 1839* de M. de Custine (tome I, lettre 3e), la romance touchante autant que spirituelle du *Rosier*, adressée par madame de Sabran à sa fille qui était sous les verrous en 93; on n'aurait qu'à y changer l'orthographe pour avoir une pièce de *Clotilde* :

Est bien à moi, car l'ai fait naître,
Ce beau rosier, plaisirs trop courts !
Il a fallu fuir et peut-être
Plus ne le verrai de mes jours. Etc., etc.

On ne sait rien de sa vie, de ses études et de son humeur, sinon que, sorti du Vivarais, il entra au service dans le régiment de colonel-général, qu'il fit les campagnes de Corse et d'Amérique, où il se distingua par son intrépidité, et qu'étant en garnison à Strasbourg il eut querelle avec un Anglais sur la bravoure des deux nations. L'Anglais piqué, mais ne pouvant ou ne voulant jeter le gant lui-même, en chargea un de ses compatriotes qui était en Allemagne : d'où il résulta entre M. de Surville et ce nouvel adversaire un cartel et une rencontre sur la frontière du duché des Deux-Ponts. Les deux champions légèrement blessés se séparèrent. M. de Surville, on le voit, avant de chanter la chevalerie, sut la pratiquer. A partir de 1782, il dut employer tous ses loisirs à la confection de sa *Clotilde,* dont quelque trouvaille particulière put, si on le veut absolument, lui suggérer la première idée. Sept ou huit ans lui suffirent. M. Du Petit-Thouars, qui le vit à Paris en 1790, un moment avant l'émigration, assure avoir eu communication du manuscrit, et l'avoir trouvé complet dès lors et tel qu'il a été imprimé en 1803. Si, en effet, on examine la nature des principaux sujets traités dans ces poésies, et si on les déshabille de leur toilette brillamment surannée, on ne voit rien que le xviiie siècle à cette date, à cette veille juste de *Clotilde,* n'ait pu naturellement inspirer, et qui (forme et surface à part) ne cadre très-bien avec le fond, avec les genres d'alentour. Énumérons un peu :

Une *Héroïde* à son époux Bérenger ; Colardeau

en avait fait[1]. De plus le nom d'*Héloïse* revient souvent, et c'est d'elle que Clotilde aime à dater la renaissance des muses françaises.

Des *Chants d'Amour* pour les quatre saisons; c'est une reprise, une variante de ces poëmes des *Saisons* et des *Mois* si à la mode depuis Roucher et Saint-Lambert.

Une ébauche d'un poëme *de la Nature et de l'Univers*: c'était la marotte du xviiie siècle depuis Buffon. Le Brun et Fontanes l'ont tenté; André Chénier faisait *Hermès*.

Un poëme de la *Phélyppéide*; voyez la *Pétréide*.

Les *Trois Plaids d'or*, c'est-à-dire *les Trois Manières* de Voltaire; une autre pièce qui rappelle *les Tu et les Vous,* et où la *Philis* est simplement retournée en *Corydon*[2]. — Des stances et couplets dans les motifs de Berquin.

---

1. Colardeau et bien d'autres. J'ai sous les yeux un petit recueil en dix volumes, intitulé *Collection d'Héroïdes et de pièces fugitives de Dorat, Colardeau, Pezay, Blin de Sainmore, Poinsinet,* etc. (1771). Je note exprès ces dates précises et cette menue statistique littéraire qui côtoie les années d'adolescence ou de jeunesse de Surville. On est toujours inspiré d'abord par ses contemporains immédiats, par le poëte de la veille ou du matin, même quand c'est un mauvais poëte et qu'on vaut mieux. Il faut du temps avant de s'allier aux anciens.

2. Ici la réminiscence est manifeste et le *contre-calque* flagrant. Surville a été obligé, dans son roman-commentaire, de supposer que Voltaire avait connu le manuscrit. Ainsi, une pauvre *chanteresse* appelée Rosalinde

Et ces noms pleins d'à-propos qui reviennent parmi les parents ou parmi les trouvères favoris, *Vergy*, Richard *Cœur-de-Lion!* Il y a telle ébauche grecque d'André Chénier qui me paraît avoir chanté devant son ancien amant, Corydon, devenu roi de Crimée, et qui n'a pas l'air de la reconnaître :

> *Viens çà, l'ami ! N'attends demain !...*
> *Ah ! pardon, seigneur !..., Je m'égare :*
> *Tant comme ici, l'œil ni la main*
> *N'ont vu ni touché rien de rare.*
> *Qu'un baiser doit avoir d'appas*
> *Cueilli dans ce palais superbe !...*
> *Mais il ne te souvient donc pas*
> *De ceux-là que prenions sur l'herbe ?*

Ce sont les derniers vers des *Tu* et des *Vous* :

> *Non, madame, tous ces tapis*
> *Qu'a tissus la Savonnerie,*
> . . . .
> *Ces riches carcans, ces colliers,*
> *Et cette pompe enchanteresse,*
> *Ne valent pas un des baisers*
> *Que tu donnais dans ta jeunesse.*

Mais, chez Voltaire, le ton est badin ; chez Surville, pour variante, la chanteresse chante *avec pleurs*. Et dans les *Trois Plaids d'or*, tout correspond avec *les Trois Manières*, soit à l'inverse, soit directement, et jusque dans le moindre détail. Quand l'un des conteurs, Tylphis, se met à raconter son aventure en vers de huit syllabes :

> *S'approcha leste et gai, l'œil vif et gracieux ;*
> *Réjouit tout chacun son air solacieux,*
> *Et, dès qu'eut Lygdamon son affaire déduite,*
> *Cy conte en verselets, sans tour ambitieux ;*

pu naître au sortir d'une représentation de *Nina ou la Folle par amour*; il me semble entendre encore, derrière certains noms chers à Clotilde, l'écho de la tragédie de Du Belloy ou de l'opéra de

---

on a un contre-coup ralenti du ton de Voltaire :

> . . . .
> *Les Grecs en la voyant se sentaient égayés.*
> *Téone souriant conta son aventure*
> *En vers moins allongés et d'une autre mesure,*
> *Qui courent avec grâce et vont à quatre pieds,*
> *Comme en fit Hamilton, comme en fait la nature.*

Et surtout quand on en vient au troisième amoureux chez Surville, à la troisième amante dans Voltaire, et au vers de dix syllabes si délicieusement défini par celui-ci :

> *Apamis raconta ses malheureux amours*
> *En mètres qui n'étaient ni trop longs ni trop courts :*
> *Dix syllabes, par vers mollement arrangées,*
> *Se suivaient avec art et semblaient négligées;*
> *Le rhythme en est facile, il est mélodieux;*
> *L'hexamètre est plus beau, mais parfois ennuyeux;*

on a de l'autre côté cette imitation qui, lue en son lieu, paraît jolie, mais qui, en regard du premier jet, accuse la surcharge ingénieuse :

> *Là, contant sans détour, ces mètres employa*
> *Par qui douce Élégie autrefois larmoya,*
> *Et qu'en France depuis, sur les rives du Rhône,*
> *A Puytendre Apollo pour Justine octroya.*

Géographie, généalogie, comme on sent le chemin à reculons et le besoin de dépayser !

Sedaine[1]. Clotilde, à bien des égards, n'est qu'un *Blondel*, mais qui vise au ton exact et à la vraie couleur.

Et *Blondel* lui-même, à sa manière, y visait; rien ne montre mieux combien alors ces mêmes idées, sous diverses formes, occupaient les esprits distingués, qu'un passage des intéressants *Essais ou Mémoires de Grétry*. Le célèbre musicien raconte par quelles réflexions il fut conduit à faire cet air passionné de Richard: *Une fièvre brûlante...* dans le vieux style: « Y ai-je réussi? dit-il. Il faut le croire, puisque cent fois on m'a demandé si j'avais trouvé cet air dans le fabliau qui a procuré le sujet. La musique de *Richard*, ajoute-t-il, sans avoir à la rigueur le coloris ancien d'*Aucassin et Nicolette*, en conserve des réminiscences. L'ouverture indique, je crois, assez

---

1. Dans le *Dialogue* d'Apollon et de Clotilde :

..... *Adonc, par cellui je commence*
Qui fut ensemble ornement de la France
Et son flagel (fléau); *c'est le roi d'Albion,*
Richard qu'on dit prince au cœur de lion;
Bouche d'abeille, à non moins digne titre
Dut s'appeler. Comme il se dit d'un philtre
Qui fait courir en veines feux d'amour,
Tels, quand lisez le royal troubadour,
Sentez que flue es son ardente plume
A flots brûlans le feu qui le consume...

Je crois sentir encore plus sûrement que Surville a entendu chanter d'hier soir : *Une fièvre brûlante...* La première représentation est d'octobre 1785.

bien, que l'action n'est pas moderne. Les personnages nobles prennent à leur tour un ton moins suranné, parce que les mœurs des villes n'arrivent que plus tard dans les campagnes. L'air *O Richard! ô mon roi!* est dans le style moderne, *parce qu'il est aisé de croire que le poëte Blondel anticipait sur son siècle par le goût et les connaissances.* » Transposez l'idée de la musique à la poésie, vous avez Clotilde.

Je reviens. De tous ces vieux trouvères récemment remis en honneur par l'érudition ou par l'imagination du xviiie siècle, Surville, remarquez-le bien, n'en omet *aucun*, et compose ainsi à son aïeule une flatteuse généalogie poétique tout à souhait : Richard donc, Lorris, Thibaut, Froissart, Charles d'Orléans, et je ne sais quelle postérité de dames sous la bannière d'Héloïse, voilà l'école directe. De plus, dans les autres trouvères non remis en lumière alors, mais dignes de l'être et qu'on a retrouvés depuis, tels que Guillaume de Machau et Eustache Deschamps, il n'en devine *aucun*. Son procédé, de tout point, se circonscrit.

Surville, lisant les observations de l'abbé Sallier sur les poésies de Charles d'Orléans, a dû méditer ce passage : « Pour ce qu'il y auroit à reprendre dans la versification du poëte, il suffira de dire que la plupart de ses défauts ne tiennent qu'à l'imperfection du goût de ces premiers temps: *l'idée des beaux vers n'étoit pas encore venue à l'esprit*, et elle étoit réservée à un siècle plus poli. » Mais supposons que cette idée fût, en effet, venue à quelqu'un, pensa Surville. Et comme il avait lui-même le vif sentiment des vers, il ne s'occupa plus que du moyen, à cette distance, de le réaliser.

Faisons, se dit-il encore, faisons un poëte tout d'exception, un pendant de Charles d'Orléans en femme, mais un pendant accompli[1].

Une fois la pensée venue, qui l'empêcha de se lier avec quelqu'un des érudits ou des amateurs en vieux langage, sinon avec Sainte-Palaye, mort en 1781, du moins avec son utile collaborateur Mouchet, avec La Borde? Il avait composé des pièces de vers dans le goût de son temps; il essaya, La Combe ou Borel en main, d'en enveillir légèrement quelqu'une, et il en fit sans doute l'épreuve sur l'un ou l'autre de ses doctes amis[2]. Sûr alors

---

1. *Un Charles d'Orléans femme*, ce genre de substitution de sexe est un des déguisements les plus familiers à Surville dans ses emprunts et imitations. Ainsi quand il imite *les Tu et les Vous*, on a vu que c'est adressé à Corydon et non plus à Philis; ainsi, quand il s'inspire des *Trois Manières*, au lieu de l'archonte Eudamas pour président, il institue la reine Zulinde, et on a, par contre, les chanteurs et conteurs Lygdamon, Tylphis et Colamor, au lieu des trois belles, Églé, Téone et Apamis. — C'est un peu l'histoire de Desforges-Maillard et de Mlle Malcrais de la Vigne, — du poëte dont il est question dans *la Métromanie* et qui mystifia Voltaire: il échoue en homme et pour son compte: il réussit en femme et en muse, sous la cornette.

2. L'épreuve ne pouvait être que relative, et elle se marque aux connaissances imparfaites d'alors. Des per-

de sa veine, il n'eut plus qu'à la pousser. Il combina, il caressa son roman; il créa son aïeule, l'embellit de tous les dons, l'éleva et la dota comme on fait d'une enfant chérie. Il finit par croire à sa statue comme Pygmalion et par l'adorer. Que ce serait mal connaître le cœur humain, et même d'un poëte, que d'argumenter de ce qu'à l'heure de sa mort, écrivant à sa femme, il lui recommandait encore ces poésies comme de son aïeule, et sans se déceler! Il n'aimait donc pas la gloire? Il l'aimait passionnément, mais sous cette forme, comme un père aime son enfant et s'y confond. Cette aïeule refaite immortelle, pour lui gentilhomme et poëte, c'était encore le nom.

Il faut le louer d'une grande sagacité critique sur un point. Il comprit que cette réforme, cette restauration littéraire de Charles V, avait été surtout pédantesque de caractère et de conséquences, et que ce n'était ni dans maître Alain (malgré le baiser d'une reine), ni dans Christine de Pisan, qu'il fallait chercher des appuis à sa muse de choix. Il fut homme de goût, en ce qu'allant au cœur de cet âge, il déclara ingénieusement la

---

sonnes familières avec les vieux textes noteraient aujourd'hui dans *Clotilde* les erreurs de mots dues nécessairement à cette manière de teinture. Quand La Combe ou Borel se trompent dans leurs vocabulaires, Surville les suit. Roquefort, en son *Glossaire*, remarque que le mot *voidie, voisdie*, ne signifie pas *vue*, mais *pénétration, prudence fine, ruse*. Surville lit dans Borel que *voidie* signifie aussi *vue*, et il l'emploie en ce sens (fragment III, vers 17).

guerre aux gloires régnantes, animant ainsi la scène et se sauvant surtout de l'ennui.

Mais M. de Surville montre-t-il du goût dans les fragments de prose qu'il a laissés et qu'on cite? Vanderbourg y accuse de la roideur, de l'emphase. Cela ne prouverait rien nécessairement contre ses vers. Surville avait l'étincelle: quelque temps il ne sut qu'en faire ; elle aurait pu se dissiper ; une fois qu'il eut trouvé sa forme, elle s'y logea tout entière. Qu'on ne cherche pas l'abeille hors de sa ruche, elle n'en sortit plus.

Et puis il ne faut rien s'exagérer: ce qui fait vivre Clotilde, ce qui la fait survivre à l'intérêt mystérieux de son apparition, ce sont quelques vers touchants et passionnés, ces couplets surtout de la mère à l'enfant. Le reste doit sa grâce à cette manière vieillie, à une pure surprise. Tel vers, telle pensée qu'on eût remarquée à peine en style ordinaire, frappe et sourit sous le léger déguisement. Tel minois qui, en dame et dans la toilette du jour, ne se distingue pas du commun des beautés, redevient piquant en villageoise. Rien ne rajeunit les idées comme de vieillir les mots; car *vieillir* ici, c'est précisément ramener à l'enfance de la langue. Comme dans un joli enfant, on se met donc à noter tous les mots et une foule de petits traits que, hors de cet âge, on ne discernerait pas. Quoi! se peut-il que nos pères enfants en aient tant su? C'est un peu encore comme lorsqu'on lit dans une langue étrangère: il y a le plaisir de la petite reconnaissance; on est tout flatté de comprendre, on est tenté de goûter les

choses plus qu'elles ne valent, et de leur savoir
gré de ressembler à ce qu'on sent. Mais ce genre
d'intérêt n'a que le premier instant et s'use aussitôt. Je croirais volontiers qu'une des habiletés du
rédacteur ou de l'éditeur de *Clotilde* a été de
perdre, de déclarer perdus les trop longs morceaux,
les poëmes épiques ou didactiques : c'eût été trop
mortel. Déjà le volume renferme des pièces un
peu prolongées ; car dans *Clotilde,* comme presque
partout ailleurs en poésie française, ce sont les
toutes petites choses qui restent les plus jolies, les
rondeaux à la Marot, à la Froissart :

> *Sont-ce rondels, faits à la vieille poste*
> *Du beau Froissart ? Contre lui nul ne joste* [1]*,*
> *Ne jostera, m'est avis, de long-temps ;*
> *Graces, esprit et fraicheur du printems*
> *L'ont accueilli jusqu'à sa derraine heure ;*
> *Le vieux rondel habite sa demeure*
> *A n'en sortir. . . . .*

Est-il donc permis de le confesser tout haut?
en général, quand on fait de la poésie française,
on dirait toujours que c'est une difficulté vaincue.
Il semble qu'on marche sur des charbons ardents ;
il n'est pas prudent que cela dure, ni de recommencer quand on a réussi : trop heureux de s'en
être bien tiré ! Lamartine est le seul de nos poëtes
(après La Fontaine), le seul de nos contemporains, qui m'ait donné l'idée qu'on y soit à l'aise
et qu'on s'y joue en abondance.

---

1. Joûte.

Pour en revenir à la méthode d'envieillissement et au premier effet qu'elle produit, je me suis amusé à l'essayer sur une toute petite pièce, très-peu digne d'être citée dans sa forme simple. Je n'ai fait qu'y changer l'orthographe *à la Surville*, et n'y ai remplacé qu'une couple de mots. Eh bien, par ce seul changement à l'œil, elle a déjà l'air de quelque chose. Si on supprimait les articles, si on y glissait quelques inversions, deux ou trois vocables bien accentués, quelques rides souriantes enfin, elle aurait chance d'être remarquée. Il faut supposer qu'une femme, Natalie ou Clotilde, — oui, Clotilde elle-même, si l'on veut, remercie une jeune fille peintre pour le bienfait qu'elle lui doit. Revenant de Florence où elle a étudié sous les maîtres d'avant Pérugin, cette jeune fille aura fait un ressemblant et gracieux portrait de Clotilde à ce moment où les femmes commencent à être reconnaissantes de ce qui les fait durer. C'est donc Clotilde qui parle :

De vos doits blancs, effilés et légiers,
　Vous avez tracé mon ymaige.
Me voylà belle, à l'abry des dangiers
　Dont chasque hyvert nous endommaige !

Por ce doulx soing, vos pinceaulx, vos couleurs,
　Auroyent, seulz, esté sans puissance,
Et de mes traicts n'auroyent seu les meilleurs
　Sans vostre amour et sa présence.

Ainz de vostre ame à mon ame en secret
　Ugne lumière s'est meslée :

Elle a senty soubs la flour qui mouroit
  Ugne beaulté plus recélée.

Vostre doulx cueur de jeune fille au mien
  A mieulx leu qu'au mirouër qui passe;
Vous m'avez veue au bonheur ancien
  Et m'avez paincte soubs sa grace.

Vous vous diziez: « Ce cueur sensible et pront
  Esclayre encore sa pronelle.
Li mal fuyra : levons ce voyle au front;
  Metons-y l'estoile éternelle. »

Et je revys; et dans mes plus biaulx ans
  Je me recoignois, non la seule;
De mes enfans, quelque jour, les enfans
  Soubriront à leur jeune aïeule.

O jeune fille, en qui le ciel mit l'art
  D'embellir à nos fronts le resve,
Que le bonheur vous doingt[1] un long regard,
  Et qu'ugne estoile aussy se lesve!

Et remarquez que je n'y ai mis absolument que la première couche. Mais, je le répète, dès que la poésie se présente avec quelque adresse sous cet air du bon vieux temps, on lui accorde involontairement quelque chose de ce sentiment composé qu'on aurait à la fois pour la vieillesse et pour l'enfance; on est doublement indulgent.

Dans *Clotilde* pourtant, il y a plus, il y a l'art,

---

1. Donne.

la forme véritable, non pas seulement la première couche, mais le vernis qui fixe et retient : ainsi ces rondeaux d'un si bon tour, ces flèches des distiques très-vivement maniées. Le style possède sa façon propre, son nerf, l'image fréquente, heureuse, presque continue. De nombreux passages exposent une poétique concise et savante, qui me rappelle le poëme de *l'Invention* d'André Chénier et sa seconde Épître si éloquemment didactique. Dans le *Dialogue* d'Apollon et de Clotilde, celle-ci, ramenée par la parole du dieu aux pures sources de l'Antiquité classique qui ont toujours été, à elle, ses secrètes amours, exhale ainsi son transport[1] :

Qu'est-ce qu'entends ? donc n'étois si fallotte
Quand proscrivis ces atours maigrelets,
Et qu'au despris[2] *de la tourbe ostrogotte*
Des revenans, démons et farfadels,
Dressai mon vol aux monts de Thessalie,
Bords de Lesbos et plaines d'Italie !
Là vous connus, Homère, Anacréon,
Cygne en Tibur, doux amant de Corinne !
Là m'enseigna les secrets de Cyprine
Cette Sapho qui brûla pour Phaon.
Dès ce moment m'écriai dans l'ivresse :
« *Suis toute à vous, Dieux charmans de la Grèce !*

---

1. Je cite en ne faisant que rajeunir l'orthographe ; c'est une opération inverse à celle de tout à l'heure, et qui suffit pour tout rendre clair.
2. En dépit.

O du génie invincibles appuis,
Bandeaux heureux de l'Amour et des nuits,
Chars de Vénus, de Phébé, de l'Aurore,
Ailes du Temps et des tyrans des airs,
Trident sacré qui soulèves les mers,
Rien plus que vous mon délire n'implore!... »

Et Apollon, lui répondant, la tempère toutefois et l'avertit du danger :

> *Trop ne te fie à d'étranges secours :*
> *Ne quiers d'autrui matière à tes discours ;*
> *Pour guide auras, telle soit ta peinture,*
> *Deux livres sœurs, ton cœur et la nature !*

Or que dit Chénier (Élégie XVIIe) :

> . . . . *Les poëtes vantés*
> *Sans cesse avec transport lus, relus, médités ;*
> *Les dieux, l'homme, le ciel, la nature sacrée*
> *Sans cesse étudiée, admirée, adorée,*
> *Voilà nos maîtres saints, nos guides éclatants.*

La poétique est la même, et ne diffère que par la distance des temps où elle est transplantée. Mais on pourrait soutenir qu'il y a bien du grec fin à travers l'accent gaulois de Surville, de même qu'il se retrouve beaucoup de la vieille franchise française et de l'énergie du XVIe siècle sous la physionomie grecque de Chénier : ce sont deux frères en renaissance.

On sait l'admirable comparaison que celui-ci

encore fait de lui-même et de son œuvre avec le travail du *fondeur :*

. . . . De mes écrits en foule
Je prépare longtemps et la forme et le moule ;
Puis sur tous à la fois je fais couler l'airain :
Rien n'est fait aujourd'hui, tout sera fait demain.

Clotilde, dans un beau fragment d'épître, rencontrera quelque image analogue pour exprimer le travail de refonte auquel il faut soumettre les vers mal venus :

Se veyons, s'épurant, la cire au feu mollir,

si nous voyons la cire s'épurer par la chaleur, dit-elle, les rimes au contraire ne s'épurent, ne se fourbissent[1] qu'à froid. Elle a commencé par citer agréablement *Calysto*, c'est-à-dire l'ourse qui a besoin de lécher longtemps ses petits,

Ses oursins, de tout point, naissants disgraciés ;

elle ajoute :

Point d'ouvrage parfait n'éclot du plus habile ;
Cuidez qu'en parle à fond : quand loisir m'est donné,
Reprends de mon jeune âge un fruit abandonné ;

---

1. Au lieu de *forbir*, Vanderbourg a lu *forcir*, qu'il ne sait comment expliquer ; mais je croirais presque qu'il a mal lu son texte, ce qui serait piquant et prouverait qu'il n'y est pour rien.

*Le revois, le polis ; s'est gentil, le caresse ;
Ainz, vois-je qu'est manqué, la flamme le redresse.*

Mainte page ingénieuse nous offre ainsi, en détail, du Boileau refait et du Malherbe anticipé. On reconnaît qu'on a affaire à l'homme qui est surtout un poëte réfléchi, et qui s'est fait sa poétique avant l'œuvre.

Lorsque l'élégant volume parut en 1803[1], avec son noble frontispice d'un gothique fleuri et ses vignettes de trophées, il ne se présenta point sous ce côté critique qu'aujourd'hui nous y recherchons. Il séduisit par le roman même de l'aïeule, par cette absence trop vraie de l'éditeur naturel qui y jetait comme une tache de sang, par la grâce neuve de cette poésie exhumée, et par la

---

1. L'année même où parurent à Grenoble les Poésies de Charles d'Orléans, mais qui, bien moins heureuses que *Clotilde,* attendent encore un éditeur digne d'elles. — Elles viennent tout d'un coup d'en trouver deux (1842). — *La Décade philosophique (*an XII, 4ᵉ trimestre, page 430), en rendant compte avec éloge des Poésies de Charles d'Orléans, disait : « Elles se recommanderont d'elles-mêmes à l'homme de lettres, à l'archéologue, mais elles n'auront point le suffrage des jeunes gens sans instruction et des femmes qui ont raffolé des Poésies de Clotilde, ouvrage dont la supposition est manifeste et pourrait se prouver matériellement, si ceux qui sont dignes d'avoir une opinion en pareil sujet, n'en étaient déjà parfaitement convaincus. » A ce ton sec et rogue, même lorsqu'il a raison, je crois reconnaître feu M. Auger, et en effet c'est bien lui.

passion portée çà èt là dans quelques sentiments doux et purs. Ces regrets d'abord marqués sur les insultes d'*Albion*, sur les malheurs et les infortunes des *Lys*, devinrent un à-propos de circonstance, auquel l'auteur n'avait guère pu songer si, comme on l'assure, son manuscrit était antérieur à l'émigration[1]. Mais toutes les femmes et les mères surent bientôt et chantèrent les *Verselets à mon premier-né* sur la musique de Berton :

O cher enfantelet, vrai pourtraict de ton père,
  Dors sur le sein que ta bouche a pressé!
Dors, petiot; clos, ami, sur le sein de ta mère,
  Tien doux œillet par le somme oppressé!

Ce ne sera pas faire tort à cette adorable pièce de rappeler que le motif, qu'on a rapproché souvent de celui de la *Danaë* de Simonide, paraît emprunté plus immédiatement à deux romances de Berquin, nées en effet de la veille : l'une (1776) dont le refrain est bien connu :

---

1. Dans le séjour pourtant qu'il fit à Lausanne en 1797, et pendant lequel il préludait à sa publication par des morceaux insérés dans le journal de madame de Polier, M. de Surville put retoucher assez la première pièce, l'*Héroïde* à Bérenger, pour lui donner cet air de prophétie finale :

Peuple égaré, quel sera ton réveil?
Ne m'entend, se complaît à s'abreuver de larmes,
  Tise les feux qui le vont dévorants.
Mieux ne vaudroit, hélas! repos que tant d'alarmes,
  Et roi si preux que cent lâches tyrans?...

> *Dors, mon enfant, clos ta paupière,*
> *Tes cris me déchirent le cœur...;*

et l'autre (1777), qui n'est plus dans la bouche d'une mère, mais dans celle du poëte lui-même auprès du berceau d'un enfant endormi :

> *Heureux enfant, que je t'envie*
> *Ton innocence et ton bonheur !*
> *Ah ! garde bien toute ta vie*
> *La paix qui règne dans ton cœur.*
>
> *Que ne peut l'image touchante*
> *Du seul âge heureux parmi nous !*
> *Ce jour peut-être où je le chante*
> *De mes jours est-il le plus doux...*

Voilà le meilleur du Berquin ; on y retrouve un accord avec cette stance de *Clotilde* :

> *Tretous avons été, comme es toi, dans cette heure ;*
> *Triste raison que trop tôt n'adviendra !*
> *En la paix dont jouis, s'est possible, ah ! demeure !*
> *A tes beaux jours même il en souviendra.*

Mais l'art et la supériorité de Surville ne m'ont jamais mieux paru qu'en comparant de près la source et l'usage. La première romance de Berquin a pour sujet une femme abandonnée par son amant ; ce qui peut être pathétique, mais qui touche au banal et gâte la pureté maternelle. Chez Surville, c'est une mère heureuse. Et pour le détail de l'expression et la nuance des pensées, ici tout est neuf, délicat, distingué, naturel et créé à la fois :

Étend ses brasselets : s'étend sur lui le somme ;
Se clot son œil ; plus ne bouge... il s'endort...
N'étoit ce teint flouri des couleurs de la pomme[1]*,*
Ne le diriez dans les bras de la mort ?

Arrête, cher enfant !... j'ai frémi tout entière...
Réveille-toi : chasse un fatal propos...

Et tout ce qui suit. Chez l'autre, on va au romanesque commun, à la sensiblerie philanthropique du jour. En pressant Surville dans ce détail, on est tout étonné, à l'art qu'on lui reconnaît, de trouver en lui un maître, un poëte comme Chénier, de cette école des habiles studieux, et, à un certain degré, de la postérité de Virgile.

Le propre de cette grande école seconde, à laquelle notre Racine appartient, et dont Virgile est le roi, consiste précisément dans une originalité compatible avec une imitation composite. On citerait tel couplet des Bucoliques où le génie éclectique de Virgile se prend ainsi sur le fait[2]. Pour

---

1. « O vous, petits Amours, *pareils à des pommes rouges,* » a dit Théocrite dans l'idylle intitulée *Thalysies.* On se croit dans le gaulois naïf, on rencontre le gracieux antique : ces jolies veines s'entrecroisent.
2. Dans l'Églogue VIII, par exemple, au couplet : *Talis amor Daphnim...*, pour l'ensemble, Virgile s'inspire de la génisse de Lucrèce : *At mater virides saltus ;* de Lucrèce encore pour un détail, *propter aquæ rivum,*

ce trait si enchanteur de Galatée, on pourrait soutenir sans rêverie qu'il s'est ressouvenu à la fois de trois endroits de Théocrite. De même encore se comporte-t-il sans cesse à l'égard d'Homère. Ce sont des croisements sans fin de réminiscences, des greffes doubles, et des combinaisons consommées ; *tres imbris torti radios*. J'en demande bien pardon à nos Scaligers, mais le procédé ici n'est pas autre, quoiqu'il n'ait lieu que de Surville à Berquin. Simonide en tiers est dans le fond.

Le premier succès de Clotilde fut grand, la discussion animée, et il en resta un long attrait de curiosité aux esprits poétiques piqués d'érudition. Charles Nodier, dont la riche et docte fantaisie triomphe en arabesques sur ces questions douteuses, ne pouvait manquer celle-ci, contemporaine de sa jeunesse. Dans ses *Questions de Littérature légale*, publiées pour la première fois en 1811, il résumait très-bien le débat, et en dégageait les conclusions toutes négatives à la prétendue Clotilde, toutes en faveur de la paternité réelle de M. de Surville. Après quelques-uns des aperçus que nous avons tâché à notre tour de développer : « Comment expliquer, ajoutait-il, dans ce poëme *de la Nature et de l'Univers* que Clotilde avait, dit-on, commencé à dix-sept ans, la citation de Lucrèce,

---

et de Varius pour un autre. Il compose de tous ces emprunts, et dans le sentiment qui lui est propre, un petit tableau original :

Tous ces métaux unis dont j'ai formé le mien!

dont les œuvres n'étaient pas encore découvertes par le Pogge et ne pénétrèrent probablement en France qu'après être sorties, vers 1473, des presses de Thomas Ferrand de Bresse? Comment comprendre qu'elle ait pu parler à cette époque des sept satellites de Saturne, dont le premier fut observé pour la première fois par Huyghens en 1655, et le dernier par Herschell en 1789[1]? » M. de Roujoux, dans son *Essai sur les Révolutions des Sciences,* publié vers le même temps que les *Questions* de Charles Nodier, avait déjà produit quelques-unes de ces raisons, et elles avaient d'autant plus de signification sous sa plume qu'il se trouvait alors avoir entre les mains, par une rencontre singulière, un nouveau manuscrit inédit de M. de Surville. Si ingénieux que soit le second volume attribué à Clotilde encore et publié en 1826 par les deux amis, je ne puis consentir à y reconnaître cet ancien manuscrit pur et simple; j'ai un certain regret que les deux éditeurs, entrant ici avec trop d'esprit et de verve dans le jeu poétique de leur rôle, n'aient plus voulu se donner pour point de départ cette opinion critique de 1811, qu'ils ont, du reste, partout ailleurs soutenue depuis.

Il n'y avait déjà que trop de jeu dans la pre-

---

1. *Ton vaste Jupiter, et ton lointain Saturne,*
   Dont sept globules nains traînent le char nocturne.

Ces vers toutefois ne se trouvent que dans le volume de *Clotilde* publié en 1826.

mière *Clotilde,* et de telles surprises ne se prolongent pas. Les *Verselets à mon premier-né* seront lus toujours ; le reste ensemble ne suffirait pas contre l'oubli. Quant à l'auteur qui a réussi trop bien, en un sens, et qui s'est fait oublier dans sa fiction gracieuse, un nuage a continué de le couvrir, lui et sa catastrophe funeste. Émigré en 91, il fit, dans l'armée des princes, les premières campagnes de la Révolution. Rentré en France, vers octobre 1798, avec une mission de Louis XVIII, il fut arrêté, les uns disent à La Flèche, d'autres à Montpellier (tant l'incertitude est grande!), mais d'après ce qui paraît plus positif, dans le département de la Haute-Loire, et on le traduisit devant une commission militaire au Puy. Il tenta d'abord de déguiser son nom ; puis, se voyant reconnu, il s'avoua hautement commissaire du roi, et marcha à la mort la tête haute. L'arrêt du tribunal (ironie sanglante!) portait au considérant : *condamné pour vols de diligence.* André Chénier à l'échafaud fut plus heureux.

Ni l'un ni l'autre n'ont vu sortir du tombeau leurs œuvres. L'un se frappait le front en parlant au ciel ; l'autre, d'un geste, désignait de loin à sa veuve la cassette sacrée.

Surville n'a pas eu et ne pouvait avoir d'école. On se plaira pourtant à noter, dans la lignée de renaissance que nous avons vu se dérouler depuis, deux noms qui ne sont pas sans quelque éclair de parenté avec le sien : mademoiselle de Fauveau (si chevaleresque aussi) pour la reproduction fleurie de la sculpture de ces vieux âges, et dans des rangs tout opposés, pour la prose habilement refaite, Paul-Louis Courier.

Novembre 1841.

Au mois d'avril 1842, j'eus l'honneur de recevoir de M. Lavialle de Masmorel, président du tribunal civil de Brives et ancien député de la Corrèze, une lettre dont l'extrait, si flatteur qu'il soit, ne m'intéresse pas seul : « Monsieur, en parcourant la *Revue des Deux Mondes*..., je lis avec plaisir un article de vous sur les poésies de Clotilde de Surville. Vous avez rencontré parfaitement juste lorsque vous avez attribué ces poésies au marquis de Surville. Ce fait est pour moi de la plus grande certitude ; car il m'a été certifié par mon père, qui, ayant été le compagnon d'infortune du malheureux Surville et son ami intime, avait fini par lui arracher l'aveu qu'il était réellement l'auteur des prétendues œuvres de son aïeule... Vous pouvez compter entièrement sur la certitude de mes renseignements, et j'ai pensé qu'il vous serait agréable de les recueillir. »

PRÉFACE

DES OEUVRES CHOISIES
DE PIERRE DE RONSARD

Avec *Notices, Notes et Commentaires*, publiées
par
C.-A. Sainte-Beuve, en 1828 [1].

Habent sua fata libelli.

On n'a fait jusqu'ici que des choix fort incomplets et fort maladroits de Ronsard. Il convenait pourtant de mettre le public à même de juger de cette grande renommée déchue, et d'en finir, une fois pour toutes, avec une question littéraire qui jette tant d'incertitudes sur le berceau de notre poésie classique. J'ose espérer que le choix qu'on va lire sera définitif : s'il ne trouve point grâce et

---

1. Un vol. in-8° faisant suite au *Tableau historique et critique de la Poésie française et du Théâtre français au XVIe siècle.* — En recueillant aujourd'hui cette Préface et quelques commentaires de l'ouvrage, nous mettons à profit les bons conseils d'un admirateur littéraire de Sainte-Beuve, M. Saulnier, président du tribunal civil à Dieppe.
   J. T.

faveur, Ronsard aura encore une fois perdu son procès, et j'aurai été la dupe d'une illusion de jeune homme. C'est toutefois avec confiance que je me présente, les pièces en main. Dans les commentaires qui sont joints au texte, j'ai fait usage, pour toute la partie érudite, des anciens commentaires de Muret, Belleau, Richelet, Garnier, Marcassus. Ces excellents hommes seraient heureux, j'en suis sûr, de savoir que ce larcin peut être bon en quelque chose à leur cher et grand Ronsard. J'ai de plus essayé de motiver mes éloges et mon admiration, toutes les fois surtout qu'il aurait pu y avoir différence dans la manière de juger ; et j'ai par conséquent été amené à toucher en passant les points essentiels de l'art. Pour qui se donnera la peine de rapprocher les doctrines éparses dans ce commentaire et dans mon *Tableau de la Poésie au XVIe siècle*, il en sortira toute une poétique nouvelle, dont je suis loin d'ailleurs de me prétendre inventeur. Quoique cette poétique française se montre ici pour la première fois en plusieurs de ses articles, quoique aucun critique n'ait encore envisagé de cette manière la versification et le rhythme en particulier, je me hâte de faire honneur de ces idées neuves aux poëtes de la nouvelle école que j'ai eu souvent occasion de citer. Sans doute, en ce siècle de haute philosophie, de lumineuse érudition et de grave politique, beaucoup de ces fines remarques, de ces confidences techniques à propos d'une chanson ou d'un sonnet, pourront d'abord sembler futiles et ridicules. Sans me dissimuler le péril, je l'ai bravé, sûr après tout d'obtenir grâce auprès du bon sens de l'époque, si je n'ai été ni faux ni commun.

PRÉFACE DE « LA FRANCIADE[1] ».

Ce serait ici le lieu de donner des extraits du célèbre poëme de *la Franciade*, s'il valait la peine qu'on s'y arrêtât. Ronsard l'entreprit encore jeune, sous le règne de Henri II, afin qu'on ne pût reprocher à la France de manquer d'un poëme épique. Charles IX le soutint vivement dans cette résolution ; mais après la mort de ce prince, comme l'état des finances ne permettait plus les gratifications, le poëme en souffrit beaucoup et demeura inachevé. Il devait avoir vingt-quatre chants, comme l'*Iliade*, et tel qu'il nous reste, il n'en a que quatre. Ronsard n'eut jamais le courage d'aller au delà, et, quand on en a essayé la lecture, on conçoit aisément son dégoût. C'est une suite mal tissue, une mosaïque laborieuse de tous les lieux communs épiques de l'Antiquité. François ou Francion, fils d'Hector et d'Andromaque, a échappé au sac de Troie par la protection de Jupiter, et a été élevé à Buthrote, en Epire, près de sa mère et sous la surveillance de son oncle Hélénin. Son éducation terminée, Jupi-

---

1. Page 180 et suiv. du même volume : *Œuvres choisies de Ronsard* (1828).

ter envoie Mercure annoncer aux parents les hautes destinées du jeune héros, qui ne tarde pas à s'embarquer avec une belle armée de Troyens. Mais l'éternelle colère de Junon et de Neptune soulève les flots, et Francion, ayant perdu tous ses vaisseaux, échoue en Crète, où il est courtoisement reçu par le roi Dicée. Ce Dicée a un fils Orée, qui vient de tomber aux mains du géant Phovère, et que Francion délivre. Il a aussi deux filles, Clymène et Hyante, qui deviennent l'une et l'autre amoureuses du noble étranger. Hyante est préférée, et sa sœur, de désespoir, se jette à la mer, où elle se change en déesse marine. Au reste, ce n'est guère par amour que Francus a donné la préférence à Hyante ; mais Cybèle, transformée en Turnien, compagnon de Francus, lui a conseillé de s'attacher à cette jeune princesse, qui connaît les augures et pourra lui révéler l'avenir de sa race. Au quatrième livre, en effet, Hyante consent à évoquer les ombres infernales; elle prophétise à Francus son voyage en Gaule, la fondation du royaume très-chrétien, et trace en détail le résumé historique du règne des Mérovingiens et Carlovingiens. C'est là que s'arrête ce poëme peu regrettable. Les envieux de Ronsard firent des épigrammes contre lui et le raillèrent de tant de promesses fastueuses qui n'avaient abouti à rien. Ses amis le vengèrent en louant outre mesure ces quatre premiers livres si froids et si ennuyeux. Chose assez remarquable! ils sont écrits en vers de dix syllabes, et non pas en alexandrins. Ronsard va même dans sa préface jusqu'à refuser aux alexandrins le caractère héroïque qu'il leur avait autrefois attribué. « Depuis ce tems, dit-il, j'ay veu, cogneu et pratiqué par longue expérience que je m'estois abusé; car ils sentent trop la prose très-facile et sont trop énervés et flasques, si ce n'est pour les traductions, auxquelles, à cause de leur longueur, ils servent de beaucoup pour interpréter les sens de l'autheur qu'on entreprend. Au reste, ils ont trop de caquet, s'ils ne sont bastis de la main d'un bon artisan qui les face, autant qu'il luy sera possible, hausser, comme les peintures relevées, et quasi séparer du langage commun, les ornant et les enrichissant de figures, etc., etc. » Il y a dans tout ceci une singulière confusion, et cette querelle suscitée à l'alexandrin témoigne chez Ronsard plus de bonne foi que de saine critique. Il lui convenait moins qu'à personne de médire de l'alexandrin, qu'il avait tiré de l'oubli et dont il faisait d'ordinaire un usage si bien entendu. Quand ce vers se serait par instant rapproché de la prose, le malheur n'était pas grand, et il fallait plutôt y voir un avantage. Certes, s'il n'avait eu que ce défaut, il n'aurait pas mérité la guerre piquante que lui ont déclarée de spirituels écrivains de nos jours, M. de Stendhal dans ses divers ouvrages, et M. Prosper Duvergier (de Hauranne) dans *le Globe*. Sur cet alexandrin officiel et solennel, sur cette espèce de perruque à la Louis XIV, symétriquement partagée en deux moitiés égales, toute plaisanterie est légitime, et nous sommes le premier à y applaudir. Mais l'autre alexandrin, celui de Ronsard, de Baïf et de Regnier, celui des Victor Hugo, des Lebrun, des Barthélemy et Méry, celui-là nous semble un instrument puissant et souple, élastique et résistant, un ressort en un mot qui, tout en cédant à la pensée, la condense et l'enserre. A moins d'en vouloir mortellement au vers, on doit être satisfait d'une forme si heureuse. Cette petite digression nous a un peu éloigné de Ronsard et de sa *Franciade*. Nous n'en extrairons aucun morceau ; nous nous bornerons à citer plusieurs passages curieux de sa préface, qui donneront une idée indirecte, mais suffisante, de l'œuvre : car ici l'œuvre a été rigoureusement déduite des principes de la préface.

Cette Préface de Ronsard[1] est caractéristique ; elle peint au naturel l'homme et l'époque, et nous apprend beaucoup plus sur ce sujet que ne feraient de longues dissertations. Et d'abord, comment s'empêcher de sourire en entendant le poëte détailler point à point l'infaillible recette d'un poëme épique? Ici, c'est un coucher de soleil qu'il faut ; là, c'est une aurore. Veut-on prophétiser l'avenir, on a la ressource d'un songe, ou celle d'un bouclier divin. Ce guerrier était vêtu d'une peau de

---

1. Après avoir cité plusieurs passages de la Préface de *la Franciade*, Sainte-Beuve ajoute les observations suivantes (page 202 de son *Choix de Ronsard*).

lion; cet autre aura une peau d'ours, ou de rechange, une peau de panthère. Pour la généalogie d'un dieu ou d'un héros, voyez Hésiode; pour les propriétés médicinales ou magiques d'une plante, voyez Nicandre ou Columelle. Quand un escadron est en marche, règle générale : décrire le battement de pieds des chevaux, et si le soleil luit, la réverbération des armes. A la bataille, subordonner les coups d'épée à l'anatomie; frapper son homme au cœur, au cerveau, à la gorge, si l'on veut l'expédier, aux membres seulement s'il doit en revenir. En un mot, dans ce petit traité du *poëme épique*, bien digne de faire envie au père le Bossu, rien n'est omis, pas même *l'épitaphe* du mort, qui doit se rédiger en *une demi-ligne, ou une ligne au plus, sans oublier les principaux outils de son métier*. Qu'on juge par là de *la Franciade*, et l'on en prendra une idée juste. Un tel début dans la carrière épique était d'un fâcheux augure, et l'augure s'est complétement réalisé. Tous nos poëmes épiques, depuis *la Franciade* jusqu'à *la Henriade* inclusivement, et en passant par les *Alaric*, les *Pucelle*, les *Moïse*, les *saint Louis*, ont cela de commun entre eux, qu'ils sont faux, froids et ennuyeux à la mort; c'est toujours une tâche imposée, une œuvre de commande; toujours on a dit au poëte, ou il s'est dit à lui-même : Il est temps d'enrichir la France d'une épopée; et là-dessus il s'est mis à la besogne, rencontrant parfois de beaux vers, comme on en cite quelques-uns dans *la Henriade*, comme on en trouverait à la rigueur dans *la Franciade*, comme il est impossible au poëte de n'en pas rencontrer à la longue. Mais qu'est-ce que cela prouve? et quelle triste compensation que ce qu'on est convenu d'appeler de *beaux vers* pour de mauvais poëmes?

La préface de Ronsard est curieuse encore à d'autres égards. On y voit dans quel sens il entendait l'innovation et la rénovation des mots, et comme il était plus Gaulois et moins Grec qu'on l'a voulu dire. On y lit une désapprobation formelle, une raillerie amère de ces *robins de cour*, tout entichés d'*italianisme*, et dont Henri Estienne s'est tant moqué. Ce qui frappe enfin dans cette prose de Ronsard, c'est la verve et l'éclat du style. Je rappellerai surtout le beau passage où il s'attache à distinguer le poëte du versificateur. Quant à la péroraison même, à cette éloquente invective contre les *latineurs et grécaniseurs*, à ces élans d'une noble et tendre affection pour la langue maternelle, rien n'est mieux pensé ni mieux dit dans *l'Illustration* de Joachim du Bellay; et quand on considère que de telles pages ont été écrites avant le livre des *Essais*, on se sent plus vivement disposé encore à en estimer, à en aimer les auteurs, et à les venger enfin d'un injurieux oubli.

LE BOCAGE ROYAL[1].

Sous ce titre qui répond à celui de *Sylvæ*, donné par Stace à un recueil de divers poëmes, Ronsard a réuni un certain nombre d'Epîtres adressées aux rois Charles IX, Henri III, aux reines Catherine de Médicis, Elisabeth d'Angleterre, etc. La louange n'y est pas ménagée, et elle a pour objet le plus ordinaire d'obtenir au poëte quelque faveur ou récompense. Dans nos idées actuelles de dignité morale, et surtout quand on réfléchit à quels odieux personnages était vouée une si humble adulation, on a peine d'abord à ne pas s'indigner. Pourtant, à une seconde lecture, on découvre parmi ces flatteries d'étiquette plus d'un sage conseil, plus d'une leçon courageuse, et le poëte est pardonné. Ce que veut et réclame avant tout Ronsard, c'est la paix, l'union dans le royaume, et à la cour un loisir studieux et la protection des Muses.

---

1. Page 205 du *Choix de Ronsard*. — Nous bornons là nos extraits de ce volume.   J. T.

PROJETS D'ARTICLES

DESTINÉS A COMPLÉTER

le *Tableau de la Poésie française au* XVIe *siècle*[1].

Je voudrais encore compléter cet ouvrage et y ajouter (indépendamment de l'article sur *les Grotesques*[2] de Théophile Gautier (*Revue de Paris*), et de la note sur la *Bibliothèque poétique* de M. Viollet-Le-Duc (*Revue des Deux Mondes*[3]), y ajouter, dis-je :

Un article détaillé sur *Vauquelin de la Fresnaye* ;

Un autre sur *Olivier de Magny* ;

Un, peut-être, sur *Tahureau* ;

Et aussi une petite dissertation sur la *Satire Ménippée*. (Ce que j'avais d'essentiel à dire sur la *Satire Ménippée*, je l'ai inséré dans l'article sur Charles Labitte[4].)

Je viens de faire (dans la *Revue des Deux Mondes*, 15 mars 1845) un article sur *Louise*

---

1. Nous copions textuellement les notes manuscrites de Sainte-Beuve, qui couvrent la dernière feuille de garde de l'un des deux exemplaires préparés pour la réimpression.   J. T.

2. Cet article fait aujourd'hui partie des *Portraits contemporains*, tome V.

3. Cet article a été recueilli depuis dans les *Premiers Lundis*, tome III.

4. *Portraits littéraires*, tome III.

Labé[1] qui devrait également y entrer; — et (dans le *Journal des Savants*, mai 1847) un article sur les *Poésies de François Ier*[2].

J'y voudrais joindre encore :
Un article sur *Racan*;
Un autre sur *Maynard*;
Un autre sur *Coquillart*;
Un autre sur *Charles d'Orléans*;
Un autre sur *le roi René*;
Mon article *Villon*[3] du *Moniteur*;
Mon article *Ronsard* des *Causeries du Lundi*[4];
Mon article *Malherbe*[5] dans la *Revue Européenne*;
Mon *Introduction aux Poëtes français*[6] (de Crépet).

Autres désidérata indiqués au crayon, de la main de Sainte-Beuve, sur la même feuille de garde.

Chapitre sur les prétendues réhabilitations.
Roger de Collerye.
Peletier du Mans.
Etienne Dolet.

---

1. *Portraits contemporains*, tome V.
2. *Portraits littéraires*, tome III.
3. *Causeries du Lundi*, tome XIV.
4. *Causeries du Lundi*, tome XII.
5. *Nouveaux Lundis*, tome XIII.
6. *Premiers Lundis*, tome III.

Salmon Macrin.
Pontus de Thiard.
De Brach.
Sylvain.
Guy de Tours.
Papon.
Poupo.
Nicolas Ellain [1].

L'éditeur posthume du *Tableau de la Poésie française au* XVIe *siècle* se permet encore d'ajouter à cette liste de travaux en projets ou qui ont trouvé place ailleurs dans les œuvres de Sainte-Beuve :

Un article sur *Malherbe, Causeries du Lundi,* tome VIII ;

Un article sur *Louise Labé* (*Nouveaux Lundis,* tome IV);

Trois articles sur *Joachim Du Bellay* (*Nouveaux Lundis,* tome XIII [2]).

---

[1]. Ce chapitre sur les réhabilitations plus ou moins opportunes a été fait en réalité et se trouve en tête de l'Étude sur *Du Bellay* (*Nouveaux Lundis*, tome XIII). Il avait été déjà esquissé dans l'article sur *Louise Labé* des *Nouveaux Lundis*, tome IV. Ces préliminaires ne faisaient pas double emploi avec ceux de l'article *Du Bellay*, mais les uns et les autres réunis répondent complétement au programme crayonné par Sainte-Beuve.

[2]. A propos de cette Étude sur *Joachim Du Bellay*, extraite du *Journal des Savants*, nous nous sommes rendu coupable d'un oubli en la réimprimant dans les *Nou-*

Une leçon de l'Ecole normale, intitulée *Du point de départ et des Origines de la langue et de la littérature française* (Premiers Lundis, tome III).

---

veaux Lundis, après la mort de Sainte-Beuve. Il n'eût pas manqué d'indiquer dans son volume, comme il l'a fait dans son article sur l'*Anthologie grecque* (*Nouveaux Lundis,* tome VII, page 7), la part précieuse qui revenait pour certains renseignements à l'un de ses correspondants les plus lettrés, M. Reinhold Dezeimeris, de Bordeaux. Il lui devait les comparaisons de Joachim du Bellay avec Lamartine, Horace et André Chénier, qui remplissent, dans la réimpression de l'article *Du Bellay,* les deux pages 326 et 327 du tome XIII des *Nouveaux Lundis.* Elles sont contenues presque textuellement dans une lettre de M. Reinhold Dezeimeris que nous avons retrouvée depuis et qui ne nous a point étonné, car Sainte-Beuve avait coutume de le consulter pour toutes ces questions d'érudition et de poésie.   J. T.

FIN.

TABLE

DU TOME SECOND

	Pages
Du roman au XVIe siècle et de Rabelais	1
Conclusion	31
Appendice { Vie de Ronsard	45
{ Pièces et notes	78
Avertissement de la seconde partie	90
Mathurin Regnier et André Chénier	91
Joachim Du Bellay	114
Jean Bertaut	165
Du Bartas	201
Philippe Des Portes	247
Anacréon au XVIe siècle	289
De l'esprit de malice au bon vieux temps	317
Clotilde de Surville	362
Préface des œuvres choisies de Pierre de Ronsard (1828)	403

	Pages.
PRÉFACE DE *la Franciade*	405
Le Bocage royal	411
PROJETS D'ARTICLES DESTINÉS A COMPLÉTER LE *Tableau de la Poésie française au XVIe siècle*	412

FIN DE LA TABLE.

IMPRIMÉ PAR JULES CLAYE

(A. QUANTIN, Sʳ)

POUR

ALPHONSE LEMERRE, ÉDITEUR

A PARIS

PETITE BIBLIOTHÈQUE LITTÉRAIRE
(AUTEURS ANCIENS)

Volumes petit in-12 (format des Elzévirs)
imprimés sur papier de Hollande.
Chaque volume 2 fr.
*Chaque ouvrage est orné d'un portrait-frontispice
gravé à l'eau-forte.*

LA FONTAINE, *Fables*, avec une notice et des notes par A. PAULY. 2 volumes (épuisés).

LA FONTAINE, *Contes*, avec des notes par A. PAULY. 2 volumes (épuisés).

RÉGNIER. *Œuvres complètes*, publiées par E. COURBET. 1 vol. (épuisé).

LA ROCHEFOUCAULD, textes de 1665 et de 1678, publiés par CH. ROYER. 1 volume (épuisé).

MANON LESCAUT. 1 volume (épuisé).

BEAUMARCHAIS. *Théâtre* (Le Barbier de Séville). 1 vol. (épuisé).
— (Le Mariage de Figaro). 1 vol. (épuisé).

DAPHNIS ET CHLOÉ, avec notice par E. CHARAVAY. 1 volume (épuisé).

7 Eaux-fortes d'après les dessins de PRUD'HON, gravées par Boilvin pour illustrer *Daphnis et Chloé* . . . 10 fr.

BOILEAU. Œuvres avec notice et notes par M. A. PAULY. 2 volumes . . . . 10 fr.

7 Eaux-fortes gravées par Monziès, pour illustrer les *Œuvres de Boileau* . . . . 10 fr.

HAMILTON. Mémoires de Grammont avec une notice et des notes par M. MOTHEAU. 1 volume . . . 5 fr.

HORACE, traduction de LECONTE DE L'ISLE avec le texte latin. 2 vol. . . . . 10 fr.

ŒUVRES COMPLÈTES DE MOLIÈRE, avec notice et notes par A. PAULY. 8 vol. Chaque volume. 5 fr.

35 GRAVURES à l'eau-forte, d'après BOUCHER, pour illustrer les *Œuvres de Molière*. Prix. . . . 30 fr.

RACINE Œuvres complètes, avec notice par A. FRANCE. 5 vol. Chaque volume . . . . 5 fr.

SHAKESPEARE, Œuvres complètes traduites par FRANÇOIS VICTOR-HUGO. 15 volumes. Chaque volume 5 fr.
(Les trois premiers volumes sont en vente.)

En préparation :
Voltaire (*Romans et Contes*).
Corneille. — La Bruyère. — Marivaux. *Paul et Virginie,
Voyages de Gulliver.*
Robinson Crusoé. — *Don Quichotte.* — *La Princesse de Clèves.
Marianne.* — *Lits, etc., etc.*

Il est fait un tirage sur papier Whatman,
au prix de 20 francs le vol., et un tirage à 25 fr. le vol.
sur papier de Chine.

PARIS. — Impr. J. CLAYE. — A. QUANTIN et Cie, rue St-Benoît. [15]

www.ingramcontent.com/pod-product-compliance
Lightning Source LLC
Chambersburg PA
CBHW070927230426
43666CB00011B/2338